林丰民　主　编

廉超群　副主编

（总第4期）

北大中东研究

Middle East Studies of PKU

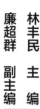

社会科学文献出版社

SOCIAL SCIENCES ACADEMIC PRESS (CHINA)

《北大中东研究》编委会

目 录

历史与文化研究

语言与文学研究

中东研究

历史与文化研究

瓦基迪所著的《沙姆征服记》：与两种平行叙事在内容和形式方面的比较研究*

杜永恩 著**

于迪阳、李睿恒 译***

【内容提要】对伊历 1 世纪 /7 世纪阿拉伯穆斯林对中东的征服进行研究的历史学家们长期以来忽视了将瓦基迪（逝于伊历 207 年 / 公元 822 年）所著的《沙姆征服记》作为潜在史料。这很大程度上是因为这本书的性质仍然存在争议。本文将这本书中的四个段落与艾兹迪（主要生活在伊历 2 世纪 /8 世纪下半叶）的《沙姆征服记》和伊本·艾阿撒姆·库菲（逝于伊历 4 世纪 /10 世纪的前 25 年）的《征服记》中的平行段落进行对比，以便更好地理解这本书的形式和内容。本次研究表明，在内容方面，瓦基迪所著的《沙姆征服记》的叙事包含更多细节，而且这些细节大多是宗教性或末世论性质的。在形式方面，

---

* 这篇论文是基于笔者题为 *Text und Kontext des al-Wāqidī zugeschriebenen Futūḥ aš-Šām: Ein Beitrag zur Forschungsdebatte über frühe futūḥ-Werke* 的博士学位论文，该文写就于乔治·奥古斯特·哥廷根大学，由 Jens Scheiner 教授指导。笔者已在国立哥廷根大学发表了博士论文的电子版，但是未作任何实质性的修改（链接：http://hdl.handle.net/11858/00–1735–0000–0023–3FAA–9）。现在，笔者正在准备一个该论文更新后的节略版本，它将由 Gorguas 出版。笔者要感谢布达佩斯（Mónika Schönléber）和匿名审稿人给本文前期草稿提出的宝贵意见。

笔者在此使用的是"叙事"一词，指的是同一故事的不同版本，参见第 13 页脚注 ①。

** 杜永恩，北京大学外国语学院博士后，研究方向是阿拉伯历史。

*** 于迪阳，北京大学外国语学院阿拉伯语系 2016 级博士研究生，研究方向为阿拉伯语语言、传统阿拉伯语语法。

李睿恒，北京大学外国语学院阿拉伯语系 2017 级博士研究生，研究方向为中东研究。

与另外两本书的平行叙事相比，这本书对于事件的叙述往往中断较少，较为完整、独立。

【关键词】瓦基迪所著的《沙姆征服记》 艾兹迪的《沙姆征服记》 伊本·艾阿撒姆·库菲的《征服记》 文本批评 阿拉伯穆斯林的征服

一　导论

《沙姆征服记》（以下简称 FSAW）一书，在伊斯兰史研究中通常被认为是由瓦基迪所著，他是一位生于麦地那而后迁至巴格达的历史学家，[①] 长期以来这本书在现代伊斯兰史研究中被广泛忽视。尽管在欧洲 18 世纪早期，[②] 它已被用作历史书写的资料来源，但是在随后的 19 世纪，这本书受到了一些著名东方学家的批评，因为该著作除史料素材外还包含了一些非史料素材，并且其成编于瓦基迪去世之后。[③] 这些批评使得人们认为这本书不是瓦

---

① 有关他的生平和学术，见 Leder, Stefan, 2002, "al-Wāqidī", *Encyclopedia of Islam. 2nd Edition* (EI²), Vol. 11, pp. 101–103。

② 西蒙·奥克利（1678~1720）为剑桥大学阿拉伯语教授，他采用 FSAW 手稿作为他书写关于穆斯林征服的专著首卷的主要来源，其书名为 *The Conquest of Syria, Persia, and Aegypt, by the Saracens*，1708 年在伦敦出版。全集（两卷）出版于 1708~1718 年，名为 *The History of the Saracens*。奥克利的书凭借那些他所使用过或参考过的资料，获得了巨大的声誉，并被译为一些其他欧洲语言，如法语、荷兰语和德语。

③ 亨德里克·哈马克（1789~1835），荷兰东方学家，Daniel B. Haneberg（1816~1876），德国东方学家，Michael Jan de Goeje 为荷兰东方学家，这三位学者对于瓦基迪的《沙姆征服记》的原创性很有争议（有关 Hamaker, Haneberg 和 de Goeje 的讨论，分别见：Al-Wāqidī, Abū ʾAbdallāh Muḥammad b. ʾUmar, 1825, *Futūḥ Miṣr wa al-Iskandarīya*. Ed. Henricus Arentius Hamaker as: *Incerti auctoris liber de expugnatione Memphidis et Alexandriae*. Leiden, pp. VIII–IX of the introduction; Haneberg, Daniel Bonifacius von, 1960, "Erörterungen über Pseudo-Wakidi's Geschichte der Eroberung Syriens", *Abhandlungen der Königlich-Bayerischen Akademie der Wissenschaften, Philosophisch-philologische und historische Classe* 9.1, pp. 127, 131–132; de Goeje, Michael Jan, 1864, *Mémoires d'histoire et de géographie orientales. Mémoires sur le Fotouho's-Scham Attribué à Abou Ismail al-Bacri*, Leiden, pp. 38–39）。Haneberg 认为 FSAW 的编撰时间是十字军东征时期。四年之后，de Goeje 通过提供新的论据来支持 Haneberg 的论点。在 1854 年到 1862 年之间，在 Haneberg 和 de Goeje 的研究之前，爱尔兰东方学家 William Nassau Lees（1825~1889）首次出版了 FSAW 的文稿。他的版本以两份手稿为基础（Lees 的著书目录数据如下：Al-Wāqidī, Muḥammad b. ʾUmar, 1854~1862, *Futūḥ al-Shām*. Ed. W. N. Lees as: *The Conquest of Syria. Commonly Ascribed to Aboo ʾAbd Allah Mohammad B. ʾOmar al-Wáqidí*. 3 vols. Calcutta）。1854 年，在他版本的长篇序言中，Lees 试图论证，尽管包含了虚构的材料，FSAW 仍然值得作为书写历史的资料来源。然而，Hamaker, Haneberg 和 de Goeje 的研究似乎比 Lees 的研究更为出色。

基迪所著，而是一本由虚构记载组成的伪造之书，[①] 并不能作为历史调查的来源。[②] 由于这个原因，这本书在很长时间里都没有被学术圈用作历史写作的史料，也没有学者对其进行任何实质性的研究。[③] 直到最近，它才引起一些伊斯兰史学家的重视。[④] 这种新的关注，或许在一定程度上是由于这本书某些部分不同的叙事方式，以及其有时提供的一些额外的细节。[⑤] 此外，它包含了一些历史记载，这些记载早于那些书写穆斯林7世纪（伊斯兰历1世纪）征服史所用的既有史料，像泰伯里（d. 310/923）的《编年史》或者拜拉祖里（d. 279/892）的《列国征服记》（*Futūḥ al-Buldān*）。[⑥]

许多学者已经解决了这些问题，诸如 FSAW 一书并非为瓦基迪所著，

① 笔者在一些提到 FSAW 的二手文献中找到如下表达：阿拉伯人的史诗（Daniel B. Haneberg），历史小说（Franz Rosentha），征服传奇文学（Rudi Paret），历史演义小说（除别人之外有 Boaz Shoshan）以及通俗史学（Marina Pyrovolaki）。除了阿拉伯人的史诗之外的这些表达表明 FSAW 除了虚构的材料，还包含了历史材料。然而，作为一部整体的作品，它不能被看作真正属于瓦基迪的著作，也不能被看书写历史的可靠来源。著名的叙利亚语言学家 Yūsuf Ilyān Sarkīs（1856~1932）称 FSAW 是伊斯兰教的首个历史来源，在欧洲享有盛誉。在泰伯里、拜拉祖里、麦斯欧迪的作品之后，它就失去了价值。见：Sarkīs, Yūsuf Ilyān, 1907, "Athar ta'rīkhīy qadīm li al-Wāqidī", *Al-mashriq* 15, p. 937。

② 还有一些同样追溯瓦基迪的关于征服的作品。它们同样被认为是包含了7世纪穆斯林征服中东虚构故事的作品。对于认为属于瓦基迪的所有征服作品的批判性研究是当务之急。除了《沙姆征服记》之外，以下追溯到瓦基迪的作品也已经出版：由 Hamaker 编辑的 *Futūḥ Miṣr wa al-Iskandarīya*（数目细节参见脚注⑤）; Al-Wāqidī, Muḥammad b. 'Umar, 1311 [/1893], *Futūḥ al-Bahnasā'*. Ed. A. Aṣ-Ṣabrī als: *Kitāb futūḥ al-Bahnasā' al-gharrā' wa-mā waqaʿa fī-hā min 'ajā'ib al-akhbār wa-gharā'ib al-anbā' 'alā aydī al-ṣaḥāba wa al-shuhadā' wa-akābir al-sāda min dhawī al-ārā'*, [Cairo]; Al-Wāqidī, Muḥammad b. 'Umar, [not dated], *Futūḥ Ifrīqiya*. Ed. T. al-Muḥammadī. 2 vol, Tunis; Al-Wāqidī, Muḥammad b. 'Umar, 1827, *Futūḥ al-Jazīra*. Ed. G. H. A. Ewald as: *De Mesopotamiae Expugnatae Historia*, Göttingen; Al-Wāqidī, Muḥammad b. 'Umar, 1838, *Futūḥāt 'Irāq li al-Wāqidī. Teil davon vom Barthold Georg Niebuhr übersetzt als: Geschichte der Eroberung von Mesopotamien und Armenien von Mohammed ben Omar el Wakedi. Herausgegeben von A. D. Mordtmann*, Hamburg; Al-Wāqidī, Muḥammad b. 'Umar, 1309 [/1891], *Futūḥ al-Islām li-l-bilād al-'ajam wa-Khurāsān*. Ed. A. A. Zand, Cairo。

③ 在 Haneberg（1860）和 de Goeje（1864）的研究一个多世纪之后，1970年，Rudi Paret 发表了一篇文章，其中提到了这本书（Paret, Rudi, 1970, "Die legendäre Futuh-Literatur, ein arabisches Epos?", *La Poesia Epica e la sur Fomazione*, Rome, pp. 735-747）。

④ 参见例证：Scheiner, Jens, 2010, *Die Eroberung von Damaskus. Quellenkritische Untersuchung zur Historiographie in klassisch-islamischer Zeit*, Leiden; Shoshan, Boaz, 2016, *The Arabic Historical Tradition and the Early Islamic Conquests. Folklore, tribal lore, Holy War*, London。

⑤ 参见本文中的从 FSAW 中摘取的段落，笔者已与艾兹迪的《沙姆征服记》、伊本·艾阿撒姆·库菲的《征服记》进行了比较。

⑥ Jens Scheiner 认为在 FSAW、艾兹迪的《沙姆征服记》和伊本·艾阿撒姆的《征服记》中所包含的一些史料，早于被发现于泰伯里的《编年史》和拜拉祖里的《列国征服记》中的一些穆斯林征服的叙事，因此，学者们在研究穆斯林征服时不应局限于后两个来源。见 Scheiner, Jens, 2012, "Writing the History of the *Futūḥ*," p. 173。

以及它何时被汇编成书等。^① 然而，对这两个问题的处理大多浅尝辄止，从未成为系统研究的核心问题。^② 就对此书的既有研究来看，可以知道，基于当前的形式与内容，没有学者认为该书是由瓦基迪汇编的。然而，一些学者^③ 则认为，该著作原本创作时期较早，随着时间的推移，它进一步吸收了后期其他的材料。^④

厘清此书身份的一个办法，就是更为仔细地研究它的形式和内容。基于一些书目词典的记述，^⑤ 瓦基迪曾就征服叙利亚写过一本题为《沙姆征服志》（*Kitāb futūḥ al-Shām*）的著作，因此研究 FSAW 形式与内容的最好的方式，就是比较它与瓦基迪书籍中的记载和引述。然而，在瓦基迪的《沙姆征服志》中，只有很少一部分的引述出现于后期的史料中。^⑥

探究这一著作的另一种方式，则是将其内容和形式与其他关于征服叙

---

① 在论文的第一章中，笔者对关于 FSAW 的主要和次要研究（共 17 项研究）的结论进行了总结。见：Dehghani Farsani, Yoones, 2017, *Text und Kontext des al-Wāqidī zugeschriebenen Futūḥ aš-Šām: Ein Beitrag zur Forschungsdebatte über frühe futūḥ-Werke*, Staats- und Universitätsbibliothek Göttingen, pp. 21–76。

② 在笔者从这本书中找到的 17 篇用几句话或几页纸来论述了这些问题。

③ 比如：Sarkīs, Yūsuf Ilyān, 1907, "Athar ta'rīkhīy qadīm li al-Wāqidī," pp. 936–943; Caetani, Leone, 1972 [Reprint of the edition of Milan 1907], *Annali dell'Islām*. 8 vols. Olms, vol. 2, pp. 568, 1195; Rosenthal, Franz, 1968, *History of Islamic historiography*, Leiden, p. 189; Conrad Conrad, Lawrence I., 2010, "futūḥ". J. S. Meisami & P. Starkey (Eds.), *The Routledge Encyclopedia of Arabic Literature*, London, p. 239; Ṣāliḥ Mūsā Darādka in his introduction to Al-Wāqidī, Muḥammad b. 'Umar, 2007, *Futūḥ al-Shām. Ed. S. M. Darādka as: Kitāb Futūḥ al-Shām al-mansūb ilā Abū 'Abd Allāh Muḥammad b. 'Umar al-Wāqidī*. Irbid, pp. 11–12, 这其中，Sarkīs 和 Darādka 认为，这部作品最初是瓦基迪的《沙姆征服记》，后来吸收了虚构的材料。

④ 另一批学者，例如（de Goeje, *Mémoires*, pp. 38–39），Brockelmann（Brockelmann, Carl, 1996 [3ʳᵈ edition], *Geschichte der arabischen Literatur. (GAL)*, 2 vols. Leiden, vol. 1, p. 142），Emmanuel Sivan（Sivan, Emmanuel, 1968, *L'Islam et la croisade. Idéologie et propagande dans les réactions musulmanes aux croisades*, Paris, p. 197），Marsden Jones（Jones, Marsden, 1965–1966, "Muqaddimat at-taḥqīq". M. Jones (Ed.), *The Kitāb al-Maghāzī of al-Wāqidī*, 3 vols., London, vol. 1, p. 16）Fuat Sezgin（Sezgin, Fuat, 1967–2000, *Geschichte des arabischen Schrifttums*. 17 vols., Leiden-Frankfurt, vol. 1, p. 296），Stefan Leder（Leder, *al-Wākidī*, p. 103）and Boaz Shoshan（Shoshan, *The Arabic Historical Tradition*, pp. 13–14），他们认为，这本书在此后的一段时间内，一直被故意当作或者错误地看作属于瓦基迪，视他为该书早期的作者。

⑤ 见：Ibn an-Nadīm, Muḥammad b. Isḥāq, 2014, *Kitāb al-fihrist. Ed. A. F. Sayyid as: Kitāb al-fihrist li Abī al-Faraj Muḥammad b. Abī Ya'qūb b. Isḥāq al-Nadīm*, 4 vols., London, vol. 1, p. 308; Yāqūt al-Rūmī, Yāqūt b. 'Abd Allāh, 1993, *Irshād al-arīb ilā ma'rifat al-adīb. Ed. I 'Abbās as: Mu'jam al-udabā'. Irshād al-arīb ilā ma'rifat al-adīb*, 7 vols. Beirut, vol. 5, p. 2595）; Al-Ṣafadī, Khalīl b. Aybak, 1420/2000, *Kitāb al-wāfī bi al-wafayāt*. Eds. A. Arnā'ūṭ & T. Muṣṭafā, 29 vols., Beirut, vol. 4, p. 169, and Al-Baghdādī, Ismā'īl Pāshā, 1955, *Hadīyat al-'ārifīn. Asmā' al-mu'allifīn wa-āṯār al-muṣannifīn*, 2 Vols., Istanbul, Vol. 2, p. 10。

⑥ 通过在电子图书馆中检索，笔者只能找到 6 个引述，可以将其看作瓦基迪 FSAW 中的引述。

利亚历史的《沙姆征服志》的研究著述进行对比。丹尼尔·博尼费修斯·冯·哈内伯格（Daniel Bonifacius von Haneberg）在其一篇关于 FSAW 的长文中的一部分里，曾将这本书中的内容与泰伯里（d. 310/923）的《编年史》和艾兹迪（伊斯兰历 2 世纪 / 公元 8 世纪下半叶）的《沙姆征服记》（*Futūḥ al-Shām* of al-Azdī）进行比较，虽然哈内伯格认为 FSAW 中包含了有价值的历史资料，但他指出这部作品整体上算是阿拉伯人的史诗，编撰于十字军东征时期。哈内伯格认为 FSAW 在叙事中包含了虚构的要素，旨在赞美伊斯兰教，鼓舞与十字军交战的穆斯林战士。[①] 然而，哈内伯格的比较研究集中于 FSAW 中的一些表达和词语，因此仍然是较为宏观的。[②] 它不侧重于用其他来源中相似文本分析 FSAW 的特定段落。另一项关于该作品的研究，是詹斯·施纳（Jens Scheiner）[③] 的一篇文章。施纳比较了艾兹迪的《沙姆征服记》、伊本·艾阿撒姆·库菲的《征服记》（*Kitāb al-futūḥ* of Ibn Aʿtham al-Kūfī）与 FSAW，他的结论是这三部作品的内容、主题和叙事的文体风格之间存在相似性。[④] 然而，施纳的论文并没有专门讨论 FSAW，其目的是强调这三种来源对于书写穆斯林征服历史的重要性。[⑤]

　　这篇论文可被视为哈内伯格研究的一个延续，他将 FSAW 与相似的叙事进行了比较。但是，本论文有两个主要的区别：首先，笔者在内容与形式上比较了 FSAW 与两个关于征服的作品，即艾兹迪的《沙姆征服记》、伊本·艾阿撒姆·库菲的《征服记》，这两本书与 FASW 有着相似的风格和写作范围。[⑥] 其次，笔者的研究是基于对 FSAW 中的四个特定的轶事和其他两部上述提及的作品中的相似轶事进行的比较。

---

① Haneberg, *Erörterungen*, pp. 163–164。Haneberg 关于十字军东征时期该著作编撰时间的论文，在 FSAW 的学术研究中变得非常流行。

② 例子参见：Haneberg, *Erörterungen*, p. 133 ff。Haneberg 似乎是第一位将 FSAW 称为 "假托瓦基迪的历史" 的学者。

③ Scheiner, *Writing the History of the* Futūḥ, pp. 151–174.

④ Scheiner, *Writing the History of the* Futūḥ, p. 173.

⑤ Scheiner, *Writing the History of the* Futūḥ, p. 173。第三项研究显然与 FSAW 有关，是 Marina Pyrovolaki 的论文，她于 2008 年在牛津大学东方研究学院完成了这篇论文。其论文题目为 *Futūḥ al-Shām and other futūḥ texts: a study of the perception of marginal conquest narratives in Arabic*（现存于牛津大学图书馆）。Pyrovolaki 的研究很少涉及与征服有关的内容，她近几年才开始进行此方面的研究。由于本人的局限，笔者无法获取该篇论文。这篇论文，或任何一篇总结过该论文结论的文章，至今都还没有发表。似乎正如标题所暗示的那样，在她的论文中，Pyrovolaki 讨论了艾兹迪的《沙姆征服记》和 FSAW 的叙事在中世纪和现代的接受。

⑥ 参见下一段。

　　为确立该比较研究的基础，笔者选择了艾兹迪的《沙姆征服记》和伊本·艾阿撒姆·库菲的《征服记》，因为相比于其他关于征服叙利亚历史的材料——比如拜拉祖里的《列国征服记》、泰伯里的《编年史》或者伊本·阿萨基尔的《大马士革史》(Ibn ʿAsākir's *Taʾrīkh madīnat Dimashq*)[①]——它们有三个明显的共同特征。[②] 首先，它们是用编年史的形式进行叙事；其次，它们有着相似的结构，即按照时间顺序来叙事的轶事；最后，它们对于征服叙利亚部分的叙事篇幅相似。这些特征使得比较更为可行，也能让对 FSAW 内容和形式的研究成果更为可期。[③] 此外，与 FSAW 相似，尽管这两部作品被认为是有问题的史料，但它们同时也被看作是有价值的史料。

　　笔者从 FSAW、艾兹迪的《沙姆征服记》及伊本·艾阿撒姆·库菲的《征服记》中，选取了四个共同的轶事作为例子，以此构成笔者比较研究的基础。[④] 本文所选取的轶事为：①雅尔穆克战役时希拉克略（Heraclius）在其群臣前的讲话（在穆斯林运动和拜占庭军队抵达雅尔穆克河之前）；②欧麦尔·哈塔卜（ʿUmar al-Khaṭṭāb）为达成和平协议接受耶路撒冷居民发出的邀请；③克尔布·艾哈巴尔（Kaʿb al-Aḥbār）皈依伊斯兰教；④欧麦尔·伊本·哈塔卜在贾比亚（al-Jābiya）的演讲。第四个轶事在伊本·艾阿撒姆·库菲的叙事中没有出现。为此，笔者采用了伊本·阿萨基尔《大马士革史》

---

① Al-Ṭabarī, Muḥammd b. Jarīr, 1879 [Reprint, Beirut 1403/1983], *Taʾrīḫ al-umam wa al-mulūk*, 8 vols. Leiden; al-Balādhurī, Aḥmad b. Yaḥyā, 1987, *Futūḥ al-buldān*. Ed. ʿA. A. al-Ṭabbāʿ & ʿU. A. al-Ṭabbāʿ, Beirut.

② 关于艾兹迪生平以及《沙姆征服记》，见：Scheiner, Jens, 2007, "Grundlage zu al-Azdīs *Futūḥ aš-Šām*". In: *Der Islam*. vol. 84, pp. 1–16。关于伊本·艾阿撒姆·库菲生平及其著作《征服记》，见：Conrad, Lawrence I., 2015, "Ibn Aʿtham and His History," *Al-ʿUṣūr al-Wusṭā* (23), pp. 87–125; Lindstedt, Ilkka, 2017, "Sources for the Biography of the Historian Ibn Aʿtham al-Kūfī," J. Hämeen-Anttila *et al.* (Eds.), *Contacts and Interaction: Proceedings of the 27th Congress of the Union Européenne des Arabisants et Islamisants, Helsinki 2014*, Leuven, pp. 299–309; Schönléber, Monika, 2017, "Notes on the Textual Tradition of Ibn Aʿtham's Kitāb al-Futūḥ," J. Hämeen-Anttila *et al.* (Eds.) *Contacts and Interaction: Proceedings of the 27th Congress of the Union Européenne des Arabisants et Islamisants, Helsinki 2014*, Leuven, pp. 427–438。

③ 如前所述，Jens Scheiner 强调了这些作品在内容、主题和文学风格上的相似性。详见：Scheiner, *Writing the History of the* Futūḥ, pp. 151–174。

④ 由于人文科学领域数字化方法的发展，比较三部作品的整个文本和讨论它们的差异（和相似之处）变得更加可行。这是 FSAW 学术研究的另一个必备品。然而，通过对这三种资料四个方面的研究，我们可以对 FSAW 和另外两部作品进行形式和内容上的初步对比。

的版本，其或包含了瓦基迪《沙姆征服记》的叙事的轶事。[1] 另一个引用
伊本·阿萨基尔的原因，则是这段引语是 FSAW 中为数不多的引用语之一，
笔者决定考虑将其纳入本人研究的范围之内，比较其与 FSAW 和艾兹迪所
述轶事的形式与内容。选择这四个轶事的唯一标准，是它们大都存在于三
类材料中。以此，笔者力图不影响研究结果的客观性。

　　笔者手旁可使用的 FSAW 文本形式，有手稿、出版稿和再版稿。文本
中的一些地方，在不同版本之间差异较大。[2] 笔者以本书迄今为止最好的
版本——威廉·纳梭·李斯（William Nassau Lees）的版本，作为研究的基
础。[3] 至于艾兹迪的《沙姆征服记》、伊本·艾阿撒姆·库菲的《征服记》，
笔者则基于相同的原因分别选取了 A. M. 格拉和 Y. A. 巴尼·亚辛 [4] 和 M. 阿
卜杜勒·穆伊德的版本。[5]

　　本研究的步骤为：从 FSAW 中摘取一段包含轶事的内容，作为比较的
基础。这意味着，笔者将把其他两种材料中的文本与 FSAW 文本进行比较。

① 笔者曾在论文中评议过，认为这个引用来源于伊本·艾阿撒姆·库菲，但是他坚称这个引
用来自瓦基迪的《沙姆征服志》。然而，在这篇文章中，笔者只是把它看作另一个受到关
注的版本。

② Haneberg 手中持有三份 FSAW 的文本，他称他会根据文本的长度和范围，来区分这部作品
中文本的三个版本（Recensionen）（Haneberg, Erörterungen, pp. 127–128），Lees 还指出这两
份手稿的不同之处，这两份手稿在其版本中的所有地方均有使用。笔者还比较了 FSAW 手
稿的段落，发现它们之间有很大的差异。这使得 FSAW 的文本传统并不确定，迫切需要对
FSAW 手稿进行全面研究。笔者在各个图书馆找到了大约 60 份 FSAW 的手稿。然而，在世
界各地的图书馆中，还存有更多的手稿。

③ 除了 Lees 的版本，至少还有两个 FSAW 的版本：版本一，M. al-Samlūṭī（Al-Wāqidī,
Muḥammad b. ʿUmar, 1865［/1282］, Futūḥ al-Shām. Ed. M. al-Samlūṭī, 2 vols., 1865［= 1282］);
版本二，Ṣāliḥ Mūsā Darādka, published in Irbid in 2007（关于详细生平，见脚注④）。Jens
Scheiner 这本书在开罗出版了几个版本，他说它们实际上是 al-Samlūṭī 版本的再版（Scheiner,
Grundlagendes zu al-Azdīs Futūḥ aš-Šam, p. 3）。笔者也找到了同样在开罗出版的、早于 M.
al-Samlūṭī 的版本，除了 FSAW 刊本，在笔者的论文中查阅了 FSAW 的两个手稿（Saray
Ahmet III 2886, 228 Folio, scribe: Muḥammad b. Maḥmūd an-Nāsikh al-Shāfiʿī al-Bayānī, copied
in 678/1279; TurhanvSultan 237, 232 Folio, scribe not known, written in 790/1582. Saray Ahmet III
28886 is the oldest known manuscript of the FSAW）。至于在文章中仔细研究的轶事，在手稿中
和 Lees 的版本中，笔者没有看到传述世系和主要变化方面的任何不同。虽然是有一些小的
差异，但是轶事的结构和轶事的情节以及它们的顺序在手稿和 Lees 的版本中是相似的。

④ Al-Azdī, Muḥammad b. ʿAbd Allāh, 2005, Futūḥ al-Shām. Ed. A. M. ʿUqla & Y. A. Banī Yāsīn as:
Kitāb Futūḥ al-Shām, Irbid. 一份关于这部作品的英文翻译，辅以大量脚注和对征服文献的
历史介绍，由 Jens Scheiner 和 Hamada al-Hasanayn 完成。

⑤ Ibn Aʿtham, Aḥmad b. Aʿtham, 1388–1395/1968–1975［Reprint in Beirut, not dated］, Kitāb al-
futūḥ. Ed. M. ʿAbd al-Muʿīd. 8 vols., Haydarābād.

首先，笔者准备了三个素材来源中对每一个轶事的英文翻译。^① 其次，如果研究的文本中有传述世系（isnāds）的话，笔者将对传述世系进行比较。^② 最后，对 FSAW 中摘取的文段，和艾兹迪的《沙姆征服记》与伊本·艾阿撒姆·库菲《征服记》中相应的文段进行总结。每一段摘要都包含了对每一个轶事的梗概。最后对 FSAW 的叙事内容和其他两个文本进行比较，笔者将在轶事总结后的分析部分中完成该内容。

二 四个轶事的比较

1. 雅尔穆克战役：希拉克略在其群臣前的演讲

第一个案例所研究的轶事与阿拉伯穆斯林和拜占庭在雅尔穆克河进行的战役有关。根据 FSAW 的叙事，该轶事的背景如下：希拉克略得知霍姆斯及更边远地区被阿拉伯穆斯林征服了。为此，他召集了他的军队和群臣，并在他们面前发表了演讲，与其强大的力量相反，其中提及了拜占庭军队节节败退的事实。接下来，笔者首先对三种素材中的相关段落进行了翻译，作为将要比较的文本的语料库。

A. 文本语料

（1）FSAW 的叙事 ^③

［传述世系］瓦基迪说

［传述内容］［……］他［=希拉克略］对他们说：啊，十字架上的人

---

① 此处将为读者提供笔者正在互相比较的那些段落的译本。它会使人们更容易理解分析部分所提供的论证。除了 Jens Scheiner 和 Hamada al-Hasanayn 先前对于艾兹迪的《沙姆征服记》的翻译外，没有一份对于 FSAW 和伊本·艾阿撒姆·库菲的《征服记》的翻译是可理解的。Mawlānā Sulaymān al-Kindī 发表的 FSAW 的英文翻译，似乎不值得推荐和供学术使用。见 Jens Scheiner 对此翻译的评论：［al-Wāqidī, Muhammad b. ʿUmar,] 2008, "The Islamic Conquest of Syria. A Translation of Futūšām. The Inspiring History of the Sahabāh's, r., Conquest of Syria as Narrated by the Great Historian of Islam al-Imām al-Wāqidī. Translated by Mawlāna Sulaymān al-Kindī. London: Ta-Ha Publishers 2005". In: *Sehepunkte* 8, Nr. 10 [15th October 2008].

② 我们将会看到，在某些情况下 FSAW 中的叙事没有任何传述世系，或者我们只是找到了动词 "他说"（he said）。这在伊本·艾阿撒姆的《征服记》和艾兹迪的《沙姆征服记》中也是如此。FSAW 和伊本·艾阿撒姆的《征服记》中包含着共同的传述世系。这一比较的重点在于选取的四部分的形式和内容，因为它们在提及的版本中都能找到。因此，笔者不试图在这些方面重建传述世系，或者认为，比如动词 "他说"（"qāla"）的主语是谁，即谁是文本这些场合的叙事者。

③ Al-Wāqidī, *Futūḥ al-Shām Ed. Lees,*vol. 2, pp. 111–113.

们！我警告过你们要提防阿拉伯人，让你们畏惧他们。但是，你们却不听从。凭借我信仰的事实，不可避免的，他们将得到我宝座下的东西［＝叙利亚地区］。女人才会哭泣，她任你摆布，这是其他基督教国王所无法比拟的。为了保护你、你的宗教和你的女人／圣所，我付出了我所有的财力和人力。向弥赛亚悔过你的罪孽。对客人（clients）仁慈。不要折磨他人，在战争中要忍耐。不要参与到别人的事情中去，也不要使彼此为难。你们要知道虚妄和骄傲，因为它们不会体现在一个人身上，除非失败降临。我问你们一个问题，我要得到［你们的］答复。

他的群臣回答：啊，国王！您尽管问您想问的任何事。他［＝希拉克略］说：你们比阿拉伯人拥有更多的援助，你们的人数比他们的多、体格比他们强健、力量也比他们强大。失败是从何而来，波斯人和土耳其人曾畏惧你们的力量，不只一次地攻击你们，在被打败之后又卷土重来。如今有一群身体比你们羸弱、赤身裸体、饥肠辘辘的人打败了你们，他们没有武器和装备。［尽管如此，］他们在巴士拉（Buṣrā）和豪兰（Ḥawrān）将你们杀戮，在艾支纳达因（Ajnādayn）、大马士革、巴勒贝克和霍姆斯打败你们，然后，大家都保持沉默。这时一位牧师站起来，他是他们所信奉的宗教专家，他说：陛下，你知道为什么阿拉伯人战胜了我们吗？他［＝希拉克略］回答说：不知道！他［＝牧师］说道：因为我们的人改信了他们的宗教，改变了他们信仰的表白，并放弃了玛利亚之子弥赛亚所给予他们的。他们互相攻击。在他们中间，没有人命令［别人］做所谓正确的事，也没有人禁止［别人］做坏事。他们没有好好做祷告，尽是放高利贷和通奸。罪恶和无耻的行为在他们中间盛行。而这些阿拉伯人顺从于他们的真主和先知。在夜晚时，他们就［像］是僧侣，而在白天，他们经常会斋戒。他们从没有停止过向他们的主祈祷、向他们的先知祝福。他们中没有人施行暴虐，人们之间也不会彼此狂傲。他们的口号（shi‘ār）是诚实，他们的外衣（dithar）是崇拜。当进攻时，他们不会后退；如果我们进攻他们，他们也不会逃跑。事实上，他们已经知道了现世将会毁灭，［只有］来世才是永恒的。国王［＝希拉克略］听到这些后，说道：毫无疑问，阿拉伯人以这种方式战胜了我们。你所说的如果的确属实，我就不需要协助你们了，也不会在你们中间了。我决定把这些军队遣回他们的国土，我将带着我的财产和家人离开叙利亚地区，定居在君士坦丁堡。在那里，我将会远离阿拉伯人。

（2）艾兹迪的叙事 ①

[传述世系] 侯赛因·本·齐雅德 > 艾布·伊斯玛仪·穆罕默德·本·阿卜杜拉 > 艾布·哲哈道姆 > 阿卜杜·马立克·萨利克 > 阿卜杜拉·本·古尔特·素马利

[传述内容] [……] 然后他 [=希拉克略] 对他们说：你所面对的这些人会给你带来不幸。告诉我！他们不是像你们一样的人吗？！他们回答说：当然是的！他 [=希拉克略] 问道：是你们在人数上占优势还是他们？他们回答说：我们在人数上是他们的数倍。我们只有在数量上超过他们时，才能在某一地区与他们对抗。他 [=希拉克略] 说道：该死！那么，当你们遇到他们时，怎么会被他们打败呢？他们保持沉默。这时他们中间的一位长者（shaykh）站了起来，说道：国王，让我来告诉你这些 [失败] 从何而来！他 [=希拉克略] 说道：告诉我。他说：当我们攻击他们时，他们忍耐；当他们攻击我们时，他们不畏缩；而当我们攻击他们时，我们畏首畏尾；当他们攻击我们时，我们没有忍耐。他 [=希拉克略] 说道：为什么你们是描述的这个样子，而他们却是另一种样子。这位长者回答说：我已经知道这是怎么回事了。他 [=希拉克略] 问他：怎么回事呢？他回答说：这些人晚上祈祷，白天斋戒。他们履行自己的承诺。他们要求 [别人] 做正确的事，禁止 [他们] 作恶。他们对所有的人一视同仁，对每个人的事情都很公平。我们既饮酒，又行奸淫，做所禁止的事，我们不信守承诺，暴躁易怒，行事不义，作恶多端，使神不悦。他 [=希拉克略] 说：上帝保佑，你告诉了我真相！天哪，我要离开这个地方（qarya），退出这个地区（al-baldat）。你们如此，我看不出你们队伍有什么幸事。长者对他 [=希拉克略] 说：上帝保佑，不要离开叙利亚（Sūriya），对于阿拉伯人来说，它是地球上的天堂，离开此地，是不进行斗争了吗？他 [=希拉克略] 回答说：他们已经在艾支纳达因、菲赫勒（Fiḥl）、大马士革、约旦、巴勒斯坦和霍姆斯，以及其他区域与你们多次交战了。在所有这些交战中，你们节节溃败，流窜逃亡。长者对他说：我的国王，请不要离开，你的周围有多如卵石、密如沙土的拜占庭人。他们中间从没有人要打倒彼此，在他们战斗之前，你却想要离开并把他们全部赶回去。

---

① Al-Azdī, *Futūḥ al-Shām*, pp. 245–246.

（3）伊本·艾阿撒姆的叙事 ①

［传述世系］他［＝叙事者 ②］

［传述内容］［……］他［＝希拉克略］对他们［＝他的大主教们］说：告诉我关于这些阿拉伯人的事！他们不是像你们一样的人吗？他们回答说：当然是的，国王！他［＝希拉克略］问道：是你们还是他们［在数量上］更多？他们回答说：我们［在数量上］是他们的数倍之多。他［＝希拉克略］问道：当你们遇到他们时，为何胆怯畏惧，不坚守阵地呢？他［＝叙事者］说道：他们保持沉默，并没有给予任何回应。

在那些明智的人们中的一位长者（shaykh）站起来说道：我的国王！让我来告诉你这是怎么发生在我们身上的。他［＝希拉克略］说道：告诉我！他［＝睿智的长者］说道：哦，国王！这些阿拉伯人是虔诚的人，而我们是堕落的人。当我们攻击他们时，我们会畏缩，而当他们攻击我们时，他们并不畏缩。希拉克略说：你们在数量和队伍（jamʿ）上比他们多，并相信公正属于你们／在你们手中，你们为什么会这样做呢？！长者回答他说道：哦，国王！我们这样做是因为，在上帝的眼中，他们的行为比我们优越，因为他们白天斋戒、晚上祈祷，履行他们的承诺，要求［别人］做正确的事，禁止［他们］做坏事。至于我们呢，国王啊，我们待人不公，违背所立之约，饮酒又做所禁之事，犯下罪孽，作恶多端，行上帝—万能的神不满之事—妨碍让上帝—万能的神满意之事。他［＝叙事者］讲道：随后希拉克略说道：以我的生命担保，的确如你所说，除了你之外，没有人对我说实话。我［现在］有一个想法就是离开此地（balad）去往别处，因为我知道，在你们这样的［人］之间，若你们常常做这样的不光彩之事，那对我们一点好处也没有。

B. 对传述世系的分析

正如在文本语料中观察到的一般，这三个叙事的传述世系 ③ 没有表现出相似性。在这三个来源中，只有艾兹迪的叙事具有传述世系。虽然人们可

---

① Ibn Aʿtham, *Kitāb al-futūḥ*, vol. 1, pp. 218–220.

② 在所选段落的翻译中，笔者插入一位叙事者作为动词"他说"（he said）的主语，但这并不意味着笔者暗示叙事者与口头铁事或书面形式相关。笔者增添的叙事者只是为了在语法上补充提供的英语翻译中的句子。研究经常出现在 FSAW、艾兹迪的叙事和伊本·艾阿撒姆的表达，比如"他说"和"他们说"，是至关重要的。但是，这并未出现在本文文本的范围内（另见第 10 页脚注 ①）。

③ 笔者把三个来源中四个铁事的不同版本都称为"叙事"。例如，对 FSAW 的叙事是指笔者在 FSAW 中发现的对铁事的详细版本。

以从这三个叙事内容的相似性中得出结论，认为它们可能出自一个共同的来源，但这无法根据传述世系来进行论证，因为 FSAW 的叙事和伊本·艾阿撒姆《征服记》的叙事，没有为我们提供详细的传述世系。

C. 内容分析

下面，笔者首先总结一下每篇叙事的内容。通过这种方式，每件事的主要情节将被呈现出来，以便观察它们是否在主要情节方面表现出明显的差异。随后，笔者将把 FSAW 的叙事情节与艾兹迪的叙事和伊本·艾阿撒姆的叙事进行比较，并讨论不同的内容要素。

FSAW 的叙事概要：①希拉克略对他的群臣说，他之前已经警告过他们警惕阿拉伯穆斯林，但是他们没有接受他的警告。他鼓吹他的群臣应该比以前表现得更好，并列举了一些他们应该受到谴责的行为。他问他们，尽管他们有着明显的优势，他们为什么被打败。②一名牧师回答说，宗教的改变，是他们应受谴责的行为，阿拉伯穆斯林在宗教中的良好行为，以及他们在战斗中的勇敢是拜占庭失败的原因。③希拉克略决定把战士们送回去，然后离开叙利亚。

艾兹迪的叙事概要：①希拉克略问了他的人民几个修辞性的问题，通过这些问题，他旨在强调他们比阿拉伯穆斯林更强大，尽管如此，他们还是被打败了。他问这是什么原因。②一位长者回答说，原因是阿拉伯穆斯林在战斗中表现更好。当希拉克略问及原因时，长者列举了阿拉伯穆斯林的宗教行为和拜占庭人应受谴责的行为。③希拉克略决定离开叙利亚，因为他在人民之中没有找到祝福。④长者试图说服他留在叙利亚。

伊本·艾阿撒姆的叙事概要：①通过一些反问，希拉克略对他的统治集团说，他的人民应该赢得战斗。然后他问他们失败的原因。②智者中的一位长者说：阿拉伯穆斯林在战斗中处理得更好。当希拉克略问及原因时，这位智慧的长者列举了穆斯林的宗教行为和拜占庭人应受谴责的行为。③希拉克略决定离开叙利亚，因为他相信有了这样的人，就不会有祝福降临到他们包括他自己身上。

D. 内容的分析比较

正如文本和对艾兹迪的叙事和伊本·艾阿撒姆的叙事的总结所表明的，这三个叙事在情节和顺序上是相似的。然而，对这三个叙事的内容进行更精确的分析后发现，与其他两个叙事相比，FSAW 的叙事具有以下其他内容

要素 ①，而另外两个叙事则没有这些要素。

①希拉克略说，他已经向他的人民提醒过阿拉伯穆斯林，但他们没有认真对待；②希拉克略预言阿拉伯穆斯林将拥有他的土地；③在希拉克略和他的人民说话之前，他已经把他们的卑鄙行为作为他们失败的原因，认为这是不可避免的；④希拉克略详细讲述了阿拉伯穆斯林以及他悲惨的处境；⑤希拉克略谈到他的人民在与以前的敌人战斗中的勇敢；⑥一个牧师在回答希拉克略的问题；② ⑦在 FSAW 的叙事中，宗教的转变和改变以及对弥赛亚预言的放弃被认为是失败的主要原因。然而，在另外两个叙事中，阿拉伯穆斯林在战斗中更好的努力和表现——反过来归因于他们履行宗教职责——被提及为拜占庭失败的原因。

FSAW 的叙事的这七个不同的内容要素可以分为三类：①详尽说明的要素；②宗教色彩的要素；③（伪）启示录要素。与其他两种叙事相比，上一段的要素①④和⑤阐述了 FSAW 的叙事。要素③⑥和⑦为 FSAW 的叙事注入了宗教内容。在这段叙事中，特别是以下的表达方式为 FSAW 的叙事增添了宗教的内容："啊，十字架的人们""基督教的国王""向弥赛亚忏悔你的罪恶！""并放弃了玛利亚之子弥赛亚所给予他们的"。艾兹迪的叙事和伊本·艾阿撒姆的叙事中没有这些表述。最后，应该说，FSAW 的叙事在内容上的第三个不同的要素，类似于该叙事中的（伪）启示录要素。③

---

① 所谓"内容要素"或"不同的内容要素"，笔者指的是增加叙事内容并使其内容不同于其他两种叙事内容的要素。

② 内容要素②和④在艾兹迪的叙事和伊本·艾阿撒姆的叙事中是分开的，在 FSAW 的叙事中被合并。正如在艾兹迪的叙事和伊本·艾阿撒姆的叙事一节中所看到的，希拉克略与他的一位权威进行了一次对话，讨论拜占庭战士在战斗中无法忍受的原因。这个对话被结合在 FSAW 的叙事中，变成了希拉克略的一个问题和他的权威的一个回答。

③ 如果这些要素实际上属于启示录式的论述，那么这不在本文的讨论范围之内。有人可能会提出这样的论点，在拜占庭时期盛行的启示录话语可能已经在这些段落中得到反映。我们已经知道，在 6 世纪和 9 世纪之间，启示录的概念在中东所有主要的宗教团体中流传（见 Shoemaker, Stephen J., 2014, "The Reign of God Has Come: Eschatology and Empire in Late Antiquity and Early Islam", In: *Arabica* 61, pp. 514–558）。那些可能的过程，这些要素如何在穆斯林历史文献中以它们的方式存在，还没有被系统地研究过。然而，我们知道这种观念在 8 世纪末 9 世纪初的叙利亚基督徒中也很普遍，他们与伊拉克的穆斯林进行了密集的交流（See for example: van Ginkel, Jan J., 2007, "The End is Near! Some Remarks on the Relationship between Historiography, Eschatology, and Apocalyptic Literature in the West-Syrian Tradition", In: W. J. van Bekkum *et. al.*（Eds.）, *Syriac Polemics. Studies in the Honour of Gerrit Jan Reinink*, Leuven, pp. 205–218）。对于穆斯林启示录文学，我们可以找到关于拜占庭人和穆斯林之间的启示录战争的细节，见 Cook, David, 2009, "Christians and Christianity in ḥadīth works", In: Th. David & B. Roggema, *Christian-Muslim Relations. A Bibliographical History. Volum 1 (600-900)*, Leiden 2009, pp. 74–75。也有一种可能，在穆斯林历史文献形成时期，这种观念在穆斯林历史学家的资料中找到了自己的方式。

最后，虽然在艾兹迪的叙事和伊本·艾阿撒姆的叙事中，希拉克略的群臣对他的问题做了两次答复，但在 FSAW 的叙事中，这已转变为一次答复，包括了艾兹迪的叙事和伊本·艾阿撒姆的叙事中两次答复的内容。在此，我们可以看到内容要素的组合，这在艾兹迪的叙事和伊本·艾阿撒姆的叙事中是看不到的。

总而言之，人们可以说 FSAW 的叙事在内容上涉及另外两个叙事的所有情节。然而，它包含了希拉克略及其一位臣子言论的更多细节。此外，与其他两个叙事相比，FSAW 的叙事包含更多的宗教（在这种情况下，与基督教和伊斯兰教有关）内容。它还包括一个（伪）启示录要素。此外，它结合了我们在艾兹迪的叙事和伊本·艾阿撒姆的叙事中分别发现的内容要素。

2. 对欧麦尔赴耶路撒冷的邀请

第二件轶事是关于邀请欧麦尔赴耶路撒冷与该城居民缔结和平条约的，它为 FSAW 的叙事与艾兹迪的叙事和伊本·艾阿撒姆的叙事之间的比较奠定了基础。围困耶路撒冷的整个叙利亚地区的阿拉伯穆斯林战士的首席指挥官艾布·乌拜达发出了这一邀请。三个叙事中关于欧麦尔被邀请赴耶路撒冷的整个轶事本身，是一个更大轶事的一部分。我们只审查涉及邀请欧麦尔赴耶路撒冷的部分。

A. 文本语料

（1）FSAW 的叙事 ①

[＝传述世系] 无传述世系可用

[背景：对耶路撒冷城的居民来说，包围使他们变得非常困难。他们去找统治这个城市的库姆马，向他寻求解决办法。他去找了艾布·乌拜达，从他那里了解到，耶路撒冷的居民要么必须纳税，要么必须皈依伊斯兰教。但是，他把两种选项都拒绝了。]

[传述内容] 艾布·乌拜达说：我们不会停止与你战斗，直到真主赐予我们战胜你的胜利。然后，我们将把你的妻子和孩子作为奴隶。我要杀死你们中的不信道者。

---

① Al-Wāqidī, *Futūḥ al-Shām Ed. Lees,* Vol. 2, pp. 253–255.

统治者说：我们永远不会放弃我们的城市，即使我们都被毁灭了。当我们已经准备好封锁这座城市的手段时，我们怎么能放弃呢？！在那里，有精良的设备和战士。我们不像穆斯林遇到的其他城市的居民，那些接受纳税的人。弥赛亚对他们很生气，[这就是为什么]他让他们服从于你。在我们的城市里，当任何人向弥赛亚祈求并祈祷时，他们的愿望就会实现。

后来艾布·乌拜达说：哦，真主的敌人！你刚刚撒谎了！

"基督，玛利亚的儿子，只是一个信使。在他之前有许多使者。他的母亲是一个真理（ḥaqq）。他们过去[像其他人一样]进食！"①

后来他[=真主]对他说[=弥赛亚]：存在！他[=弥赛亚]便存在。

后来统治者说：我们从不放弃我们的宗教，也从不放弃我们所信仰的。

然后，艾布·乌拜达对他[=统治者]说：当我们到达一个民族定居的地区时，"那些被警告过的人，会经历一个可怕的早晨"。②统治者说：我以弥赛亚的名义发誓，你永远不会征服它[=我们的土地]，即使你在这里定居了二十年。

我们的土地只会被一个人征服，他的特征可以在我们的书里找到，而我们在你身上找不到这些特征。艾布·乌拜达问道：谁征服了你的土地？统治者回答说：我们不告诉你他的特征，但是我们在书中找到了。据我们所知，[传说]这座城市将被穆罕默德的一个叫欧麦尔·伊本·哈塔卜的同伴征服，他以"公正者"（al-Fārūq）的名字而闻名，他是一个严厉的人，他不害怕任何人在[信仰]真主方面责备他。我们没有在你身上发现他的特征。

他[=叙事者]说：当艾布·乌拜达从统治者的话中听到这些时，他笑着说：以天房的真主之名，我们一定征服这座城市！然后，他[=艾布·乌拜达]转向他[=统治者]问道：当你拜访他[=欧麦尔]时，你认识他吗？他[=统治者]回答：当然！当他的特征与我们同在，以及他的长辈和父亲的数量与我们同在时，我怎么能不认识他呢？！艾布·乌拜达说：真主做证，他是我们的哈里发，是我们先知的伙伴。统治者说：当局势像你说的那样，你现在肯定知道我们的话的真相，不要让血[流下]，并派一个特使去通知你的主人，就来到[我们这里]。一旦我们拜访了他并确认了他的

---

① 《古兰经》4: 75。

② 《古兰经》37: 177。

特征，我们将为他开放这座城市并向他纳税。艾布·乌拜达说："我会派一个人去见他——如果真主允许的话——这样他就会来找我们。你现在想让战斗或［我们］与你保持距离吗？统治者说：啊，你们这些阿拉伯人！你永远不会放弃你的傲慢和自负。我们在话里对你是诚实的，为了拯救生命，而你把一切都交给了战斗。艾布·乌拜达回答说：因为我们的心更愿意这样［＝战争］，而不是活着，我们希望以此获得胜利和真主的宽恕。

后来，艾布·乌拜达回来了，命令人民［＝穆斯林战士］离开战场。然后，他把他们集合起来，并把统治者的教义告诉他们。穆斯林们高声说：除真主外，绝无应受崇拜的（taḥlīl），真主是至大的（takbīr）。他们说：啊！长官！你应当这样做，你应当就此事致函信士的长官。也许他会来找我们，为我们打开这座城市。

［信中写道］以至仁至慈的真主的名义！致真主的仆人，信士的长官欧麦尔·伊本·哈塔卜，他在叙利亚地区（Shām）的总督艾布·乌拜达·阿米尔·本·扎尔汗。现在来谈谈这个问题：愿真主与你同在！我赞美真主，万物非主唯有真主。我赞美他的先知。啊，信士的长官！要知道我们和伊利亚市的居民一同居住。在那里我们每天都和他们战斗，他们也是如此。穆斯林经历了寒冷和雨水带来的巨大困难。然而，他们对这些事是坚忍的，他们希望真主——万能的、至高的主——饶恕他们。当那一天到来，我给你写了［这封信］，他们敬重的统治者，来找我说，他在他们的书中发现，只有一个人可以征服他们的城市。他［＝统治者］知道那个人的特征。他们要求我们保存血液，并要求你亲自来帮助我们。也许真主通过你的手打开了这座城市。愿真主的和平和仁慈以及他的祝福与你和所有穆斯林同在！

（2）艾兹迪的叙事 [①]

［传述世系］他［＝叙事者］说道 [②]

［传述内容］当艾布·乌拜达围困伊利亚的居民时，他们看到艾布·乌拜达不会忽视他们，当他们认定他们没有能力与他［＝艾布·乌拜达］作战时，他们告诉他：我们将与你签订和平条约。他［＝艾布·乌拜达］说：这

---

① Al-Azdī, *Futūḥ al-Shām*, pp. 357–359.
② 在叙事的开头说，艾布·乌拜达等待伊利亚的居民来找他，以便与他缔结和平条约。然而，他们没有这样做。因此，艾布·乌拜达包围了该城（al-Azdī, *Futūḥ al-Shām*, p. 355）。

样，我也将期待你们的和平。他们说：如果是那样的话，请你派一个使者去见你的哈里发欧麦尔，他会答应我们，与我们缔结和约，并拯救我们。此后，艾布·乌拜达接受了他们的话，并开始考虑写信。

艾布·乌拜达派穆阿德·本·贾巴尔穆阿德去约旦。由于他对真主之路上的战斗（圣战）非常感兴趣，穆阿德过去通常不离开乌拜达。艾布·乌拜达过去在咨询穆阿德之前不会下任何命令。因此，他派了一名特使去找穆阿德。当特使到达穆阿德那里时，他向穆阿德报告了［伊利亚］人民的要求。后来穆阿德说：你给信士的长官写一封信，请他到你这里来。也许他来找你，如果这些人［＝伊利亚的居民］拒绝接受和平；那么他的努力和跋涉将是徒劳的。因此，在你信任他们，并要求他们发誓前，不要给他［＝欧麦尔］写信。当你请信士的长官来见他们，并给他写信后，他就来见他们，给他们保护和安全，并和他们订一个和平条约，他们一定会接受，然后就有和平了。然后，艾布·乌拜达向他们宣誓。他们发誓，当信士的长官欧麦尔来找他们，留在他们之中，保护他们的生命和财产，并立下合同，他们肯定会接受它，肯定会纳税，经历叙利亚地区的人民所经历的。

［信中写道：］以至仁至慈的真主之名。致从艾布·乌拜达·扎尔汗来的真主的仆人，信士的长官。愿和平与你同在！我的确赞颂真主，除他外，绝无应受崇拜的。现在来谈谈这个问题：我们在伊利亚定居。他们［＝伊利亚人民］相信他们能找到解决办法，并希望通过他们长期的耐心做到。然而，真主只给他们增加了压力、伤害、软弱和贫穷。当他们看到这一点，他们要求我们给他们那些他们以前拒绝和不太愿意接受的。他们给我们的和平条约的条件是，信士的长官来找他们，这样就能给他们保证，并为他们签下和平条约。信士的长官啊！我们的确怕你来了，而这些人欺骗了你，并改变［主意］。然后你的跋涉——愿真主赐予你繁荣——只会是麻烦和表面工作。因此，我们从他们那里得到了一个强有力的保证。如果你来保证他们的生活和财产，他们肯定会接受，并肯定会支付税款。他们将进入被保护民（ahl al-dhimma）所进入的地方。他们已经这样做了［＝许下誓言］，我们已经从他们那里得到了一个强有力的誓言。啊，信士的长官！如果你对我们有类似的看法，那就去做吧。因为在你的跋涉中会有胜利和正直与你相伴。愿穆斯林得到幸福！愿真主引导你走向正路，让你的任务变得更容易。愿和平与你同在！

（3）伊本·艾阿撒姆的叙事 ①

[背景：艾布·乌拜达致函伊利亚市的居民，敦促他们皈依伊斯兰教。他们没有回答。艾布·乌拜达带着一支军队向伊利亚进发，与该城居民作战并包围该城。]

[传述世系]他[=叙事者]说道

[传述内容]他们之间的战斗持续了许多天。后来，由于他们[=伊利亚的居民]没有找到解决办法，也没有反对穆斯林的力量，他们派了一名特使到乌拜达[传达了这样的信息]：我们希望与你们缔结和平条约，但我们不信任你们。因此，你应该写信给你的领袖欧麦尔·哈塔卜，让他到这里来。他将是那个给我们安全并为我们缔结条约的人，因为我们信任他并倚靠于他。

他[=叙事者]说：后来艾布·乌拜达对他的同伴说：你对此人说的话有什么看法？穆阿德·贾巴尔回答说：我认为你应该给信士的长官写一封信，请他到我们这里来。因为也许真主——全能的真主——会让叙利亚地区的其他地方井然有序——如果真主愿意——如果他[=欧麦尔]来到[叙利亚]。

后来，他[=艾布·乌拜达]写了一封信给他[=欧麦尔]：以至仁至慈的真主的名义。[一封信]给真主的仆人欧麦尔·哈塔卜，信士的长官，来自阿米尔·本·扎尔汗。愿和平与你同在！现在来谈谈这个问题：我通知你，哦，信士的长官！我和一群穆斯林去了伊利亚的居民那里，在他们的地区定居下来。然后我们几次攻击他们，但都没有成功。我们使[战争]旷日持久，他们在[战争的]延长中发现，对我们没有任何办法。至高的真主只给他们增加了软弱、伤害、谦卑和恐惧。由于这持续了太长的时间，围困变得非常粗暴，[因此，]他们要求签和平条约，并敦促在和平的条件下，信士的长官来找他们，因为他被他们视为可信任的，他应该是条约的缔造者，给予他们保护。后来我们怕信士的长官来[找他们]，他们就欺骗他，并且拒绝他。因此，我们向他们要求有一个大的承诺，一个合同，以使得他们不欺骗，不违反[他们的条约和他们的承诺]。他们将纳税，而且适用于被保护民，也将适用于他们，他们

---

① Ibn Aʿtham, *Kitāb al-futūḥ*, Vol. 1, pp. 290–291.

宣布自己接受它。哦，信士的长官！当你相信你会来到我们这里，那就去做吧，因为你的到来是有回报和价值的，是不会向你隐瞒的。愿真主赐予你智慧，并［为你］促成这一局面！愿真主的和平和仁慈以及他的祝福与你同在！

B. 对传述世系的分析

邀请欧麦尔赴耶路撒冷的三个叙事没有一个带有伊斯兰色彩。正如我们所说，它们是一个更大的轶事的一部分。然而，即使是这三个来源中更大的轶事也不成立，不具有传述世系。[①] 因此，我们找不到任何理由来比较这三个故事的传述世系。

C. 内容分析

与之前的案例研究相似，我将同样在此开始分析三个叙事的内容，并对每个叙事进行总结，包括每个叙事的主要情节。笔者将探析三个叙事情节的顺序是否一致。随后，我将在文本语料的基础上比较三个叙事的内容要素，并讨论它们的不同之处。

FSAW 的叙事概要：①在穆斯林战士长期围困耶路撒冷后，在艾布·乌拜达和耶路撒冷的统治者库姆马之间的对话中，双方都威胁对方；②库姆马称欧麦尔是耶路撒冷城的征服者；③艾布·乌拜达向穆斯林战士们通报了库姆马关于欧麦尔的言论；④艾布·乌拜达给欧麦尔写了一封信。

艾兹迪的叙事概要：①伊利亚城的居民放弃战斗，要求与穆斯林哈里发（与欧麦尔，而不是乌拜达）签订和平条约。②艾布·乌拜达向他的指挥官之一穆阿德寻求建议。③艾布·乌拜达召唤伊利亚城的居民发誓，一旦哈里发抵达他们的城市，他们不会拒绝和平条约。④艾布·乌拜达给欧麦尔写了一封信。

伊本·艾阿撒姆的叙事概要：①伊利亚城的居民放弃战斗，通过特使请求与欧麦尔签订和平条约。②艾布·乌拜达向指挥官寻求咨询；穆阿德反应积极。③艾布·乌拜达给欧麦尔写了一封信。

---

① 在 Lees 的版本中，FSAW 的叙事最初是从第 250 页开始的，并没有什么特别之处。在 Lees 的版本中更大的轶事的开头，它是这样写的：*qāla al-Wāqidī raḥimahū l-lāh*（al-Wāqidī，愿上帝怜悯他，说）。艾兹迪的叙事中更大的轶事，从第 355 页开始，也没有任何意义。我们在这里分析的叙事的开头是 "qāla"，它的主语不明。在这一点上，伊本·艾阿撒姆的叙事与其他两种叙事没有什么不同，也没有传述世系。

D. 内容的分析比较

正如我们从三个叙事的概要中了解到的那样，只有最后一部分，即关于艾布·乌拜达给欧麦尔写信的那一部分，在三个叙事中是常见的。然而，在艾兹迪的叙事和伊本·艾阿撒姆的叙事中，所有的情节都是一样的，除了一个情节，即穆阿德建议艾布·乌拜达召唤耶路撒冷的居民宣誓。这在伊本·艾阿撒姆的叙事中是没有的，尽管我们仍可看到穆阿德作为一名穆斯林指挥官，对邀请欧麦尔赴耶路撒冷的想法作出了积极的反应。这两种叙事的要素与 FSAW 的叙事的要素有着明显的不同。

通过对 FSAW 的叙事内容与艾兹迪的叙事和伊本·艾阿撒姆的叙事内容的比较，我们可以观察到以下不同的内容要素。

①在 FSAW 的叙事中，在耶路撒冷居民方面，一个被证明是该城最高宗教权威的统治者与艾布·乌拜达谈判，[①] 而在艾兹迪的叙事中，耶路撒冷的所有居民，或更确切地说，一群居民[②]与艾布·乌拜达谈判。在伊本·艾阿撒姆的叙事中，耶路撒冷居民派到乌拜达的一名特使完成了谈判。②在 FSAW 的叙事中，统治者指责叙利亚地区其他城市的居民和管理者，他们的城市被穆斯林占领，因为弥赛亚对他们很生气，是他把他们置于穆斯林的统治之下。③在文本的另一处，主教以弥赛亚起誓，表示耶路撒冷人是可靠的，他们可以抵抗穆斯林。④主教说，在耶路撒冷，向弥赛亚做的所有的祈祷都会实现。⑤艾布·乌拜达引述了《古兰经》关于弥赛亚的一段经文，经文中说，弥赛亚和他的母亲并无神性，他们只是人类。⑥在 FSWA 的叙事中，欧麦尔受到邀请前往耶路撒冷，因为主教（Biṭrīq）所言，在他们的宗教书籍中发现只有欧麦尔才能征服这座城市。但是，在艾兹迪的叙事和伊本·艾阿撒姆的叙事中，耶路撒冷居民要求欧麦尔前往耶路撒冷，因为在无法打败穆斯林军队的情况下，他们希望他们的生命和财产能得到穆斯林领袖的保护。⑦在 FSAW 的叙事中，艾布·乌拜达来到他的指挥官们那里，向他们通报了耶路撒冷的主教在其宗教著作中读到了有关耶路撒冷城的征服者的内容。然而，在艾兹迪的叙事中，艾布·乌拜达向穆阿德请教耶路撒冷居民的需求，随后穆阿德建议艾布·乌拜达要求他们宣誓，

---

① 见：Al-Wāqidī, *Futūḥ al-Shām Ed. Lees,* Vol. 2, pp. 251–252。

② 这个地方在艾兹迪的叙事中被笼统地表述为"qālū"，指的是该城的居民（al-Azdī, *Futūḥ al-Shām*, p. 357）。

欧麦尔前往耶路撒冷不会做过分的事。在伊本·艾阿撒姆的叙事中，艾布·乌拜达向他的指挥官们寻求建议，其中有穆阿德。穆阿德强调，艾布·乌拜达应该致函欧麦尔并邀请他到耶路撒冷。①⑧最后一部分涉及三个叙事的共同情节，即是艾布·乌拜达给欧麦尔的信。在这里可以看到三个叙事中信件内容之间存在差异。②

上述八个不同的内容要素应归类为以下内容：① FSAW 的叙事的宗教渲染要素；②宗教观念成分；③叙事刻画有关的要素。刻画要素指的是不同的内容要素，它们说明叙事中的一个情节与另一个叙事中的同一情节有所不同。

瓦基迪：平行叙事的内容与形式比较分析。

内容要素①②③④和⑤体现了宗教渲染要素，其中要素⑤没有在艾兹迪的叙事和伊本·艾阿撒姆的叙事中得以体现。他们在 FSAW 的叙事中加入了较为客观的宗教内容。要素⑥体现的宗教观念成分，在艾兹迪的叙事和伊本·艾阿撒姆的叙事中也是缺失的。耶路撒冷主教则说，根据宗教经书，耶路撒冷会被穆斯林征服。最后，⑦⑧要素体现了情节刻画要素，包括穆阿德邀请欧麦尔前往耶路撒冷时的角色，以及乌拜达发给欧麦尔的"信件"如何总述了整个故事。这些在 FSAW 中有着不同的叙事方式

总的来看，通过分析 FSAW 的叙事内容，可以说 FSAW 对欧麦尔应邀前往耶路撒冷一事的叙事承载着更多的宗教要素以及宗教观念成分。在此方面，FSAW 所具备的六个要素并没有在艾兹迪的叙事和伊本·艾阿撒姆的叙事中体现。值得注意的是，艾兹迪的叙事和伊本·艾阿撒姆的叙事体现出了更显著的共性，二者之间的差异是较为细微的。

3. 克尔布·艾哈巴尔皈依伊斯兰教

克尔布·艾哈巴尔皈依伊斯兰教是本文第三个围绕 FSAW、艾兹迪的叙

---

① 尽管艾兹迪的叙事和伊本·艾阿撒姆的叙事在这一要素上并不相似，但是穆阿德在这两种叙事中均是邀请欧麦尔访问耶路撒冷的关键人物。正如我们在 FSAW 的叙事中看到的那样，艾布·乌拜达并没有和他的追随者们商量，且艾布·乌拜达邀请欧麦尔是他个人的决定，因为他知道只有欧麦尔才能通过缔结和平条约来征服这座城市。

② 信件内容与轶事中描述的先前轶事之间的唯一区别可以在伊本·艾阿撒姆的叙事中找到。在此叙事中，艾布·乌拜达在给欧麦尔的信中暗示，穆斯林已经得到耶路撒冷居民的誓言，即欧麦尔一抵达耶路撒冷，他们就接受和平条约。但是，这与艾兹迪的叙事不同，它没有出现在前几个章节中。

事和伊本·艾阿撒姆的叙事内容的案例研究。克尔布在欧麦尔前往耶路撒冷与当地居民签署和平条约期间皈依了伊斯兰教。克尔布得知欧麦尔在耶路撒冷后便找到了他，与他会面并进行谈话。在这次谈话后，克尔布皈依了伊斯兰教。后文中，笔者将给出 FSAW 中一段轶事的翻译，并附上艾兹迪的叙事和伊本·艾阿撒姆的叙事的译文。

A. 文本语料

（1）FSAW 的叙事 [①]

［传述世系］沙赫尔·本·霍夏普 > 克尔布

［传述内容］克尔布说：欧麦尔和耶路撒冷的居民缔结了和平之约，我来到这座城市，并在这里待了十天。当时我住在巴勒斯坦的一个村庄，为了让欧麦尔能够皈依伊斯兰教，我去拜访了他。

我的父亲对真主向摩西降下的启示非常了解，他非常喜欢我，疼爱我，对我知无不言，并把真主向摩西的启示传授给我。他临终之时把我叫到他身边并对我说：亲爱的儿子！你知道我从来不向你隐瞒任何我所知道的事情，我也非常担心你会跟随一个说谎的人。你看，我给你在窥镜里留下了两片纸，不要碰，也不要往里看，直到你听到一个先知的名字——穆罕默德。如果真主保佑你，你会跟随他。他［＝克尔布的父亲］给我［＝克尔布］留下这段话后就去世了。

克尔布说：之后，我埋葬了父亲，我无比希望葬礼能快快结束，这样我就可以去看那两片纸了。葬礼结束了，我去窥镜那里，打开了它，拿出了两片纸，展开后，我看了看上面有什么。上面似乎写着，万物非主，唯有真主，穆罕默德是真主的使者。穆罕默德之后将再无使者。他将出生在麦加，并迁徙到 Ṭība 城。他不是一个严厉的人，也不是一个冷酷无礼的人。他的社群无论何时都在赞美真主。他们念"万物非主""真主至大"，竟会念湿舌头。他会战胜他的敌人。他的社群中的人用水清洗私处，并盖住腰部。他们的福音就在他们的胸中，他们待人以风雅，正如使者待他们以风雅。在所有的社群中，他们的社群将在复活日第一个进入天堂。他们是先导者、亲近者和仲裁者，裁决将由他们做出。

克尔布说：读到这里，我对自己说，父亲教过我那么多东西，可却从

---

① Al-Wāqidī, *Futūḥ al-Shām Ed. Lees,* Vol. 2, pp. 268–272.

没有把这么好的知识传授给我。父亲死后，我等待了一段时间——是真主的意愿，终于有消息传来，说这位先知在麦加开始了活动。他的事业越来越为人所知。我告诉自己，承蒙真主，那人一定就是他！我打探他的境况，结果听说他已经离开了麦加，进驻了叶斯里布。从那以后，我便开始等待他的来临，终于他组织了自己的军队，并打败了他的敌人。自此，我便准备好在哪条路上与他相见。然而我们却得到了他辞别人世的消息。随后又有消息传来，先知有了一个后人，为他继承这个社群，他叫"忠贞者艾布·伯克尔"。我告诉自己，我要找到他。没等多久，他的军队来到了叙利亚，向我们行进。随后又传来他离世的消息，据说一个名叫"欧麦尔"的人接过了他的尊衔。那时，我对自己说，等我领悟了这个宗教的真谛，我就皈依它。欧麦尔来到了耶路撒冷，我仍在观望。他和当地人达成了和平协议。我观察穆斯林如何实现他们的承诺，"真主"会怎么对待穆斯林的敌人。我确认我看到的是那位"文盲"先知的社群。我对自己说，我必须皈依他们的宗教，然而我仍然怀疑。一天晚上，我在房顶上，似乎有一个穆斯林在吟诵：

"曾受天经的人啊！我将使许多面目改变，而转向后方，或弃绝他们如弃绝犯安息日的人那样，在这件事实现之前，你们应当信我所降示的新经，这部新经能证实你们所有的古经。真主的判决是要被执行的。"

克尔布说：我听到了这些经文，我感到害怕，害怕我来不及洗心革面，第二天却已在我的沉睡中悄然降临。我等待天亮。第二天清晨，我离开了家，去寻找欧麦尔。人们说他人在耶路撒冷。我找到了他，他在和他的同伴做晨礼。我走到他面前，向他致意，他也向我致意并问道"你是谁"。我回答"我是克尔布·艾哈巴尔，我来进见你，是为了皈依伊斯兰教"。我在他们身上发现了书中穆罕默德和他的社群所具有的品质。全能的真主在他的一些著作中向摩西启示：摩西！我没有创造出比穆罕默德还要高尚的人。如果他不存在，我将不会创造天堂、火焰、太阳和月亮，大地和天空。他的社群是最好的社群，他的宗教是最好的宗教。我会在最后的时间派他去。他的社区是有福的，他是慈悲的先知，是麦加古莱氏部落中的先知，他对信者怜悯，对不信者严厉。他少有不公开的秘密，从来都言行一致。他对朋友和陌生人一视同仁。他们的追随者相互扶持，彼此怜悯。

随即，欧麦尔问：这是真的吗克尔布？你说的是真的吗？我回答：千真万确！〔然后〕我向唯一的主发誓，主听得到我的话，也知道我的真心！

欧麦尔随即说：赞美真主，他尊敬我们，对我们给予荣耀，并向我们施展包容一切的仁慈。穆罕默德已经为我们展示了正途，你现在愿意皈依我们的宗教吗？克尔布回答道："信士的长官！你所拥有的那本启示之书，可曾提到过你们的先知？"欧麦尔回答："是的。"随后欧麦尔吟诵道："易卜拉欣和叶尔孤白都曾以此嘱咐自己的儿子说：'我的儿子们啊！真主确已为你们拣选了这个宗教，所以你们除非成了归顺的人不可以死。'当叶尔孤白临死的时候，你们在场吗？当时，他对他的儿子们说：'我死之后，你们将崇拜什么？'他们说：'我们将崇拜你所崇拜的，和你的祖先易卜拉欣、伊斯玛仪、易斯哈格所崇拜的，我们只归顺他。'"①

随后，欧麦尔又吟诵道："易卜拉欣既不是犹太教徒，也不是基督教徒。他是一个崇信正教、归顺真主的人，他不是以物配主的人。"②

欧麦尔又吟诵道："舍伊斯兰教寻求别的宗教的人，他所寻求的宗教，绝不被接受，他在后世，是亏折的。"③

欧麦尔又吟诵道："今天，我已为你们成全你们的宗教，我已完成我所赐你们的恩典，我已选择伊斯兰做你们的宗教。"④

欧麦尔又吟诵道："他未曾以任何烦难为你们的义务，你们应当遵循你们的祖先易卜拉欣的宗教，以前真主称你们为穆斯林，在这部经典里他也称你们为穆斯林。"

克尔布说："如你所言，我想说：信士的长官！我作证万物非主唯有真主，我作证穆罕默德是真主的使者。"克尔布皈依伊斯兰教，欧麦尔甚感高兴。

随后，欧麦尔说：你想和我去麦地那吗，在那里你可以拜谒先知。我回答说：当然，信士的长官。我可以。

他［＝叙事者］说："欧麦尔写好与耶路撒冷居民定下的和约书，定好他们的人头税后前往了麦地那。"欧麦尔和他的军队前往了查比叶，并在那里驻军，设立了官府，收到了五分之一的战利品。就在这时，他将叙利亚分为两块，把从浩兰到阿勒颇的地带分给了艾布·乌拜达，命令他向阿勒

---

① 《古兰经》2: 132–133。
② 《古兰经》3: 67。
③ 《古兰经》3: 85。
④ 《古兰经》5: 3。

颇前进，与当地人作战，等待真主借艾布·乌拜达的手征服此地，又把巴勒斯坦和耶路撒冷地区分给了叶齐德和艾布·苏福扬，并令艾布·乌拜达将叶齐德收入麾下，令叶齐德和凯撒利亚的当地人作战，等真主借叶齐德的手征服此地。欧麦尔将大部分军队编入了艾布·乌拜达和哈立德·本·瓦利德的麾下，又派阿穆尔·本·阿绥征服埃及，并任命阿米尔·本·萨阿德为霍姆斯法官。

欧麦尔继续向麦地那前进，并带上了克尔布与他同行。麦地那人原本相信欧麦尔会待在叙利亚，因为叙利亚有的是好东西，品质优良，价格便宜，欧麦尔去过了一定会感受得到。另外人人都说叙利亚是圣地，是先知们的土地，是复活的地点。麦地那的人一直在期盼欧麦尔的消息，每天都出城等待他。终于欧麦尔［＝愿主福之］到了。欧麦尔到达麦地那，当天全城振奋不已，圣门弟子们对欧麦尔的到来非常高兴，并向他致意，欢迎他并祝贺他开辟了真主借他之手征服的土地。当是时，欧麦尔先去了清真寺，赞美了真主使者和正直的艾布·伯克尔。他呼唤克尔布并对他说：告诉穆斯林们，你在那两片纸里看到了什么。克尔布告诉了在场的人，人们的信仰因此更加坚定了。

（2）艾兹迪的叙事 [①]

［艾兹迪的叙事的题目］克尔布·艾赫巴尔皈依伊斯兰教之事

［传述世系1］侯赛因·本·齐亚德＞艾布·伊斯玛仪·穆罕默德·本·阿卜杜拉＞阿塔布·本·阿吉兰＞沙赫尔·本·霍夏普＞克尔布

［传述内容1］在欧麦尔来到叙利亚以后，克尔布·本·艾赫巴尔皈依了伊斯兰教，并告诉我他是怎样皈依的。

他［＝叙事者］说：克尔布·本·艾赫巴尔的父亲是相信真主使者的《托拉》信徒。他是一个宗教权威。

克尔布说：他［＝克尔布的父亲］精通神在《托拉》中对穆萨江夏的启示，以及使者们的经书。在先知开始他的事业之前，他［＝克尔布的父亲］基本把毕生所学都传授与了我。他临终时对我说：哦，亲爱的儿子！您肯定知道我已将一切所学传授给了你，除了我给你留下的那两张纸。那上面提到了先知，他将被派来人间，他的时代一定会到来。因此，我不想向你

---

①   Al-Azdī, Futūḥ al-Shām, pp. 370–374.

告知此事，因为我不确定，在我死后会不会有一位骗子出现蛊惑你，让你跟随他。[因此]我从书中撕下两张纸，将它们 [= 纸片] 粘在这个窥镜里，你会看到的。你现在还不可以打开查看。请让纸片留在原处，直到这个先知出现。他开启事业后，你要跟随，你要看一看那两片纸，上帝会给你带来更多的幸福。

克尔布说：父亲死后，我等待着葬礼结束，找到两片纸一睹究竟。葬礼结束，我打开了窥镜，拿出了两片纸。我一下子看到，穆罕默德是真主的使者，他是最后的使者，在他之后没有使者。他出生在麦加，他要前往麦地那。他彬彬有礼，从不喧哗于闹市。他以善报恶，而不以恶还恶。他总是宽恕、原谅他人。他的社群总是赞美真主。他们不知疲倦地念诵着"真主至大"。真主帮助他们的先知对抗与他为敌的人。他的社群中的人用水清洗私处，并盖住腰部。他们的福音就在他们的信众，他们待人以风雅，正如使者待他们以风雅。在所有的社群中，他们的社群将在复活日第一个进入天堂。他们是先导者、亲近者和仲裁者，裁决将由他们做出。

克尔布：读到这里，我对自己说：承蒙真主，父亲还从未将如此好的知识传授给我。随后，我按照真主的意愿等待了一段时间，并在 [父亲去世] 后专心观察，直到先知被派来人间。我和他相隔甚远，遥不可及，并且我没有能力去寻找他。

克尔布说：消息传来说，先知离开了麦加，时而胜利，时而败退。那时我告诉自己"一定是他！"。像父亲警告我的那样，我还是担心有欺世盗名之人蛊惑我。我不断地对这位先知的身份加以验证，审视，我喜欢这个过程。

克尔布说：终于有消息传给我，他（先知）来到麦地那。我对自己说：我希望是他本人。于是，我曾经收到有关他的战斗的消息，有时是好消息，有时是坏消息，从字面上看：有时是对他有利，有时是对他不利。然后我开始寻求通往他的道路。对我来说，这是不可能的，直到不久之后有消息传出他辞世了。于是，我对自己说：也许他不是我等待的那个人。又有消息传来，继承者出现了。没多长时间，他 [继承者] 的部队来到我们这里。此后，我对自己说：在我肯定他们是我希望和等待的人之前，我绝不会皈依这门宗教。我将观察他们的待遇和行为，看他们将走向哪里。

克尔布说：我迟迟不皈依此教，就是要彻底而严谨地观察他们的情况。

终于欧麦尔来到了我们这里。当我看到穆斯林的礼拜，他们的斋戒，他们的虔诚，知道了他们的誓约，知道了真主如何助他们一臂之力时，我知道他们就是我所等待的人。因而，我告诉自己我将皈依伊斯兰教。

克尔布说：承蒙真主，一天晚上，我在房檐上，蓦然听到一个穆斯林念着真主的经书做礼拜。他提高了嗓音，念道：

"曾受天经的人啊！我将使许多面目改变，而转向后方，或弃绝他们如弃绝犯安息日的人那样，在这件事实现之前，你们应当信我所降示的新经，这部新经能证实你们所有的古经。真主的判决是要被执行的。"①

克尔布说：我听到了这些经文，我感到害怕，害怕我来不及洗心革面，第二天却已在我的睡梦中悄然降临。经过此刻，没有比明天更令我期待不已的了。因此，晨光到来之时，我早早地离开了家，去欧麦尔那里皈依了伊斯兰教。

[传述世系2] 侯赛因·本·齐亚德 > 艾布·伊斯玛仪·穆罕默德·本·阿卜杜拉 > 阿塔 > 沙赫尔·本·霍夏普 > 克尔布

[传述内容2] 他 [＝克尔布] 说：欧麦尔即将回师麦地那，我对他说：啊，信士的长官！如在《托拉》中所言，这片土地——以色列的子民生活的土地——会为一个虔诚的人打开。他对信者亲和，对不信者严苛。他表里如一，心口一致，言行不二，对友人和陌生人以平等相待。他的追随者，在黑夜里克己静心，在白天动若狮子。他们彼此很亲切，互帮互助，并且彼此宽容。欧麦尔对他 [＝克尔布] 说：你说的是真的吗？克尔布回答：当然，承蒙独一的真主，我所说的是真的。欧麦尔说："赞美真主，真主使我们荣耀，让使者带来他包罗一切的仁慈，让我们超绝。"叙事者 [＝艾兹迪] 说克尔布原本是从也门迁徙来的希木叶尔部落阿拉伯人。

（3）伊本·艾阿撒姆的叙事②

[伊本·艾阿撒姆的叙事的标题] 克尔布·艾哈巴尔改信伊斯兰教

[传述世系] [＝叙事者] 说道：

[传述内容] 于是，欧麦尔进入了耶路撒冷，来到这座城市最大的教堂。

[＝叙事者] 说道："克尔布·艾哈巴尔一边走向他 [＝欧麦尔]，一

---

① 《古兰经》4：47。

② Ibn Aʿtham, *Kitāb al-futūḥ*, Vol. 1, pp. 296–297.

边向他询问伊斯兰教。于是，欧麦尔建议他改信伊斯兰教，并对其诵读了［＝以下经文］：'曾受天经的人啊！我将使许多面目改变，而转向后方，或弃绝他们如弃绝犯安息日的人那样，在这件事实现之前，你们应当信我所降示的新经，这部新经能证实你们所有的古经。真主的判决是要被执行的。'① 克尔布听毕，即刻改信了伊斯兰教。"

由此，他［＝克尔布］说道："信士们的长官啊！《托拉》中写道，真主将开启这片土地——其上的居民（ahluhā）乃以色列的子孙（banū ʾisrāʾīl）——它处于高尚人民中一人的掌控之下；那个人，对信士们宽厚仁慈，对不信道者则严酷无情，其秘密正如公开一般（sirruhū mithl ʿalāniyatihī）。他言行并不相悖。友人和生人都得到同样的对待（ḥaqq）。他的追随者是属于具备［＝真主］独一性的人，他们晚上是苦行僧，白天则［＝勇猛］如骑士。他们彼此宽厚相待、各有连属，慷慨大方。他们冲洗羞体，装扮腰间。他们的福音位于胸膛，他们的施舍位于其上（？）（fī buṭūnihim）。通过［＝说］'真主至大'（takbīr）的证言，将真主神圣化，以及［＝说］清真言'万物非主，唯有真主'（tahlīl），他们的舌头是湿润的。无论居于何境，身处和平还是恐怖，他们都赞颂真主。他们是第一个进入天堂的社团。"

他［＝叙事者］说道："于是，欧麦尔问道：'克尔布啊，你等会儿！你说的对吗？'克尔布答道：'是的，我以适才闻我言者起誓。'"他［＝叙事者］说道："因此，欧麦尔自觉无能为力。接着他抬起头说道：'赞颂真主，他曾以我们的先知穆罕默德光耀我们——他曾敬待我们，怜悯我们，拔擢我们。"

随后欧麦尔走向众人［＝穆斯林］并说道："归顺伊斯兰的众人！高兴些吧！既然强大的真主已坚守［＝他］对你们之承诺，并已佑助你们对抗你们的敌人，还赐给你们这些土地作为遗产。对此的报偿的确只是谢意。谨防你们的罪恶和罪行！因为与罪恶相伴的行为，意味着事关恩惠的谢意。没有民族对真主的恩赐毫无感激，同时不［＝因此］悔改，何况，真主还牵引着他们的荣誉，并让其敌人压服他们。"

B. 对传述世系的分析

伊本·艾阿撒姆的叙事与一种传述（isnād）有出入。但是，这并未涉

---

① 《古兰经》4: 47.

及任何传述者姓名。① 艾兹迪的叙事由两部分组成（two matns），每个部分包含一种传述。然而，所有传述完全一致。这表明艾兹迪的叙事由两个同一来源的文本组成。在艾兹迪的叙事中，两部分共同的传述如下：

哈桑·本·齐亚德 > 艾布·伊斯玛仪·穆罕默德·本·阿卜杜拉 > 埃塔 > 沙赫尔·本·郝沙布 > 克尔布

FSAW 的叙事开头的传述如下：

沙赫尔·本·郝沙布 > 克尔布

如前所示，艾兹迪的叙事里的前两位传述者，与 FSAW 的叙事里的前两位传述者是同样的人。② 也许能这样假设，即我们正处理着同样的传述，然而，在 FSAW 的叙事中，它已经被缩减了。若情况如此，那么可以得出结论，即这两种叙事原本是同一种叙事，这两个来源的作者—编者已将该叙事汇入其作品中。

C. 内容分析

如同前两个研究案例一样，在将 FSAW 的叙事与艾兹迪的叙事和伊本·艾阿撒姆的叙事对比之前，我将参照每一个叙事的主要情节，对它们的内容进行概括。

FSAW 的叙事概要：①欧麦尔进入耶路撒冷；②克尔布拜会欧麦尔，以便改信伊斯兰教；③克尔布记叙关于两张纸的轶事；④克尔布知道两张纸上的内容（其上记载关于先知及其社团的品质）；⑤克尔布听从有关穆斯林社团的消息，等待着欧麦尔抵达耶路撒冷；⑥克尔布向欧麦尔介绍自己，并向他讲述《托拉》中对先知及其社团品质的记载；⑦克尔布询问欧麦尔《古兰经》中对先知的记载，欧麦尔向他诵读了四节经文；⑧克尔布改信伊斯兰教；⑨欧麦尔建议克尔布与其一同前往麦地那；⑩欧麦尔在耶路撒冷期间颁发的行政命令；⑪ 欧麦尔与克尔布一同抵达麦地那。

艾兹迪的叙事概要：[传述内容1]①克尔布讲述两张纸的轶事；②克尔布了解这些纸上的内容（先知及其社团的品质）；③克尔布听到有关穆斯林的

---

① 位于其叙事开头的动词 "qāla"（说）除外。然而，并不清楚言说对象是谁。因此，这里不能进行对比分析。

② Shahr b. Ḥawshab, Abū Saʿīd al-Ashʿarī al-Shāmī, a *ḥadīth* scholar from the generation of *tābiʿūn*, who died in the year 100/718. For his biography, see for example: Al-Dhahabī, Muḥammad b. Aḥmad, 1405/1985, *Siyar aʿlām al-nubalāʾ*. Ed. Sh. al-Arnāʾūṭ, 25 vols., [Beirut], pp. 372-378.

消息，等待着欧麦尔抵达耶路撒冷；④克尔布听到一位穆斯林为克尔布诵读《古兰经》；⑤克尔布改信伊斯兰教；[传述内容 2]⑥克尔布向欧麦尔介绍自己，并向他讲述《托拉》中对先知及其社团品质的记载。

伊本·艾阿撒姆的叙事概要：①欧麦尔进入耶路撒冷；②克尔布拜会欧麦尔，以便改信伊斯兰教；③克尔布走向欧麦尔，欧麦尔建议他改信伊斯兰教，并对他诵读《古兰经》经文；④克尔布改信伊斯兰教；⑤克尔布对欧麦尔讲述《托拉》上所载的关于先知及其社团的内容；⑥欧麦尔向穆斯林告知克尔布的陈述。

D. 内容的分析比较

这里首先将伊本·艾阿撒姆的叙事与 FSAW 的叙事进行比较，随后再将 FSAW 的叙事和艾兹迪的叙事进行比较。

在叙事层面上可知，除最后一点（概要中的第六点）外伊本·艾阿撒姆的叙事在全部主要情节上都与 FSAW 的叙事相符。这表明除了最后一点，FSAW 的叙事涵盖了伊本·艾阿撒姆的叙事的所有概要。[1] 克尔布改信伊斯兰教发生在耶路撒冷，欧麦尔于此期间在耶路撒冷游历，以便与该城居民达成和约。克尔布拜会欧麦尔，并在其见证下改信伊斯兰教。在拜会欧麦尔时，克尔布向他讲述了《托拉》上对先知及其社团的品质的记载。

然而，并非 FSAW 的叙事中的全部情节，都可在伊本·艾阿撒姆的叙事中发现。如下所示，我们列出了两种叙事间所有不同的内容概要。

①克尔布所述的两张纸的轶事；②两张纸上的内容；③克尔布听到关于穆斯林社团的消息，并等待欧麦尔抵达耶路撒冷；④克尔布询问欧麦尔《古兰经》中对先知的记载，欧麦尔向他诵读四节经文；⑤欧麦尔建议克尔布与其一同前往麦地那；⑥欧麦尔在耶路撒冷期间颁发的行政命令；⑦欧麦尔与克尔布一同抵达麦地那；⑧FSAW 所记《古兰经》的经文是克尔布在自家屋顶上从一位穆斯林那里听到的，它是伊本·艾阿撒姆的叙事里诸多经文的一节而已，且这些经文是欧麦尔对他诵读的，因为他询问到《古兰经》中对先知的记载；[2] ⑨在伊本·艾阿撒姆的叙事（概要⑤）中，克尔布改信伊斯兰

---

① 我们应该说，在 FSAW 的叙事中，欧麦尔来到麦地那，告诉穆斯林克尔布向自己所述关于先知及其社团的内容。因此，FSAW 和伊本·艾阿撒姆在这两个叙事之间的差别，基本上是关于欧麦尔向穆斯林告知克尔布对先知及其社团的陈述。

② 如前所见，克尔布所述听闻《古兰经》经文的情节，在伊本·艾阿撒姆的叙事中是不存在的。

教之后，才向欧麦尔讲述《托拉》里先知及其社团的品质，然而在 FSAW 的叙事中，该情节（概要⑥）出现在克尔布改信伊斯兰教之前。

将 FSAW 的叙事与伊本·艾阿撒姆的叙事进行比较的结果是，尽管两种叙事之间存在共同情节，但可以发现两者间有九处不同的内容概要。可将这些不同的内容概要分为四组：①宗教的概要；②神学的概要；③详述的概要；④描述的概要。

概要①和④都涵盖宗教内容，这在伊本·艾阿撒姆的叙事中是没有的。概要②包含关于先知及其社团品质的神学内容。FSAW 的叙事中的这一概要表明有经人（*ahl al-kitab*）已经知道穆罕默德的先知身份。众所周知，这是《古兰经》的一个传统主题。这在伊本·艾阿撒姆的叙事中也并不存在。与伊本·艾阿撒姆的叙事相比，概要③⑤⑥和⑦为 FSAW 的叙事增添了更多细节。最后，概要⑧和⑨以不同于伊本·艾阿撒姆的叙事中的顺序，描述了与 FSAW 叙事所共有的情节。

根据这一分析，这两张纸上包含的宗教倾向与详述的概要的全部轶事，在伊本·艾阿撒姆的叙事中是完全不存在的。该轶事在 FSAW 的叙事中至关重要，因为它构成了克尔布改信伊斯兰教这一轶事的核心。

现在，我们开始比较 FSAW 的叙事和艾兹迪的叙事。如下所示，列出了两种叙事之间所有不同的内容概要。

①欧麦尔进入耶路撒冷；②克尔布拜会欧麦尔，以便改信伊斯兰教；③克尔布询问欧麦尔《古兰经》中对先知的记载，欧麦尔向他诵读四节经文；④欧麦尔建议克尔布陪他一同前往麦地那；⑤欧麦尔在耶路撒冷期间颁布的行政命令；⑥欧麦尔与克尔布一同抵达麦地那；⑦克尔布所叙《托拉》中对先知及其社团的品质的记载，在艾兹迪的叙事中（如伊本·艾阿撒姆的叙事一样）是出现在克尔布改信伊斯兰教之后的，而在 FSAW 的叙事中，它出现在其改宗一事之前；⑧在 FSAW 的叙事中，对先知穆罕默德姓名的提及，出现在克尔布与其父的对话中（FSAW 叙事中的第三段情节）；⑨在克尔布与其父的对话中，据说这位先知将出现在时间的尽头；⑩在 FSAW 的叙事中，提及了先知的两位继承者姓名，即艾布·伯克尔和欧麦尔，而在艾兹迪的叙事中，仅有欧麦尔这一姓名作为哈里发时出现；⑪在 FSAW 的叙事中，克尔布在耶路撒冷改信伊斯兰教之前，就知道了先知的军事行动；⑫在 FSAW 的叙事中，克尔布的梦是通过其对先知死亡的

了解；⑬ 克尔布认定先知是一个文盲先知（*al-nabīy al-ummī*）；⑭ 在艾兹迪的叙事中，巴勒斯坦被提及是以色列的子孙们所居的土地，他们曾是以色列的（原初）居民，并且据《托拉》所载，只有先知们才可开启这片土地；⑮ 提及先知的出生地，即塔哈马（麦加），以及他从属于古莱氏部落；⑯ 在艾兹迪的叙事中，克尔布改信这一轶事由两份报告组成。这些内容已被汇编在 FSAW 的叙事中；① ⑰ 我在艾兹迪的叙事里发现，存在着四个地方（在第二个主要情节中），其中的叙事被 "*qāla*"（他说道）这一表达打断，之后才继续下去。

笔者把这 17 个不同的内容概要分为四组：①详述的概要；②宗教的概要；③神学的概要；④描述的概要。

概要③和④包含宗教内容，其涉及欧麦尔为克尔布诵读的《古兰经》经文，以及他建议克尔布陪其一同前往麦地那，以便拜谒先知的坟墓。此外，载有先知被描述为一位文盲先知的概要 ⑬，也是一个与宗教有关的概要。它在 FSAW 的叙事中阐明了先知在《古兰经》中的称谓。③④ ⑬ 这三个概要在艾兹迪的叙事中都不存在。可以将概要 ⑫ 添加到宗教内容的类别中，因为它为 FSAW 的叙事增加了一个超然的范畴。

概要①②⑤⑥属于详述的概要，它们为 FSAW 的叙事增加了额外内容，而艾兹迪的叙事中也不存在这些内容。概要①和②是作为 FSAW 的叙事的导言而为其服务的，它们构成克尔布改信伊斯兰教这一情节的语境。概要⑤和⑥扩展了 FSAW 的叙事。此外，概要⑩ ⑪ 和 ⑮ 通过提及艾布·伯克尔的姓名与提供一些关于先知的传记资料，比如出生地和部落从属关系，以及提及他的活动，丰富了 FSAW 的叙事。然而所有这些细节在艾兹迪的叙事中都是缺失的。

概要⑧和⑨是神学概要，因为它们谈及封印先知并提到他的姓名。这两条信息在艾兹迪的叙事中也是不存在的。②

概要⑦是一个描述性的，与艾兹迪的叙事相比，它位于 FSAW 的叙事的另一处。此外，概要 ⑯ 和 ⑰ 也属于此类。如上所示，在艾兹迪的叙事

---

① 如上所示，艾兹迪的叙事中的全部报道，都包含同一传述。这一点不在本文的探究范围内，无论艾兹迪的叙事和 FSAW 的叙事在本源上是否为同一叙事，人们或可提出，至少从内容上看它们原本是同一叙事，因为这两种叙事内容的第一个传述者是沙赫尔·本·郝沙布。

② 据说在艾兹迪的叙事中，这位先知降世的时间已经到了，然而没有提及对封印时间的说明。

中，克尔布改信这一轶事由两份报告组成，而这两份报告的内容则合编在 FSAW 的叙事中。此外，我们发现在艾兹迪的叙事中有四处，其中的讲述被 "qāla"（他说道）这一表达打断，之后才继续下去。然而，FSAW 的叙事中的讲述是一种对克尔布改信伊斯兰教这一轶事不间断的、更自成一体和更为流畅的报道。

最后要讨论的是概要 ⑭。该概要涉及巴勒斯坦，它作为只可被先知们开启的以色列子孙所居土地。概要 ⑭ 在 FSAW 的叙事中是不存在的。在艾兹迪的叙事中，它似乎兼具政治和宗教功能。尽管它强调穆斯林们将征服耶路撒冷，但同时犹太人作为巴勒斯坦土地的原初居民被提及。这一声称巴勒斯坦土地属于犹太人的概要，在 FSAW 的叙事中也并不存在。

总之，在把 FSAW 的叙事与伊本·艾阿撒姆和艾兹迪这两者的叙事进行比较后，笔者认为前者的叙事包含不少附加的概要，[①] 其中一些概要在伊本·艾阿撒姆的叙事和艾兹迪的叙事中是不存在的，它为 FSAW 的叙事增加了更多宗教和神学的范畴。其中一些概要则在 FSAW 的叙事和其余两种叙事所共有的情节上，增加了更多细节。最后，FSAW 的叙事中的一些附加概要，对该叙事的描绘与伊本·艾阿撒姆和艾兹迪这两者的叙事有所不同，因此，FSAW 的叙事不同于其他两种叙事，它呈现出一种对克尔布改信伊斯兰教这一叙事不间断的、更为完善和流畅的报道。

正如在本章节中对三个叙事的传述世系讨论的那样，笔者提出了一个论断，即 FSAW 的叙事和艾兹迪的叙事原本是同一叙事，因为它们的第一位传述者是同一个人。如果这个假设是正确的，那么 FSAW 的作者—编者似乎缩减了这一叙事的传述，将两种消息合并起来，并为此叙事增添附加的概要。然而，FSAW 的作者—编者可能借用了其他来源的叙事，正如我们目前在他的作品中发现的那样，即用较短的传述世系与一种宏大叙事的形式，包括为艾兹迪的叙事增添了细节的两个报道。到此一步，很难找出 FSAW 的叙事中可能的修改之处。

4. 欧麦尔在贾比亚的演讲

最后一个案例研究涉及 FSAW 的叙事，与艾兹迪的叙事和伊本·艾阿

---

① 尽管依据两者叙事的传述世系（isnād），它们应当为同一种叙事。

撒姆这两者的叙事，在欧麦尔于贾比亚所发演讲（*khuṭba*）上的比较。欧麦尔为了耶路撒冷离开了麦地那。[①] 在叙利亚地区的入口处，一群由艾布·欧拜德提前派遣的穆斯林接待了他，他们陪同欧麦尔直抵穆斯林战士们驻扎的贾比亚地区。在那里，欧麦尔向穆斯林战士们发表了演讲。在贾比亚短暂停留后，他继续朝耶路撒冷前行。

如本文导论前述，欧麦尔在贾比亚的演讲的确没有出现在伊本·艾阿撒姆的《征服记》（*Kitāb al-futūḥ*）中[②]。在这里，我们用伊本·阿萨基尔的《大马士革史》（*Ta'rīkh madinat Dimashq*）作为另一种叙事来与 FSAW 的叙事进行比较。伊本·阿萨基尔的叙事由两份报告组成，根据作者本人的说法，其中一份援引自瓦基迪的《沙姆征服记》。[③]

A. 文本语料

（1）FSAW 的叙事 [④]

FSAW 的叙事中没有提到这一点，穆斯林战士们在欧麦尔来到他们面前时正相互簇拥着。然而，可从语境中了解到他们待在耶路撒冷附近某处。在那里，欧麦尔是被艾布·欧拜德接待的。

当他们（欧麦尔和艾布·欧拜德）驻跸时，欧麦尔说与穆斯林一同举行晨礼。于是，他发表了一次令人钦佩的演讲。他在演讲中赞颂了受赞者、全能者、至高者和意欲者（真主）。然后，他说道："的确，真主以伊斯兰教光耀我们，并通过穆罕默德引领我们走上了正道。"由此，他将我们从虚妄中救出，在我们疏离与（彼此早结）仇恨之后，又将我们的心团结一致。因此，由这些赐福而赞颂他吧！［＝结果］你们会从他身上获得裨益！因为强大的真主说过"如果你们感谢，我誓必对你们恩上加恩"。[⑤] 于是，他［＝欧麦尔］诵读了［＝这一节］："真主引导谁，谁遵循正道；真主使谁迷误，

---

① 他旨在与耶路撒冷居民达成和平协定。作为本研究的第三个案例，这一轶事曾在前面部分有所论述。

② 在伊本·艾阿撒姆的叙事中，欧麦尔前往耶路撒冷一事的语境里贾比亚这一名称仅被提及一次。依伊本·艾阿撒姆所述，欧麦尔在前往耶路撒冷的途中，曾路经贾比亚港口后驻跸在大马士革（Ibn Aʿtham, *Kitāb al-futūḥ*, Vol. 1, p. 294）。

③ Ibn ʿAsākir, *Taʾrīkh*, Vol. 40, pp. 454–455.

④ Al-Wāqidī, *Futūḥ al-Shām Ed. Lees,* Vol. 2, pp. 260–261。这一轶事的确没有传述。它是一件更大轶事的某部分，该轶事肇始于莱斯所编版本的第 250 页，完结于第 263 页。在这更大轶事的开头写道：*qāla l-Wāqidī*（瓦基迪说道）。

⑤ 《古兰经》14:7。

你绝不能为谁发现任何朋友作为引导者。"① 当他［＝基督教士］复述［＝他的话］时，欧麦尔［＝对他的人民］说道："盯着他，如果他复述［＝他的］这番话，将其头颅砍下！"教士明白了他［＝欧麦尔］所讲的话，因此保持沉默。欧麦尔接着说道："回到我们的话题：我劝告你们（ūṣīkum）畏惧强大的真主，他是永生的，除他之外，一切都会灭亡。［＝他是］独一的，谁归顺他并从其获益，他便与谁为友，他的敌人通过（他们的）对真主的悖逆，向他们施加痛苦。众人啊！用你们被祝福的灵魂来施舍吧，并期待［＝由此］得到任何无形的回报或感激。去理解你们所闻的布道吧，因为有智者是一位捍卫其宗教的人。幸运者是一位通过［＝警告］他人而被警告的人。看啊！［＝宗教中］最恶劣的是那些发明异端的人（mubtadaʿ）。在传统（sunna）中采取折中路线吧，这是你们先知的传统，并把它变成你的［＝坚守的］职责，因为坚守传统比［＝在宗教上］发明异端更好。将［＝诵读］《古兰经》当成你的职责吧，因为你将在其中发现治愈和裨益。众人啊！的确，真主的使者曾站在我们当中，如同我［＝现在］站在你们当中一样，他曾说道："将我同伴们的传统（sunna）当作你的［＝坚守的］职责，接着［＝严守］那些追随他们［＝同伴们］的人的传统，以及那些跟随他们［＝同伴们的追随者］的人的传统。然后，欺骗就会［＝到处］出现，这样一来某人可以做证，而不就证词被询问。当某人未受邀请而这样做时，他便可起誓。你们当中那些寻求天堂荣华的人啊，他们务必依靠社团。疏离（al-furqa）来自魔鬼。你们当中的任何人，都不许与［＝陌生］女子独处，因为她们是魔鬼的缚绳（ḥabāʾil）。你们当中的那个其善使他高兴、其罪使他伤心的人，乃是一位［＝真正的］信士。严格［＝坚持］每日的礼拜！"

（2）艾兹迪的叙事②

［艾兹迪的叙事的标题］欧麦尔"愿主喜悦之"在贾比亚的演讲

［传述世系］侯赛因·本·齐亚德＞艾布·伊斯玛仪·穆罕默德·本·阿卜杜拉＞阿塔布·木·阿奇兰＞艾布·纳德拉＞艾布·赛义德·胡德里

［传述内容］ʿ欧麦尔一直前行着，直到他到达贾比亚（al-Jābiya）。随即，他立于人群（＝穆斯林）中，说道：赞美真主！值得称颂的、勇敢

---

① 《古兰经》18:17。
② Al-Azdī, *Futūḥ al-Shām*, pp. 363–364.

的（al-daffā'）、尊贵的、宽容的、慈爱的（al-wadūd）主，只有主的仆人才会被引向正道，主已指明了正确的道路。至于那些被带向歧途的人，你［＝先知］将找不到引他们入正道的朋友。他（＝叙事者）说：有一个穿着羊毛服装的基督徒。他［＝叙事者］说：正如欧麦尔——真主对他满意——所说：那些真主引他们上正道的人，受到了正确的引导，这位基督徒说道：我为此做证。他［＝叙事者］说：正如欧麦尔——真主对他满意——所说："那些被带向歧途的人，你［＝先知］将找不到引他们入正道的朋友。"他［＝叙事者］说，基督徒将羊毛衣从胸前抖落，然后说道：上天不容！当人［他自己］寻求指导时，上帝不会带领任何人误入歧途。随即，欧麦尔——真主对他满意——说道：这个真主的敌人，这位基督徒在说什么？有人回答道：他说真主只会指引正道，不会带领任何人误入歧途。随即，欧麦尔提高了声音，又重复了一遍他先前所说的话。接着，这位基督徒又做出了相同的反应。然后欧麦尔——真主对他满意——生气了，说道：向主起誓，如果他再重复这些话，我就会斩首处决他！他［＝叙事者］说：这位背信者（al-'ijl）［＝基督徒］明白了，随即保持沉默。他［＝叙事者］说：然后欧麦尔——真主对他满意——继续他的讲演，说道：真主向他指示正确道路的人，没有人可以使他误入歧途，而真主引他入歧途的人，也没有人可以给他指示正道。他［叙事者］说：基督徒一直保持沉默。

随后，他［＝欧麦尔］说：现在回到我们的主题：我听到先知——愿真主保佑他——说：我们集体中最好的人是那些追随你［＝先知的同伴］的人，然后是那些跟随他们的人。此后，这种欺骗行为将蔓延开来，这样一来，一个见证人可在没有证人的情况下为自己的所见做证，一个起誓者可以在没被要求的情况下发誓。一个希望顺利进入天堂的人，他必须依附于这个集体（al-jamā'a），而不应去注意那些与世隔绝的人的怪异之处。注意！你们中的男人不许与［陌生］女人单独待在一起——除非他非她不娶（maḥram）——因为第三者［＝同伴中］是罪恶的。

（3）《大马士革史》的叙事

阿塔・卡拉易（'Aṭā' al-Kalā'ī）：欧麦尔在贾比亚（al-Jābiya）发表演说时他在场。他的儿子，奥斯曼・本・阿塔・卡拉易（'Uthmān b. 'Aṭā' al-Kalā'ī）从他那里将［材料］传播开来。

［传述世系］伊本・阿萨基尔＞艾卜・哈利卜・班纳＞艾布・哈

桑·穆罕默德·本·艾哈迈德·本·欧贝德·本·法德·本·萨哈 > 艾布·哈桑·阿里·本·阿卜杜拉·本·穆巴什尔·瓦斯提 > 艾布·贾法尔·艾哈迈德·本·撒南·本·阿萨德·本·盖坦·瓦斯提 > 叶齐卜·本·阿拉·巴贾利 > 法德·本·奥斯曼·莱赫米 > 奥斯曼·本·阿塔·阿卡拉，说道

［传述内容］当他在贾比亚（Al-Jābiya）发表演说时，我听见欧麦尔·本·赫塔卜说：无疑，真主的使者——愿真主保佑他——站在我们之间，就像我站在你们之间一样。随即，他［=先知］说道：先追随我的同伴们（=圣门弟子），再紧随再传弟子，然后是三传弟子。欺骗会出现在［所有地方］，那么会有人在未被要求［这样做］的时候发誓，有人会在未被传唤的时候作证。那么，如果想要进入天堂之中，他应该敬畏真主并依附于集体（al-jamāʻa），因为魔鬼确是孤独的。而且，他［=魔鬼］距离两个人［要比距离一个人］更远。任何人都不许与一个［陌生］女人单独待在一起！因善举而感到愉悦、因恶行而感到难过的人，才是［真正的］信徒。

笔者在穆罕默德·本·欧麦尔·瓦基迪的《沙姆征服记》中读道：

［传述世系］穆罕默德·本·欧麦尔·瓦基迪 > 萨义德·本·拉希德 > 伊拉辛·本·穆罕默德 > 阿卜笃·马立克·本·穆斯林 > 奥斯曼·本·阿塔·阿卡拉 > 他的父亲说道

［传述内容］我听到欧麦尔在贾比亚向人们发表演说。他说道：啊，人们！我要求你们敬畏真主。［=他是］永垂不朽的，除他以外一切都会消亡。他的朋友从［他们］对他的服从中受益，他的敌人因［他们的］不服从而受到伤害。随即，他［=欧麦尔］开始了他的演说。

B. 对《传述世系》的分析

应该指出的是，伊本·阿萨基尔的叙事包含两个方面，其结构不同于 FSAW 的叙事和艾兹迪的叙事。

在第二份记录中，关于最后一个传送者阿塔·卡拉易（ʻAṭāʼ al-Kalāʼī）的传记，伊本·阿萨基尔提到了一点，这一点将阿塔与叙利亚地区联系了起来。伊本·阿萨基尔说道，欧麦尔在贾比亚发表演说时阿塔在场，并补充道，阿塔的儿子奥斯曼从父亲那里将资料传播开来。伊本·阿萨基尔，然后引用了两份来自阿塔的报告。第一份报告应该包含欧麦尔在贾比亚发表演说时部分内容的一段传述世系，这篇传述世系表明伊本·阿萨基尔是如何从那位传述者那里得到这篇阿塔的叙事的。我们知道，根

据伊本·阿萨基尔的方法，他一定是从他的某位老师那里获得的这些信息。如这篇传述世系所示，瓦基迪并不在传述者的这条线中。

至于第二份记录，是关于欧麦尔在贾比亚的演讲，伊本·阿萨基尔称他的这篇报告引用自瓦基迪的《沙姆征服记》的叙事。在这项研究中，我们假设伊本·阿萨基尔确实引用自瓦基迪的《沙姆征服记》的叙事。① 这段引文包含一段从阿塔到瓦基迪的传述世系，以及欧麦尔演讲的引言部分。尽管伊本·阿萨基尔说阿塔记录了欧麦尔的讲话，但他并未从 FSAW 中引用演说的内容，而仅限于引言部分。这意味着在瓦基迪的这本书中，伊本·阿萨基尔没有引用的演说内容与他在先前记录中提及的信息（khabar）的内容相吻合。伊本·阿萨基尔似乎有意避免重复，因此在第二份记录阿塔的自传中仅仅提到了瓦基迪的《沙姆征服记》的叙事中所提供的新信息，即传述世系和对演说的介绍。

现在，我们继续讨论有关传述世系的四种叙事的分析（下一节中将分析内容）。正如原文呈现的那样，FSAW 有三种叙事都没有传述世系。伊本·阿萨基尔的叙事中两份记录有两段传述世系，每段传述世系对应一篇记录。艾兹迪的叙事也有一段传述世系。下面，列出了伊本·阿萨基尔的叙事和艾兹迪的叙事的传述世系。

伊本·阿萨基尔的叙事：

［传述世系 1］伊本·阿萨基尔＞艾卜·哈利卜·班纳＞艾布·哈桑·穆罕默德·本·艾哈迈德·本·欧贝德·本·法德·本·萨哈＞艾布·哈桑·阿里·本·阿卜杜拉·本·穆巴什尔·瓦斯提＞艾布·贾法尔·艾哈迈德·本·撒南·本·阿萨德·本·盖坦·瓦斯提＞叶齐卜·本·阿拉·巴贾利＞法德·本·奥斯曼·莱赫米＞奥斯曼·本·阿塔·哈拉里＞他的父亲说道

［传述世系 2］穆罕默德·本·欧麦尔·瓦基迪＞萨义德·本·拉希德＞伊布拉辛·本·穆罕默德＞阿卜笃·马立克·本·穆斯林＞奥斯曼·本·阿塔·哈拉里＞他的父亲说道

艾兹迪的叙事：

［传述世系］侯赛因·本·齐亚德＞艾布·伊斯玛仪·穆罕默德·本·阿

---

① 哪怕这则引文不是来自瓦基迪的《沙姆征服记》，也不会影响我们的研究，因为这篇研究聚焦于四则所选引文的内容和形式。

卜杜拉 > 阿塔·本·阿奇兰 > 艾布·纳德拉 > 艾布·赛义德·胡德里

　　伊本·阿萨基尔为他的两篇叙事的记录所引入的传述世系，都指明奥斯曼·本·阿塔和他的父亲是这场演说的聆听者。但是，没有人可以找到这两段传述世系的相似之处。此外，艾兹迪的叙事的传述世系和伊本·阿萨基尔叙事的两段传述世系之间也没有相似之处。艾兹迪的叙事中的第一个传送者是艾布·赛义德·胡德里（ Abū Saʿīd al-Khudrī）。综上所述，有人可能会说，考虑到传述世系的问题，传述世系和这三个叙事之间没有关联。

　　如前所述，伊本·阿萨基尔的叙事中的第二段传述世系应该引自瓦基迪的《沙姆征服记》。然而，这则传述世系也无法从 FSAW 中找到关联。前面我曾提到，FSAW 关于欧麦尔在贾比亚的演讲的叙事是该作品中重要的叙事部分，而不是单一的一则消息（ khabar）。与伊本·阿萨基尔基于的瓦基迪《沙姆征服记》不同，FSAW 的叙事没有任何传述世系。如此，我们可以认识到，关于传述世系的问题，FSAW 的叙事与伊本·阿萨基尔所接收的瓦基迪的《沙姆征服记》的叙事之间有明显的区别。因此，就这一点而言，我们可以肯定这两种叙事之间也毫无关联。

C. 内容分析

　　为了更形象地呈现三段叙事之间的差异，将它们列在如下的表格中。

叙事概要	情节 1	情节 2	情节 3
FSAW 的叙事概要	欧麦尔和一位基督教牧师关于一个神学问题的讨论	演说的引言部分	演说内容
艾兹迪的叙事概要	欧麦尔和一位基督教牧师关于一个神学话题的讨论	—	演说内容
伊本·阿萨基尔的叙事概要（第一部分）			演说内容
伊本·阿萨基尔的叙事概要（第二部分）		演说的引言部分	

D. 内容的分析比较

　　如上一节中的表格所示，与其他两种叙事相比，FSAW 的叙事包含更多的情节。与伊本·阿萨基尔的第一段叙事相比，FSAW 的叙事包含了对欧麦尔演讲的介绍以及欧麦尔和基督教牧师的讨论这两个主要的额外情节。与伊本·阿萨基尔关于瓦基迪的《沙姆征服记》的叙事（伊本·阿萨基尔叙事的第二部分）相比，FSAW 的叙事多了一段欧麦尔与基督教牧师讨论的情节。与艾兹迪的叙事相比，FSAW 的叙事额外包括一段欧麦尔演说的引言部分。与另外两段叙事相比，这些额外的情节为 FSAW 的叙事增加了更多细节。这些细节与宗教问题相关，即扩大的叙事中的宗教成分。但是，它们也可以被视为阐释的要素，即与其他两种叙事相比，它们详细阐明了 FSAW 的叙事。

关于欧麦尔和基督教牧师之间讨论的情节，FSAW 的叙事和艾兹迪的叙事是相似的。在两种叙事中，都引用了相同的《古兰经》经文，牧师对经文的反应以及欧麦尔对此的反应，描述都十分接近。关于两段叙事的共同情节——演说的内容，应该注意的是 FSAW 的叙事更广。 FSAW 的叙事中额外新增内容要素如下：①提及天课；②提倡维护自己的宗教信仰；③拒绝宗教上的创新；④强调逊奈（sunna）的重要性；⑤强调《古兰经》的重要性；⑥强调日常祷告的重要性。这样，与艾兹迪的叙事相比，FSAW 的叙事在这一共同情节中展示了更多细节。可以看到，在 FSAW 的叙事中，所有增加内容都与宗教问题有关。

如前所述，根据伊本·阿萨基尔的说法，FSAW 的叙事与瓦基迪的叙事之间的比较，关于欧麦尔和基督教牧师之间的讨论在瓦基迪的叙事中缺失了。伊本·阿萨基尔在这本书中的引用是从一则传述世系开始的，紧接着就是对欧麦尔演说的介绍。在瓦基迪的叙事中，欧麦尔和基督教牧师之间的讨论似乎发生在欧麦尔发表演讲之前，原本就是缺失的。这意味着，伊本·阿萨基尔很可能从瓦基迪的《沙姆征服记》中转述的是欧麦尔演讲的缩略版本或概要。据此，我们可以说，与瓦基迪在其《沙姆征服记》中的叙事（据伊本·阿萨基尔）相比，FSAW 的叙事包含更多的宗教细节，并且表达得更为详尽。换句话说，两则叙事之间的不同内容在于宗教因素和阐释的因素。

此外，据伊本·阿萨基尔所言，我们可以发现瓦基迪的叙事风格与 FSAW 的叙事之间有更为显著的区别。瓦基迪的叙事在开始引出一段传述世系，这使叙事与以前的段落有明显的区别，而 FSAW 的叙事没有传述世系，并且与前文交叉在一起。在 FSAW 的叙事中，动词"qāla"（他说）在叙事开始之前的几行就已出现。然而，它位于"欧麦尔在贾比亚"这则轶事的开头。因此，这里不能认为动词"qāla"代表我们在瓦基迪叙事中所见到的传述世系。据此，FSAW 的叙事与瓦基迪的叙事被刻画得有所不同。总而言之，FSAW 的叙事和瓦基迪（al-Wāqidī）的叙事分为三种类型：阐释的因素，刻画的因素和宗教的因素。

综上所述，与艾兹迪的叙事和瓦基迪的《沙姆征服记》（据伊本·阿萨基尔）的叙事相比，FSAW 中关于欧麦尔在贾比亚的演说的叙事，无论是在情节的数量上，还是在三个叙事共有的情节所传达的内容上，都包含更多内容要素。尽管 FSAW 的叙事与艾兹迪的叙事类似，但是在 FSAW 的叙事中，欧麦尔的演讲多处涉及宗教内容，而这些内容在艾兹迪的叙事中是不存在的。与伊本·阿萨基尔关于瓦基迪的叙事相比，FSAW 的叙事也表现出一些差异。它包含更多的宗教细节，结构有所不同，并且在相同的情节中都含有更多的细节。最后，基于瓦基迪和 FSAW 分别关于欧麦尔在贾比亚发表演说一事叙事的比较，我们似乎可以得出如下推论：至少从我们现在所知的形式和内容上来看，FSAW 与伊本·阿萨基尔所述的已经失传的瓦基迪的《沙姆征服记》并不是完全相似的。

三　总结和展望

如笔者在此论文导论中所提，学者们通常将《沙姆征服记》一书的作者归于瓦基迪，但该书的来源仍存在争议。此论文旨在探索这一重要作品的内容和形式，以寻找潜在的证据或线索，这样可以帮助读者将这一作品与阿拉伯穆斯林征服叙利亚的其他资料相关联。为了达到目的，笔者选择做一个比较分析，此分析基于以下框架：笔者将 FSAW 中的四则轶事和另外两个文本中的类似轶事进行比较。这两份文本分别是艾兹迪的《沙姆征服记》和伊本·艾阿撒姆的《征服记》。至于第四则轶事，由于伊本·艾阿撒姆的《征服记》中不包含第四则轶事，于是笔者将这一文本替换成伊本·阿萨基尔《大马士革史》或基于瓦基迪《沙姆征服记》的叙事的文本。[①]

通过四则轶事比较分析，可以得出结论：在四个案例中，FSAW 的叙

---

① 伊本·阿萨基尔从瓦基迪的《沙姆征服记》中引用了与本文第四则轶事类似的一则轶事。

事更为宏大，几乎包含了另外两份文本中的所有情节。而且，在三个文本共同包含的情节中，FSAW 的叙事包含艾兹迪的叙事和伊本·艾阿撒姆的叙事中所缺失的细节。[①] 此外，FSAW 的叙事还包含其他的情节，这些情节在另外两份文本中同样也是缺失的。三个文本中的共同情节，以及 FSAW 中其他的情节可以归纳为以下几个主题：①末世论：一些附加的情节和细节与宗教问题相关，包括一些来世和超自然的因素。[②] 有趣的是，本论文从 FSAW 中随机选取的四则轶事均包含末世论的细节，而在艾兹迪的叙事和伊本·艾阿撒姆的叙事中，类似的轶事并不包含类似细节。②与另外两则叙事相比，在 FSAW 的叙事中，一些额外的情节和细节使得其更加详细和宏大。③ FSAW 中的额外情节和细节不同地描述了 FSAW 的叙事，即它们为这一叙事构建了一个不同的结构，或者说使得这一叙事在事件顺序上不同于其他两个文本。

除了上述提到的 FSAW 和其他两个文本在叙事内容上的差异以外，我们还注意到，FSAW 在叙事风格上较为有趣，它有异于其他三个叙事的话语形式（khabar-style）。FSAW 的叙事在对事件的描述上呈现出更完整、更少被打断的特点。本文的第一和第三个例分析就是对这些特点的证明，分别是希拉克略（Heraclius）的演讲和克尔布对伊斯兰教的皈依。总体而言，在艾兹迪的叙事和伊本·艾阿撒姆（及瓦基迪）的叙事中，四则轶事的内容和形式与 FSAW 的叙事具有明显的相似性。然而，艾兹迪的叙事和伊本·艾阿撒姆的叙事之间的相似性比它们与 FSAW 的叙事的相似性更大。

本论文的研究从某种程度上揭示了：尽管 FSAW 的叙事和艾兹迪的叙事、伊本·艾阿撒姆的叙事在内容和形式上具有相似性，但是艾兹迪和伊本·艾阿撒姆彼此之间的叙事比它们与 FSAW 的叙事的相似性更大。如果我们将这两种类似的叙事看作基础和起点，那么似乎就能得出这样的结论：FSAW 的叙事受到"校订"的制约。在这一过程中，其叙事的内容（通过添加的细节和情节）和形式（通过在某个部分重构叙事，及增添一段更为流利、通畅的叙事）已经经过了修改。当然，为了进一步论证这一观点，还需将 FSAW 视作一个整体，进行更多关于框架、内容、文本历史、手稿、

①　据伊本·阿萨基尔有关瓦基迪的叙事，这一结论同样也是正确的。

②　本研究中的四个案例均与伊斯兰教和基督教有关。

信息（khabars）的内容和形式的研究。[①] 不幸的是，关于这一作品的系统研究数量有限，关于它的认知也并没有与时俱进。

如上所述，FSAW 的归属问题和作者问题仍然存疑。在本论文中，笔者着力解决这两个问题。将这部作品与叙利亚征服史的相关资料的比较研究对于分析这部作品的归属和作者是有价值的。这些资料包括：艾兹迪的《沙姆征服记》、伊本·艾阿撒姆的《征服记》、泰伯里的《编年史》、拜拉祖里的《列国征服记》及伊本·阿萨基尔的《大马士革史》。如今，随着数字人文领域提供的方法被使用，FSAW 的内容和形式与诸如艾兹迪作品和伊本·艾阿撒姆作品的内容和形式的综合研究变得比以前更为可行。考虑到这些可利用的资源，与本文所做的 FSAW 的内容和形式的（比较）分析类似，关于这部作品其他方面，诸如作者—编者风格和传述世系的研究也将变得可行。[②]

---

① 在本文的第一部分的脚注中，我向读者提供了一些有关迄今为止就这些问题进行的研究的信息。至于本文中的"言语"（khabars），玛丽娜·皮洛乌拉基（Marina Pyrovolaki）的论文（见第 7 页脚注 ⑤）值得我们关注。该论文对于 FSAW 中包含的"言语"类型的研究似乎是有帮助的，即，貌似历史记载，却具有宗教、超自然、末世论的细节，而且还是讲轶事的形式。

② 在我的论文中，除了对艾兹迪的叙事和伊本·艾阿撒姆所叙事的 FSAW 的内容和形式进行比较分析之外，我还比较了该作品作者 – 编者的风格与瓦基迪在 Kitāb al-maghāzī 一书中以及他之后资料中引文的风格。我发现，FSAW 的作者、编撰者的风格在多处都与瓦基迪（al-Wāqidī）的风格类似。此外，我研究了 FSAW 的传述世系，并发现在本书的大部分传述世系中，其第一位传播者都是一位学者，瓦基迪从此人的叙事记录传播的言语和圣训（ḥadīth）。此外，我还在 FSAW 文本中三处找到瓦基迪（Al-Wāqidī）一名学生的名字，他们被称为瓦基迪（Al-Wāqidī）资料的传播者（更多信息，请参阅笔者论文第 5 章）。

语言与文学研究

朱尔加尼的语序观

于迪阳*

【内容提要】朱尔加尼是中世纪阿拉伯语语法学家中首位从功能语言学的视
角对阿拉伯语进行研究的学者，他把语言视作一种表达意义的交际系
统，强调意义优于形式。句子意义是通过把词语构成有序的整体获得
的。在以 VSO 为阿拉伯语基本语序的前提下，他对肯定句、否定句和
一般疑问句中句子主要成分的语序变化进行了语用和语义层面的解读。
他的功能语序观体现在对情景语境和语言语境的重视，并把说话者对
听话者的预设作为话语形成的重要依据。句子成分在语义或语用上的
相关性程度是决定句子语序的关键因素。

【关键词】阿拉伯语　语序　朱尔加尼　功能语言观

传统阿拉伯语语法以西伯威（765~796、سيبويه）的变因理论为基础对
阿拉伯语的形态和句法展开了研究。穆巴拉德（826~898、المبرد）、伊本·
塞拉吉（?~928、ابن السراج）、伊本·吉尼（932?~1002、ابن جني）等语法学
家对西伯威的理论进行了补充和扩展，使这套以形式分析为核心的语法体
系逐渐固定下来。朱尔加尼（1009~1078、الجرجاني）继承了前人的分析框
架。在 ((كتاب المقتصد في شرح الإيضاح))（以下简称 المقتصد）一书中，他对阿拉伯
语的词法和格位系统进行了细致地描写。他的另外两本著作 ((العوامل المئة))
和 ((الجمل)) 则是对变因理论的梳理和总结。朱尔加尼在这三部作品中采用的

---

* 于迪阳，北京大学外国语学院阿拉伯语系 2016 级博士研究生，研究方向为阿拉伯语语言、
传统阿拉伯语语法。

分析方法与传统阿拉伯语语法的主要分析方法是一致的，即从形式出发对阿拉伯语的形态构成、语法范畴、语序变化等现象做出归纳和解释。真正让他区别于当时其他阿拉伯语语法学家的是他在 ((دلائل الإعجاز)) 与 ((أسرار البلاغة))（以下简称 دلائل）两部著作中展现的以语义、语境和语用为出发点对阿拉伯语进行的解读。[①] 本文重点关注朱尔加尼在 ((دلائل)) 一书中对若干语序现象所做的分析。他在该书中以话语意义为重点，结合说话者对听话者心理的预设对话语形成产生的影响，从功能语言学的角度对阿拉伯语句子的语序变化进行了阐述。

一　功能语言观与基本语序

朱尔加尼的功能语言观首先体现在他对语义的重视。他将语言视作一种表达意义的交际系统。在他看来，意义优于形式，形式从属于意义，是意义的容器，为意义服务。朱尔加尼对语义的强调还体现在他对格位分析（ إعراب ）的观点上。格位分析实际上是对意义而不是对形式的分析。它的目的是阐明语义，消除歧义或模糊的含义。说明单词在句中有不同的格位，指出它们标不同的符号等形式上的区别并非格位分析。因词尾不同而产生的语义上的不同才是格位分析的意义所在。尾符只是进行格位分析的工具（ المقصد، 97~98 ）。[②] 另外，朱尔加尼在对词式、词类、语序等问题进行论述时，经常考量语义在其中起到的作用。对语义的参考程度是他与其他语法学家在解释语言现象时的重要不同。以西伯威为例，尽管他在《西伯威书》中也注意到了语义的重要性，但在具体讨论某些问题时西伯威往往过于注重对形式和格位变化的分析，把重点完全放在句子的形式层面上，而朱尔加尼总是能把语义和形式紧密联系在一起，指出任何形式上的变化都会带来意义上的变化。[③]

---

① 但这并不表示朱尔加尼之前的中世纪阿拉伯语语法学家对阿拉伯语进行的分析没有涉及语义或语用层面，见 Jonathan Owens, *The Foundations of Grammar: An Introduction to Medieval Arabic Grammatical Theory*, John Benjamins Publishing Company, 1988, pp. 250–251。

② 本文对 ((المقصد)) 的引用均出自： أبو بكر عبد القاهر بن عبد الرحمان بن محمد الجرجاني النحوي، ((كتاب المقتصد في شرح الإيضاح))، 1982م، دار الرشيد للنشر، الجمهورية العراقية。

③ Ramzi Baalbaki, "The Relation between Naḥw and Balāġa: A Comparative Study of the Methods of Sībawayhi and Ǧurǧānī," in *Zeitschrift für Arabische Linguistik XI*, Wiesbaden, 1983, p.12.

朱尔加尼在 ((دلائل)) 中提出了"نظم"语"معاني النحو"两个概念。前者意为语言组织，指的是词与词、句与句之间的相互关联。后者意为语法意义或语法关系，它表示连词成句或连句成章的规则。对于语言组织、语法意义和语法三者之间的关系，他的观点如下：

(1) اعلم أن ليس النظم إلا أن تضع كلامك الوضع الذي يقتضيه علم النحو، وتعمل على قوانيه وأصوله، وتعرف مناهجه التي نهجت فلا تزيغ عنها، وتحفظ الرسوم التي رسمت لك، فلا تخل بشيء منها. (دلائل، 81) ①

需知道，只有把你说的话放在语法要求的状况下，根据语法的规则和基础，了解语法的道路不偏离它，保留语法绘制的规则，不疏忽任何一点，才算是语言组织。

一句有意义的话取决于这句话的语言组织，而后者则必须通过对语法规则的正确执行才能实现。语言组织本质上是在词语的意义中寻求语法意义（توخي معاني النحو في معاني الكلم）。一个词语在句中出现是否合理，评判的标准不是它本身的意思，而是它与前后的词语在意义上是否搭配。只有当词和词相互联系起来后，才会出现语言组织和语序（55، دلائل）：

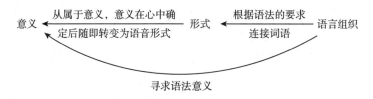

（朱尔加尼在 ((دلائل)) 的前半部分中详细地论述了什么是语言组织和语法意义。此图概括了两者与形式（لفظ）和意义（معنى）之间的相互关系）

语言组织和语法意义是朱尔加尼在 ((دلائل)) 中讨论的核心话题，两者都强调词与词之间的关系。句子意义是通过把词语构成有序的整体获得的。词语排序后构成的整体意义比单个词语本身的意义更为重要。不同的语义往往由不同的语序表达，而不同的语序代表的语法意义也各不相同。

朱尔加尼在 ((المقتصد)) 中展现了他对阿拉伯语语序的看法。他以"我打

---

① 本文对（دلائل）的引用均出自：((دلائل الإعجاز))، أبو بكر عبد القاهر بن عبد الرحمان بن محمد الجرجاني النحوي، 1989م، قرأه وعلق عليه محمود محمد شاكر، مكتبة الخانجي بالقاهرة.

了阿卜杜拉"（ضربت عبد الله）一句为例，提出 VSO 语序是阿拉伯语中的基本（أصل）语序。

> （2）اعلم أن الأصل قولك: ضربتُ عبدَ الله، ثم يوخر الفعل عن المفعول فيقال عبدَ الله ضربتُ،
> ثم يعدى الفعل إلى ضمير الاسم ويرفع هو بالابتداء، فيقال: عبدُ الله ضربته. （المقتصد، 229）
>   需知道，基本的（结构/语序）是"ضربتُ عبدَ الله"，然后动词被置
> 于宾语之后，成为"عبدَ الله ضربتُ"，随后动词及物于代词，后者所指代
> 的名词因为起首结构（ابتداء）被赋予主格，得到"عبدُ الله ضربته"。

　　例（2）中，"ضربتُ عبدَ الله"被朱尔加尼视作基本语序，排在首位（المرتبة الأولى）。紧跟其后的是宾语保持宾格不变并提到动词之前的语序。而"عبدَ الله ضربته"则与"عبدُ الله مضروب"（阿卜杜拉被打了）类似，构成起语和述语的结构。[①] 从三个句子的排列顺序中可以发现，朱尔加尼把后两句视作"ضربتُ عبدَ الله"宾语前置的结果。"ضربتُ عبدَ الله"代表一种标准，它比其他语序更为常用。在现代语言学术语中，它属于无标记语序，其他语序往往由它变化得到。

　　另一个表现 VSO 为基本语序的例子出现在（دلائل）中。朱尔加尼认为"ضربَ عمرازيدٌ"（宰德打了欧麦尔）中的宾语欧麦尔提到了主语宰德之前，原本的语序应是"ضرب زيدٌ عمرا"（دلائل، 106）。有所不同的是，他在此处用"نية"一词表达基本语序的含义。该词在传统阿拉伯语语法著作中经常出现，本义为意愿、目的。在语法分析中，它的意义类似"معنى"和"تقدير"，表示一种基本的、深层的结构，用来对表层的结构进行解释。[②]

　　在上述的例句里，朱尔加尼将 VSO 确立为基本语序，是相对 OVS 和 VOS 而言的。在这三种语序类型中，谓语均位于主语之前。而 VS 语序相比

---

① 此外，朱尔加尼还提到了"ضربتُ عبدَ الله"和"عبدَ الله ضربته"两个句子。他认为前者在使用时排在末尾（أقل المراتب），并把后者描述为"ضعف"（弱的）。对于同样类型的句子，西伯威在《西伯威书》中比较了"زيدا ضربته"与"زيدٌ ضربته"。他认为"宰德"处于宾格地位比较常见，但更合适的是标主格的情况：فالنصب عربي كثير، والرفع أجود.（الكتاب، 82）与朱尔加尼相同的是，西伯威也认为 VSO 是阿拉伯语中的基本语序，他用"حد"一词表示这一概念：ضربتُ زيدا وهو الحد... كما كان الحد ضرب الحد زيدٌ عمرا.（الكتاب، 80）本文对《西伯威书》的引用均出自：أبو بشر عمرو بن عثمان بن قنبر البصري، ((كتاب سيبويه))، 1988م، تحقيق وشرح: عبد السلام محمد هارون، مكتبة الخانجي بالقاهرة.

② Yishai Peled, "Sentence Types and Word-Order Patterns in Written Arabic," in *Studies in Semitic Languages and Linguistics,* T. Muraoka and C. H. M. Versteegh, eds., Vol. 52, Brill, 2009, p.61.

SV 语序在阿拉伯语中占据优势，同样是朱尔加尼所认同的观点：

（3）إن الفعل يكون مقدما على ما يسند إليه كما ذكر من قوله : خرج عبدُ الله... والفعل لا يكون
مؤخرا في النية البتةَ. （المقتصد، 77-87）

　　动词位于主语之前，比如"خرج عبدُ الله"……动词原本不会后置（于主语）。

因此，朱尔加尼对阿拉伯语基本语序的认识可以拆分成两方面看，即在出现谓语动词的句子里，谓语相对主语倾向前置，而主语相对宾语倾向前置。

二　肯定句中的提前与挪后

朱尔加尼对肯定句语序的讨论，首先集中在对 SV（SVO）语序的语用解释。在这之前，他再次明确 VS 是阿拉伯语肯定句中的基本语序：

（4）اذا كان الفعل مما لا يشك فيه ولا ينكر بحال، لم يكد يجيء على هذا الوجه، ولكن يوتى به غير
مبني على اسم، فاذا أخبرت بالخروج مثلا عن رجل من عادته أن يخرج في كل غداة قلت: قد خرج،
ولم تحتج إلى أن تقول: هو قد خرج، ذاك لأنه ليس بشيء يشك فيه السامع، فتحتاج إلى تحققه، وإلى أن
تقدم فيه ذكر المحدث عنه. （دلائل، 135）

　　当动作不被怀疑，且无论如何不会被否认时，（话语）很少以（SV）这种形式出现，动词不会建立在名词上。比如，如果你想表达一个人的离开，而这个人有每天早上离开的习惯，你说的是"قد خرج"，而不需要说"هو قد خرج"，因为这不是听话者会怀疑的事情，所以不必为了确认它把话题（主语）提前。

当话语的目的不是为了回答、否定、消除疑虑或表达句中谓语表示的行为是少见、特殊的情形时，谓语一般出现在主语之前。如果主语出现在谓语前，便发生了提前的现象。朱尔加尼认为，主语提前往往是为了表示提醒和警告（تقديم ذكر المحدث عنه يفيد التنبيه له）。说话者希望把听话者的注意力吸引到句子的主题所表达的人或物上。提前的效果之一是把谓语表示的动作和它的施事者更紧密地联系在一起。朱尔加尼把这种语义上的关联放到了具体的言语情境中进行讨论，并提出了两种不同语用目的的主语提前：

（5）أنا شفعت في بابه.（دلائل، 128）

我为他说情。

（6）هو يحب الثناء.（دلائل، 129）

他喜欢赞美。

第一种提前强调主语的唯一性，目的是向听话者确认句中动作的施事者是且只有主语一人，而非其他任何人。比如例（5）中，说话者希望打消听话者对施事者究竟是谁的疑虑，或否定听话者将"说情"这一动作视为其他人所为的可能性。而例（6）所代表的第二种提前虽然也是为了消除歧义和疑虑，但它并不强调施事者非主语莫属。说话者的目的是想加强主语和动词之间的联系，让听话者确信"赞美"是句中主语经常做的行为（تحقق على السامع أن حب الثناء دأبه）[①]。简言之，两种主语提前，前者在语用上倾向于表示对主语的限定（قصر），后者则表示对施动者的强调（تأكيد）和确认（تحقيق）。

为了进一步说明 SVO 语序对主语的强调和确认，朱尔加尼还列举了其他该语序经常出现的语境，如反驳（تكذيب）、允诺（وعد）、保证（ضمان）、赞美（مدح）和夸耀（افتخار），等等。当说话者想要表示自己对某事有信心，或想赞美某人时，通常会优先说出主语。因为此时动作的施动者比动作本身更为重要，是说话者更想传达的信息。特别是在表达允诺和保证时，说话者往往已经预料到听话者的怀疑和不信任，所以会倾向于用 SVO 语序强调施动者。另外，当说话者想要明确自己或其他人怀有的情感或态度时，他也会强调这些主观情绪的主语是谁。而对于主语可以隐含在动词形态中的阿拉伯语来说，把隐含的主语独立化并提前就是一种进行强调的有效方式（إن الشيء اذا أضمر ثم فسر، كان ذلك أفخم له من أن يذكر من غير تقدمة/ إضمار）。

除此之外，朱尔加尼在（(دلائل)）里还提到了 SV 语序在状语句中起到的加强语气的作用。他比较了"جئته وهو قد ركب"（我到了他那里，他已经骑走

---

① 事实上，主语提前达到强调语义的目的不仅限于肯定句，朱尔加尼还把这一原则应用在了否定句上。比如在对"أنت لا تحسن هذا"（你没有做好这件事）和"لا تحسن هذا"两个句子的对比中，朱尔加尼指出主语位于动词前时体现的否定程度比它后置时更高。他甚至认为，"لا تحسن أنت"要比"أنت لا تحسن"在语气上还要强烈（دلائل،138）。

了）和"جئته وقد ركب"两个句子，并指出，前者只适用于当说话者认为他能在他想见的人离开前遇到他时的情况。这一情境中，说话者相信两人可以见到面，而没有预料到另一个人会先离开。相反，当说话者知道他想见面的人可能会离开，即这种情形在说话者的意料之中时，合适的表述应当为后者（135~136，دلائل）。朱尔加尼认为，两个句子都有表示不确定性（شك）的含义在其中，但是前句在语气和程度上比后句更强烈（إن الشك لا يقوى حينئذ قوته في الوجه الأول）。类似的例子还包括"أتانا والشمس قد طلعت"（他到我们这儿的时候太阳已经升起了）与"أتانا وقد طلعت الشمس"。当想表示一个人动作慢，到来的时候太阳已经升起时，前者是比后者更有说服力的（أبلغ）表达（136，دلائل）。

朱尔加尼对肯定句中提前和挪后现象的功能分析，除了体现在对 SV（SVO）语序的语用解读，也反映在他对宾语提到主语之前的理解上。他强调，提前与挪后的选择不是随意的，任何语序的变化都有功能上的原因可循，是为了达到说话者的某种目的而进行的。一种提前与挪后在表达上展现的益处（فائدة）是另一种提前与挪后无法达到的（110，دلائل）。宾语提到主语之前作为一种常见的现象，也必须符合这一原则。朱尔加尼对宾语前置于主语的分析，是从西伯威的观点引申开来的：

（7）وإن قدمت الاسم فهو عربي جيد، كما كان ذلك عربيا جيدا، وذلك قولك: زيدا ضربتُ، والاهتمام والعناية هنا في التقديم والتأخير سواء، مثله في ضرب زيدٌ عمرا وضرب عمرا زيد.
（الكتاب، 80）

如果你把名词提前，即你说"زيدا ضربتُ"，它是好的阿拉伯语，就像（ضربتُ زيدا）也是好的阿拉伯语一样。这里体现的重要和关注就像"ضرب زيدٌ عمرا"一句中宰德与欧麦尔前后不同的位置所体现的一样。

西伯威提出更重要的成分会被提前表达，但他没有在这方面做更深入的讨论。比如，他所说的更重要和更为关注的本质指什么；主语和宾语通过何种标准才被视作更为重要或更被关注；两者是对于说话者还是听话者而言的。朱尔加尼用两个例子给出了他的解释。他首先提到，在"قتل الخارجيَّ زيد"（宰德杀了外来者）一句中，被杀对象（外来者）比杀人者（宰德）更为重要（108，دلائل）。这种重要性是对于听话者而言的，并且与语境有着直接的关系。如果听话者知道外来者是一个无恶不作、对社会有害的罪犯，并且对于谁最终杀了外来者并不关心，那么当要表达外来者被杀这一事实时，说话者就会把外来者（宾语）置于杀人者（主语）之前。因为说话者知道对听话者而言，更为重要的是外来者被杀死了。[①] 外来者提前的原因是他在这种语境里被说话者认为是最重要，与听话者最相关的信息。相比之下，在"قتل زيد رجلاً"（宰德杀了一个人）一句中（108、دلائل），朱尔加尼把语境设定为一个胆小怕事、没有胆量做伤天害理之事的人，宰德，杀了人。此时，当说话者要表达这一事件时，他会先说出杀人者（主语）。因为相比被杀对象，杀人者是说话者认为的句子焦点，是他所认定与听话者最为相关的信息。[②]

在 ((المقتصد)) 中，朱尔加尼引用了《古兰经》中的一个 VOS 语序的例句强调了西伯威提出的重要和关注原则。在对 "إنما يخشى الله من عباده العلماء"（在真主的仆人中，真正敬畏他的是那些有知识的人）（《古兰经》35 章 28 节）一句进行分析时，朱尔加尼指出宾语"安拉"之所以提前到主语"有知识的人"之前，是为了教导信徒尊重安拉。安拉作为神的名字，理应受到更多关注。因此在重要和关注原则下，它应当前置于主语（330~331、المقتصد）。

对于西伯威的重要和关注原则，朱尔加尼并没有用它来解释其他句子成分的语序变化，而只将其限定在对主语和宾语的讨论上。从他对 OS 和 SO 语序的对比中可以发现，他把西伯威的这一原则理解为在特定言语情境下句子成分（此处仅指主语和宾语）与听话者之间相关性的程度。如果一个句子成分是该句的焦点，即说话者认为与听话者最相关的信息，那么在这一语境中该成分就应当被提前。上述例子中的外来者、宰德和安拉都是各自情境中说话者认为与听话者最有关的成分，因此要放在相关性较次要的成分之前。

---

① 必须指出的是，如果要表示外来者被杀且杀人者是谁不重要时，"قتل الخارجيّ زيد" 是比 "قتل الجارجيّ" 更简洁有效的表达方式。朱尔加尼此处选择后者进行讨论，是相对 "قتل زيد الخارجيّ" 而言的，以此更直观地体现宾语和主语的语序。

② 值得注意的是，朱尔加尼这里把主语"宰德"看作一种提前。但若抛开语境，该句的 VSO 语序是阿拉伯语中的基本语序，不存在提前或挪后的现象。朱尔加尼之所以把宰德解释成提前，并不是要否认主语位于宾语之前是基本语序，而是想对西伯威所说的重要和关注原则做进一步的解释，正如他在 ((دلائل)) 中所说的那样：

(8) وقد وقع في ظنون الناس أنه يكفي أن يقال: إنه قدم للعناية، ولأن ذكره أهم، من غير أن يذكر، من أين كانت تلك العناية؟ وبم كان أهم؟ (دلائل، 108)

人们可能认为，仅仅说"提前是因为关注，提到它因为它更重要"就够了，但却不提这种关注来自哪里，为什么（某个成分）会更为重要。

重要性可用来解释某个成分为何会提前，但仅仅如此是不够的，它的背后还有更深层的原因。在朱尔加尼的语序观中，语序是由词与词的相互关联形成的语法关系决定的，但这种语法关系又是由什么因素决定？朱尔加尼给出的解答便是言语情境。这再次体现了语用在朱尔加尼的语序观中扮演的重要作用。

三 否定句与一般疑问句中的语序问题

在肯定句中，句子成分在言语情境中的相关性被朱尔加尼视作决定宾语与主语语序的语用原则。不过，相关性原则在肯定句中参照的是情景语境（situational context），是从语用角度做出的解释。而在否定句中，朱尔加尼对该原则的使用则是语义层面的，此时他参照的是语言语境（linguistic context）。在朱尔加尼看来，否定句的主要功能是传递信息，一般不包含说话者对听话者的考量。换言之，与言语情境有关的会话含义（conversational implicature）一般不在否定句中体现，否定句中句子成分的相关性是相对说话者而言的：

（9）ما ضربت زيدا. （دلائل، 124 ）

我没有打宰德。

（10）ما أنا ضربت زيدا. （دلائل، 124 ）

不是我打的宰德。

在例（9）中，"ما"所否定的内容是"我打了宰德"这个事件。可能宰德被打了，但打他的人不是我；可能我确实打了人，但我打的不是宰德；也可能宰德没有被任何人打，即"打"这个动作根本没有发生。或者说，当"ما"后紧跟的成分是一个动词时，它否定的对象是这个动词及其论元所表示的整个事件，或事件中的某个部分。但在例（10）中，"ما"后的成分是名词"أنا"，此时它否定的对象变为了主语"我"，即"我"不是打宰德的那个人。但是，宰德被打是业已发生的事实。在说话者说出这句话时，动词所表示的事件或行为已经发生或完成了。从相关性原则出发，例（9）中的相关性成分是谓语，例（10）中的则是施事（主语）。朱尔加尼认为，在"ما"引导的否定句中，紧跟在"ما"后的句子成分在语义上具有最高程度的相关性，是说话者想要否定的对象。对于受事（宾语），这一点同样适用：

（11）واذا قلت: ما زيدا ضربتُ، فقدمت المفعول، كان المعنى على أن ضربا وقع منك على إنسان، وظن أن ذلك الإنسان زيد، فنفيتَ أن يكون إياه. （دلائل، 126 ）
如果你说"我打的不是宰德"，那么你把宾语提前了。这句话的意思就是你确实打了某人，人们认为那个人是宰德，你对此予以否定。

可见，"ما"后的句子语序是由紧跟在其后的成分是否定对象这一语义因素决定的。不管是施事者还是受事者，都以前置于另两个成分而被赋予语义上的最高相关性。

在把否定句的语序建立在语义相关性原则的基础上后，朱尔加尼列举了若干错误的否定句：

（12）أنه يصح لك أن تقول: ما قلت هذا، ولا قاله أحد من الناس، ... فلو قلت: ما أنا قلت هذا، ولا قاله أحد من الناس، كان خلفا من القول. (دلائل، 125)

如果你说"我没说过这个，也没有任何人说过"，这么说是对的……如果你说"不是我说的这个，也没有任何人说过"，这是违反说话规则的。

（13）أنك تقول: ما ضربت إلا زيدا، فيكون كلاما مستقيما، ولو قلت: ما أنا ضربتُ إلا زيدا، كان لغوا من القول، وذلك لأن نقض النفي بـ (إلا) يقتضي أن تكون ضربت زيدا. (دلائل، 126)

你说"我只打了宰德"，这么说是正确的。但你若说"不是我打的，除了宰德"，这便是说胡话了。因为用"إلا"进行否定的前提是你确实打了宰德。

（14）ولايصح أن تقول: ما زيدا ضربت، ولكني أكرمته، وذاك أنك لم ترد أن تقول: لم يكن الفعل هذا ولكن ذاك، ولكنك أردت أنه لم يكن المفعول هذا، ولكن ذاك. فالواجب إذن أن تقول: ما زيدا ضربت ولكن عمرا. (دلائل، 127)

"我打的不是宰德，相反我款待了他"，这么说是错误的。因为你（这么说）不是想表达完成的动作是这个而不是那个，而是想表达宾语（受事）是这个不是那个。因此你应该说"我打的不是宰德，是欧麦尔"。

例（12）后半部分中的"ما أنا قلت هذا، ولا قاله أحد من الناس"在语义上存在矛盾。因为前半句暗示"说了这个"已经发生，只是说话者否认"我"是完成该动作的施事者。但后半句却又将"说了这个"予以完全否认。而"ما قلت هذا، ولا قاله أحد من الناس"之所以是正确的句子，是因为紧接在"ما"后的成分是谓语"قلت"，它所表示的事件本身是说话者否定的对象，与后半句在语义上并不冲突。在例（13）中，"إلا"在句中是对"ما"起否定作用的，它表示宰德确实被打了，并且是被"我"打的。但在"ما أنا ضربت إلا زيدا"一句中，"我"被"ما"否定了，则说明打宰德的人不是"我"。句中的两处否定相互矛盾（يتدفعان）了。例（14）与例（12）有相似之处，它体现的是在并列句中，受相关性原则限定的句子成分在句中担任的语义角色必须前后一致。既然前一分句"مازيداضربت"中的相关成分是受事者"宰德"，那么在后一分句中转折的对象必须同样是受事者，不能是谓语、施事等其他成分。

语义的相关性除了反映在朱尔加尼对"ما"引导的否定句的语序解释中，也体现在"ا"引导的一般疑问句上：

（15）أأنت بنيت هذه الدار؟（دلائل، 111）

是你造了这座房子吗？

（16）أبنيت الدار الذي كنت على أن تبنيها؟（دلائل، 111）

你造完了那座你要造的房子吗？

在例（15）中，紧跟在疑问虚词"ا"后的是主语"你"。说话者实际的疑问对象是人（施事者），即他不知道是谁造了这座房子，可能是"你"，也可能不是。而对于房子已经造完这一事实说话者是肯定的。而在例（16）中，紧跟在"ا"后出现的是谓语"بنيت"。此时说话者的询问对象变成了造房子这一事件，他的疑问在于房子是否造完。可以看到，朱尔加尼强调的是说话者在"ا"引导的一般疑问句中所疑虑的对象有且只能有一个，即紧跟在"ا"后的句子成分所表达的内容。

同样的，在明确了"ا"之后的成分在句中具有最高的语义上的相关性后，朱尔加尼给出了一些错误的例子，比如：

（17）أأنت بنيت الدار التي كنت على أن تبنيها؟（دلائل، 112）

是你造完了那座你要造的房子吗？

（18）أبنيت هذه الدار؟（دلائل، 112）

你造完了这座房子吗？

在例（17）中，紧跟在"ا"后的是主语"你"，说话者质询的对象是施事者。这就说明说话者确定"بنيت الدار"这个动作已经完成，但是"كنت على أن تبنيها"又表示说话者知道造房子的人是"你"。句子在语义上产生了矛盾，因此这是一句错误的问句。换言之，因为说话者只能在一句一般疑问句中怀疑一个对象或事件，所以句中的其他成分不能与怀疑对象产生语义上的矛盾。以此类推，例（18）的错误则在于说话者此时的疑问对象是"بنيت"这一动作是否完成，但其后的"هذه الدار"却又表明这座房子已经造完了，甚至可能就在眼前。句子前后同样发生了矛盾。用朱尔加尼的原话来说，即"ذاك لفساد أن تقول في الشيء المشاهَد الذي هو نصب عينيك أموجود أم لا"（这么问是妄言的，好比你在问一个在你眼前的东西是否存在）。

对于以上例子中的否定句和一般疑问句，朱尔加尼从语义的角度分析了句子主要成分的语序。句中的相关性成分紧跟在否定工具词和疑问虚词后出现，是说话者进行否定或提问的内容。如果说这些否定句的功能是传递信息，那么上述一般疑问句的实质便是获取信息。但是，与否定句不同的是，朱尔加尼对以"أ"引导的一般疑问句的讨论还涉及了语义相关性之外的情况。在这些句子中，说话者的语用目的再次成了决定语序的因素。与获取信息的一般疑问句相比，此时说话者对相关性原则的运用参考的是言语情境，而非语言语境。并且说话者希望听话者能够理解句中隐含的会话含义。朱尔加尼列举了三种典型的会话含义：使承认（تقرير）、否认（إنكار）和责备（توبيخ）（دلائل، 114）。其中，表示否认的言外之意是他着重阐述的一点。比如，在"أنت قلت هذا الشعر؟ كذبت، لست ممن يحسن مثله."（是你作了这首诗吗？你说谎了，你做不到这么好。）一句的语境里（دلائل، 114），说话者的目的不是询问听话者是否是作诗之人，而是否认听话者是作诗之人，切断主语和谓语之间的关系。又如，在"أهو قال ذاك بالحقيقة أم أنت تغلط؟"（他真的这么说了还是你弄错了？）一句中（دلائل، 115），说话者似乎想得到"他"到底有没有这么说的信息。但考虑到整个句子的言语情境，说话者实际认为"他"并没有那么说，并对听话者对"他"的描述予以否定。

对于表达否认含义的一般疑问句，朱尔加尼还注意到了其中蕴含的其他语用意义：

（19）أنه ليتنبه السامع حتى يرجع إلى نفسه فيخجل ويرتدع ويعيى بالجواب، إما لأنه قد ادعى القدرة على فعل لايقدر عليه... وإما لأنه هم بأن يفعل ما لا يستصوب فعله... وإما لأنه جوز وجود أمر لا يوجد مثله. （دلائل، 119~120）

（这么说）是为了让听话者注意，让他自省，并因此使他感到羞愧、受威慑、无法回答。这可能是因为听话者宣称自己能做他力所不能及之事……或想做不应该做的事……或让没有发生的事发生了。

在这些一般疑问句中，说话者的目的从表达直接的否定转变为向听话者暗示句中所描述的事件是不现实或不正确的。且在这类语境中，动词往往表示将来的情况。例如，在 "أتجد عنده ما تحب وقد فعلت وصنعت؟"（在你的所作所为后，你还能在他身上找到你期望的吗？）一句中（117、دلائل），说话者想表达"在他身上找到你期望的"是很难实现的。因为后半句展现的语境是，由于听话者对"他"的所作所为产生了消极影响，因此听话者不能实现他所期望的事。类似的情况也适用于解释 SVO 与 OVS 语序。如在 "أهو يسأل فلاناً؟ هو أرفع همة من ذلك."（他会问任何人吗？这一点上他很坚决。）一句里（118、دلائل），说话者通过指出"他"在这方面的坚决性暗示听话者"他"不会问任何人，指望"他"问其他人不切实际。而在 "أزيداً تضرب؟"（你要打宰德吗？）一句中，朱尔加尼构建的言语情境为该句蕴含对宾语"宰德"的否定。说话者想让听话者推断出"你"不应该打宰德的言外含义，因为宰德不是"你"敢打的那类人，或打他是被禁止的（أنكرت أن يكون زيد بموضع أن يجترأ عليه ويستجاز ذلك فيه）（دلائل، 121）。

四　结语

朱尔加尼认为 VSO 语序是阿拉伯语中的基本语序。在出现谓语动词的句子里，谓语相对主语倾向前置，而主语相对宾语倾向前置。当句子发生主语或宾语提到谓语之前，或宾语前置于主语的语序变化时，其背后总存在功能上的原因。对于肯定句和部分表示将来的以"أ"引导的一般疑问句，朱尔加尼采取的是语用解释。他将句子放到具体的语言情境中，在参考情景语境的条件上分析了句中主要成分的语序变化。在肯定句中，主语提前可能表示限定、强调或确认，而他对宾语前置于主语的理解来自西伯威的重点和关注原则。他把这一原则引申为相关性原则，即说话者认为与听话者最相关的信息在特定语境中应当被提前。在一些不以获取信息为目的的一般疑问句中，句子经常隐含说话者想要听话者推断出的会话含义。这种语用目的决定了句子成分的语序。另外，朱尔加尼对相关性原则在"ما"引导的否定句和表示过去的一般疑问句中的解释则是从语义角度做出的。此时说话者参照的是语言语境，句中成分的相关性是相对于说话者而言的。在语义上具有最高程度相关性的句子成分应当紧跟在否定工具词和疑问虚词后，前置于其他成分。整个句子的语义不能和说话者否定或质疑的对象产生冲突。

可以看到，朱尔加尼对阿拉伯语语序的解读是从功能语言学的视角出发的。他强调在具体的情景语境或语言语境中对句子语序进行解释。说话者对听话者思维的考虑以及说话者本人对句子成分相关性的预设是决定语序的重要依据。同时，朱尔加尼也注重对会话含义的解读。他把语用和语义作为其语序观的核心，借助两者对阿拉伯语句子的语序和功能做出了详细而深入的分析。

近现代阿拉伯语言学家对"闪米特语"概念的立场转变

白　野*

【内容提要】20世纪初，欧洲东方学家"将闪米特语"概念引入阿拉伯世界，并对发轫于西方的闪米特语比较语法进行研究。阿拉伯世界的闪米特语研究最初由欧洲东方学家所主导。随后，阿拉伯本土学者开始接受这一概念，他们立足于阿拉伯语，研究阿拉伯语和其他闪米特语之间的关系。自20世纪50年代以来，伴随着阿拉伯民族主义达到高潮，越来越多的阿拉伯学者开始质疑"闪米特语"概念的准确性，他们提出一系列替代方案，试图用更能体现阿拉伯民族主义的名称取代"闪米特语"。

【关键词】语言学　阿拉伯语　闪米特语

一　绪论："闪米特语"概念的产生和发展

"闪米特语"（Semitic Languages）的概念产生于欧洲。17~18世纪，随着欧洲与东方世界的联系日益密切，阿拉伯语、希伯来语、叙利亚语、埃塞俄比亚语等东方语言越发受到欧洲学者的重视，大量研究东方语言的专著在法国、德国、意大利等地被出版。随着科学观念的不断发展，欧洲学者开始关注世界语言的起源及发展脉络，东方语言研究成为其中的重要一环。

---

*　白野，北京大学2017级阿拉伯语博士研究生，研究方向为阿拉伯语语言学。

1781 年，德国学者施勒策尔（A. L. von Schlözer）发表论文《论迦勒底人》，首先提出"闪米特语"的概念。施勒策尔在论文中指出："众所周知，从地中海到幼发拉底河，从美索不达米亚到阿拉比亚，这些地区曾经只说一种语言，因此叙利亚人、巴比伦人、希伯来人以及阿拉伯人都曾经是一个民族，甚至腓尼基人（闪米特人）也说这种语言，我称这种语言为闪米特语。"① 施勒策尔这一观点的形成与他虔诚的基督教信仰密切相关，由于《旧约·创世记》记载挪亚长子闪（Sem）是阿拉伯人、犹太人等民族的祖先，因此施勒策尔将他们最早的共同语言命名为"闪米特语"（Semitische）——"闪"的派生词。

施勒策尔的理论随后被其他欧洲学者发扬光大。1795 年，德国学者艾希霍恩（J. G. Eichhorn）发表论文《闪米特诸语言》，提出"闪米特方言"（Semitische Dialekten）概念。② 将"闪米特语"的内涵从近东各民族假想的祖语名称，扩展为阿拉伯语、希伯来语、叙利亚语等近东语言的统称，闪米特语的概念开始被欧洲学者广泛接受。19 世纪初，德国语言学家洪堡特（W. von Humboldt）在《论人类语言结构的差异及其对人类精神发展的影响》一文中，多处谈及"闪米特诸语"的语法特征。

1858 年，法国学者勒南（E. Renan）出版专著《闪米特语通史及比较体系》，将闪米特语研究纳入历史比较语言学的范畴。需要提及的是，勒南对东方抱有极大的偏见，他在这部专著将以阿拉伯人、犹太人为代表的"闪米特民族"与以欧洲人为代表的"雅利安民族"对立起来，试图论证"闪米特民族"文化贫瘠，缺乏创造。这种不客观、不公正的论调不但遭到当时一些欧洲学者的抨击，更被后来的阿拉伯学者所驳斥。

19 世纪中叶至 20 世纪中叶是闪米特语比较研究的黄金时期，考古发掘使阿卡德语、腓尼基语、奈伯特语、乌加里特语等古代闪米特语言重见天日，这些新发现的古代语言完善了闪米特语家族的谱系，丰富了闪米特语研究的对象。这一时期出现了大量闪米特语语法的比较研究专著，包括德国学者霍梅尔（F. Hommel）的《闪米特诸民族及其语言》（1883 年），瑞典学者林德堡（O. E. Lindberg）的《闪米特语比较语法》（1897 年），德国学

---

① August Ludwig von Schlözer, "Von den Chaldäern", *Repertorium für biblische und morgenländische Litteratur,* p.161.

② 艾希霍恩认为是他最先将这一系列近东语言命名为"闪米特语"。

者诺尔德克（T. Nöldeke）的《闪米特语概要》（1899 年），德国学者布洛克尔曼（K. Brockelmann）的《闪米特语比较语法概论》（1908 年），英国学者奥利瑞（De Lacy O'Leary）的《闪米特语比较语法》（1923 年），意大利学者莫斯卡蒂（S. Moscati）的《闪米特语比较语法入门》（1964 年）等。

二 "闪米特语"概念进入阿拉伯世界

19 世纪末至 20 世纪初，阿拉伯世界的知识分子受到西方文化影响，开展了轰轰烈烈的阿拉伯文化复兴运动（النهضة العربية），呼吁阿拉伯世界在保持民族价值观的同时向西方的先进文化学习，希望通过教育和启蒙使阿拉伯人在知识上摆脱愚昧，步入近代化。

在阿拉伯文化复兴运动的影响下，以埃及为代表，各国纷纷按照西方模式建立起现代大学。1908 年，埃及大学（الجامعة المصرية）成立，即开罗大学的前身，该校聘请大量西方学者任教，为学生讲授包括语言学在内的各种人文课程。其间，"闪米特语"概念以及闪米特语比较语法研究，也开始进入阿拉伯知识分子的视野。

这一阶段的闪米特语研究，大多以旅居阿拉伯世界的欧洲东方学家为主导。1929 年，埃及大学文学院德籍教师沃尔芬森（Y. Wolfensohn）在开罗出版专著《闪米特语言史》（تاريخ اللغات السامية），这是第一部用阿拉伯语写成的闪米特语比较语法研究专著。沃尔芬森是德国犹太人，精通阿拉伯语，甚至还拥有一个阿拉伯语外号"艾布·祖艾卜"（أبو ذؤيب）。他最初在开罗的高等师范学院（دار العلوم）授课，随后又在埃及大学文学院供职。[1] 沃尔芬森与艾哈迈德·艾敏、塔哈·侯赛因等埃及本国学者交往甚密，他在《闪米特语言史》一书的扉页中写道，"谨将此书献给这个时代的天才、埃及大学文学院阿拉伯与闪米特语言系主任塔哈·侯赛因教授阁下"。塔哈·侯赛因也曾为沃尔芬森的另一部阿拉伯语著作《蒙昧时期及伊斯兰初期阿拉伯世界的犹太人史》撰写序言，称："沃尔芬森博士是一位青年学者，我很高兴能够成为他的推介人，将他介绍给学习知识的人们……"。

沃尔芬森在书中将闪米特语定义为"自远古以来，分布于亚非地区的

---

① نجيب العقيقي، المستشرقون، ص 762.

所有语言——其中有的语言踪迹已无，有的语言则留存至今"。[1] 他总结了当时西方学界的主流观点，认为"阿拉伯地区（阿拉伯半岛）"是闪米特诸民族的发源地，了解其他闪米特语言对于认识阿拉伯语的词法、句法的原理有着莫大的帮助，因此不能忽视闪米特语言尤其是闪米特语比较语法的学习。

《闪米特语言史》共有九章，第一章总论闪米特语和闪米特民族；第二章介绍阿卡德语（原书作"巴比伦 – 亚述语"）；第三章介绍迦南语；第四章介绍希伯来语；第五章介绍阿拉米语（包括叙利亚语）；第六章介绍已消亡的阿拉伯语诸方言；第七章介绍现存的阿拉伯语诸方言；第八章介绍阿拉伯半岛南部（迈因、赛伯邑、希木叶尔、卡塔班、哈德拉毛）诸方言；第九章介绍阿比西尼亚（埃塞俄比亚）的闪米特语方言。在书后的附录中，沃尔芬森还选择了一百余个阿拉伯语词语，与阿卡德语、希伯来语、阿拉米语、半岛南部闪米特语及阿比西尼亚语的同源词进行对比。

值得一提的是，面对勒南的西方中心论思想，犹太人学者沃尔芬森毅然与阿拉伯知识分子站在一起，对勒南的偏颇观点展开强烈的批判。沃尔芬森在《闪米特语言史》中称勒南的偏见犹如一种部落偏激主义，"不但违背了前人后辈们的认知，更缺乏必要的理智、真知以及客观公正"。[2]

埃及大学在 1940 年 5 月更名为福阿德一世大学（جامعة الملك فؤاد الأول）。1948~1949 年，该校出版社整理出版了德籍教授李特曼（E. Littmann）的讲义《闪米特语人名》（أسماء الأعلام في اللغات السامية）两册。李特曼毕业于斯特拉斯堡大学东方语言系，是著名东方学家诺尔德克的学生。1908 年，李特曼受聘于埃及大学文学院，教授闪米特语比较语法。

李特曼的《闪米特语人名》比较了阿卡德语、希伯来语、奈伯特语、赛法语和阿拉伯语这五种语言中的人名特点及其背后的宗教文化内涵。值得注意的是，李特曼在讲义中更新了闪米特语的谱系，加入了一些新发现的语言，比如叙利亚的乌加里特语（Ugaritic）以及阿拉伯半岛北部的赛法语（Safaitic）。

---

[1]　إسرائيل ولفنسون، تاريخ اللغات السامية، ص 2.

[2]　إسرائيل ولفنسون، تاريخ اللغات السامية، ص 13.

三 阿拉伯本土学者对"闪米特语"概念的接纳

欧洲东方学家对于闪米特语言的研究，给阿拉伯本土学者提供了一种全新的研究框架，阿拉伯语言学家、历史学家开始在"闪米特语"的框架之内，对阿拉伯语以及与阿拉伯语具有亲缘关系的各种语言进行研究。相比于欧洲的东方学家，阿拉伯本土学者在进行闪米特语研究时，往往立足于他们的母语——阿拉伯语，更加注重阿拉伯语和其他闪米特语词汇、语法特点的比较研究。

1932 年，开罗高等师范学院学生杰乌代·马哈茂德·塔赫拉维（جودة محمود الطحلاوي）撰写了名为《闪米特语言史》（تاريخ اللغات السامية）的著作，该作品是由阿拉伯人撰写的第一部闪米特语研究专著，由埃及学生出版社（مطبعة الطلبة بمصر）出版。

塔赫拉维的《闪米特语言史》篇幅虽短，但内容十分全面。全书共分为九章，第一章总论语言学；第二章论述闪米特语的谱系分类、产生及其特点；第三章论述巴比伦语（阿卡德语）以及《汉谟拉比法典》；第四章论述迦南语以及古代迦南文明；第五章论述希伯来语、希伯来文明的发展史以及希伯来语、阿拉伯语的特征比较；第六章论述阿拉米语的历史及其发展；第七章论述阿比西尼亚语；第八章论述阿拉伯语，介绍了"也门语"（古代南方阿拉比亚语）和"阿德南语"（古代北方阿拉比亚语）的历史，以及阿拉伯语的语法特征；第九章论述闪米特诸语，介绍了柏柏尔语、古埃及语和库希特语的特点。

塔赫拉维强烈反对勒南的观点，他在该书第二章梳理了闪米特人对人类文明的贡献，指出巴比伦人精于天文学知识，迦南人发明了最早的表音文字，奈伯特人擅长农耕，希伯来人带来了一神信仰。因而勒南所谓闪米特民族缺乏创造力、社会组织简单、政治制度不成熟的论调是完全错误的。塔赫拉维认为，勒南等西方学者之所以对闪米特民族有着这样大的优越感，主要原因有三点：一是西方人在物质上控制着东方各民族，自以为是"人类文明的使者"，觉得那些被征服民族只能在自己的监护之下才能拥抱文明；二是由于西方人拥有种种有益的发明创造，使他们觉得东方各民族是头脑僵化、因循守旧的；三是由于西方人企图切断东方各民族与他们辉煌历史的联系，以便使他们顺服于自己的统治之下。①

值得注意的是，塔赫拉维的《闪米特语言史》尽管对勒南的观点持批判态度，却仍然没有突破勒南关于"闪米特民族"和"雅利安人民族"对立的窠臼。这本专著处处体现着作者为反驳勒南而提出的"闪米特民族"比"雅利安民族"先进的主张。

20 世纪 50 年代之后，伊拉克、叙利亚等国的闪米特语研究逐渐兴盛。究其原因，可能是由于伊拉克、叙利亚作为《赛克斯－皮科协定》框架下的"人造国家"，需要通过古代历史构建其民族认同，而伊、叙两国存在大量古代闪米特文明遗存无疑有助于这种民族认同的实现，因此阿卡德语、乌加里特语、阿拉米语等古代闪米特语言的研究，在伊拉克和叙利亚得到了本国学者前所未有的重视。

伊拉克学者伊兹丁·雅辛（عز الدين ياسين）1950 年普林斯顿大学博士毕业论文《乌加里特语和阿拉伯语的词汇关系》（*Lexical Relations between Ugaritic and Arabic*），是阿拉伯学者最早的乌加里特语研究著作。

最受阿拉伯学者重视的闪米特语是古典叙利亚语（Classical Syriac），叙利亚语是阿拉米语的一种方言，与阿拉伯语的关系尤为密切。古典叙利亚语不但对标准阿拉伯语的形成具有一定的影响，更是中世纪阿拉伯人了解古希腊文明的重要渠道。1969 年，叙利亚东正教会领袖、安条克牧首伊格纳修斯·叶尔古伯（إغناطيوس يعقوب）三世发表比较研究著作《叙利亚语－阿拉伯语交流的显著证据》，系统介绍了叙利亚语和阿拉伯语在词语、语法等方面的相似之处。

伊拉克语言学家易卜拉欣·萨马腊伊（إبراهيم السامرائي）对叙利亚语也有着较为深入的研究。1985 年，萨马腊伊出版专著《叙利亚－阿拉伯双语研究》，他在该书的"绪论"中指出："阿拉姆人对阿拉伯文化影响巨大，他们是希腊思想的传递者。阿拉姆人所使用的叙利亚语曾作为知识的源头，穆斯林学者们由此得到滋养，得以认识古希腊哲学家。"萨马腊伊的《叙利亚－阿拉伯双语研究》研究了大量阿拉伯语，尤其是伊拉克方言词语的古典叙利亚语词源，体现了古典叙利亚语对阿拉伯语的显著影响。

---

① جودة محمود الطحلاوي، تاريخ اللغات السامية، ص 37~38.

四 阿拉伯民族主义思潮下的"闪米特语"概念重估

20世纪40年代以来，随着一些阿拉伯国家相继独立，阿拉伯民族主义逐渐成为阿拉伯世界的主流思想。阿拉伯民族主义颂扬阿拉伯民族、语言及文字，并谋求阿拉伯民族的统一。这使一些学者开始思考阿拉伯语在整个闪米特语族中的地位，对"闪米特语"本身进行解构与重估，思考把"闪米特"这一名称替换为更具现代阿拉伯民族主义色彩的语言学术语的问题。

这一阶段，阿拉伯学者对"闪米特语"提出的质疑主要基于以下三种原因：首先，"闪米特语"的概念起源施勒策尔对于《旧约》内容的提炼，然而《旧约》并未把阿拉伯人明确地划分为闪的后裔；其次，《旧约》将与希伯来人友好的埃兰人、吕底亚人（系印欧民族）当作闪的后裔，而把与希伯来人为敌的迦南人排斥在外，说明所谓"闪的后裔"并非按照语言或种族划分，而是按照政治上的亲疏划分，这种标准有失公允；最后，"闪米特人"一词往往用于代指犹太人，例如英语anti-Semitism表示"反犹主义"，在阿以冲突爆发的大背景下，"闪米特语"这一名称难以得到阿拉伯人的认同。

最先对"闪米特语"概念提出质疑的阿拉伯学者是现代伊拉克历史学家贾瓦德·阿里（جواد علي）。贾瓦德·阿里在1954年出版专著《前伊斯兰时期阿拉伯史》，他在书中指出，阿拉伯半岛是所有闪米特人的发源地，因此那些曾经在阿拉伯半岛上生活的居民，不论时间远近都应该被称为"阿拉伯人"（عربي），甚至建议把"闪米特"替换成为"阿拉伯"。[①] 不过，贾瓦德·阿里的这一立场并不坚决，他在1968年出版的《前伊斯兰时期阿拉伯史详论》中推翻了自己先前的主张。

1973年，伊拉克学者塔哈·巴基尔（طه باقر）出版系列专著《古代文明史绪论》，他在书中表示，尽管"闪米特"这一术语广为流传，但是这种称呼是不正确的，如果将"闪米特语"改称为"半岛诸语"（لغات الجزيرة）或"阿拉伯诸语"（اللغات العربية），将"闪米特民族"改称为"半岛诸民族"或

---

① عامر سليمان، اللغة الأكدية، ص 58.

"阿拉伯诸民族"的话，则可能更加接近于正确。^①

　　塔哈·巴基尔的观点对其他学者有着显著的影响。1976 年，埃及学者马哈茂德·法赫米·希贾齐在其著作《语言学入门》中，借用"阿拉伯民族主义"一词，认为"闪米特语"的称呼应改成"泛阿拉伯语"（اللغات العروبية）。^②

　　埃及学者阿卜杜勒-瓦哈卜·鲁特菲（عبد الوهاب لطفي）在 1978 年出版的历史著作《古代阿拉伯人》一书中，也响应了塔哈·巴基尔的观点，认为"闪米特语"应改为"古代阿拉伯诸语"（اللغات العربية القديمة），"闪米特民族"应改为"古代阿拉伯诸民族"（الأقوام العربية القديمة）。

　　1999 年，叙利亚学者穆罕默德·巴赫贾特·古拜西（محمد بهجت قبيسي）出版著作《阿拉伯语诸方言语法概览：从阿卡德语、迦南语到赛伯邑语、阿德南语》，将阿卡德语、迦南语、赛伯邑语等闪米特语称为阿拉伯语的"方言"（اللهجات）。古拜西认为，所有闪米特语都发源自阿拉伯半岛上同一种祖语，这种祖语是阿拉伯语的原始形式，其各派生语言之间的关系，应该如同阿拉伯世界各地方言一样，是平行的方言关系。因此，古拜西构建了一种以方言关系为基础的闪米特语谱系系统，将各种闪米特语纳入"阿拉伯语方言"的框架之内，例如阿卡德语被称为"阿卡德阿拉伯语方言"，阿拉姆语被称为"阿拉姆阿拉伯语方言"。

　　这些观点的集大成者，是伊拉克摩苏尔大学文学院考古学系教授阿米尔·苏莱曼（عامر سليمان）。2005 年，阿米尔·苏莱曼用阿拉伯语编写了教材《阿卡德语》，他在书中回顾了"闪米特语"名称的各种取代方案，最终决定将"闪米特语"命名为"原生阿拉伯语"（اللغات العاربة，Arabite languages），这一称呼来自"原生的阿拉伯人"（العرب العاربة）。阿米尔·苏莱曼认为，"原生阿拉伯"（العاربة）一词来自中世纪阿拉伯语史籍，用于表示阿拉伯半岛最古老的居民，比"闪米特"更能体现这些语言的根源。^③

　　虽然这些观点最终并未成为阿拉伯语言学界的主流，但却为阿拉伯人立足于本民族的闪米特语研究带来了一定的启发和影响。时至今日，伊拉克一些高校的院系，仍然把"闪米特语"称为"半岛语"（اللغات الجزرية）。

---

① طه باقر، مقدمة في تاريخ الحضارات القديمة، ص 67.

② محمود فهمي حجازي، مدخل إلى علم اللغة، ص 167.

③ عامر سليمان، اللغة الأكدية، ص 61.

五 结语

"闪米特语"原本是来自欧洲的一种语言学概念，它在近代由欧洲东方学家引入阿拉伯世界，一同引进的还有 19 世纪欧洲语言学家开创的历史比较语言学研究方法。自 20 世纪 30 年代以来，阿拉伯本土学者开始在"闪米特语"的框架下，结合阿拉伯语母语的自身特性，从事阿拉伯语和其他闪米特语的历史比较研究，并取得了丰硕的成果。

20 世纪 50 年代后，在阿拉伯语言学家从事闪米特语研究的同时，一些阿拉伯民族主义意识强烈的语言学家、历史学家开始转变对于"闪米特语"概念的立场，他们希望突出阿拉伯语、阿拉伯民族在整个闪米特语、闪米特民族中的地位，认为"闪米特语"概念无法体现阿拉伯民族的存在，因而提出了一系列针对"闪米特语"这一称呼的取代方案，这些取代方案要么凸显阿拉伯半岛——例如"半岛语"，要么凸显阿拉伯人——例如"原生阿拉伯语"，有着浓厚的阿拉伯民族主义甚至泛阿拉伯主义色彩。

阿拉伯语言学家对于"闪米特语"概念的立场转变，体现了闪米特语研究，尤其是闪米特语比较研究作为一门欧洲舶来学科的本土化转变过程。无论是塔赫拉维对勒南的批判，还是贾瓦德·阿里等人提出取代"闪米特语"概念的种种方案，都体现了阿拉伯本土学者在语言学领域反对西方中心论思维，为阿拉伯民族争取学术话语权的尝试。这些尝试虽然没有在整个阿拉伯世界获得普遍认同，却推动了阿拉伯人重视本民族语言和文化的历史传承，具有十分积极的意义。

阿拉伯社会文化变迁中的早期戏剧艺术

余玉萍 *

【内容提要】阿拉伯戏剧是在19世纪下半叶阿拉伯近现代文化复兴运动的总体语境下兴起的，具有与生俱来的文化启蒙和大众教化意识。来自沙姆的早期剧作家在引进戏剧这一全新的文学体裁时，也致力于传播欧洲的先进思想文化。20世纪上半叶，阿拉伯戏剧事业以埃及为中心继续向前发展，剧作家们积极创作反映埃及社会现实状况的作品。其中，陶菲克·哈基姆为使阿拉伯戏剧成为阿拉伯文学的一个正规门类付出了巨大努力。

【关键词】阿拉伯戏剧 启蒙 沙姆 埃及 陶菲克·哈基姆

在人类文明史上，戏剧是最古老的艺术形式。戏剧伴随着人类文明的进步不断发展，是一个国家和民族文化的重要载体和标志。毋庸置疑，戏剧作为一种人民群众喜闻乐见、表现形式生动、极易深入人心的艺术品种，对社会文化的发展起着重要的宣传和驱动作用。笔者通过回顾和梳理阿拉伯早期戏剧艺术的发展历程，管窥和体察戏剧这一文类与社会文化变迁之间的密切关系。

一 戏剧文类在阿拉伯近现代文化复兴运动中的兴起

从19世纪至20世纪初，阿拉伯人经历了其民族近现代历史上的一场"文化复兴运动"（النهضة）。这场运动在文学领域的一大收获是阿拉伯近现代

---

* 余玉萍，博士，对外经济贸易大学外语学院教授，主要研究方向为阿拉伯现当代文学。

非诗歌文类的兴起。此处的"非诗歌文类"包括小说和戏剧,是直至19世纪初以诗歌为主流的阿拉伯文学传统中未曾有过的两种体裁。

从实质上说,阿拉伯近现代文化复兴运动是一场学习西方文明、改造民族文化的知识分子思想启蒙运动。与多数第三世界国家类同,近现代阿拉伯人亦经历了一场反抗殖民统治的历史。1798年,拿破仑入侵埃及打开了西方通往阿拉伯世界的大门,此后,埃及以东的沙姆地区(包括黎巴嫩和叙利亚)遭到法国势力的渗透,以西的马格里布地区(包括利比亚、阿尔及利亚、突尼斯、摩洛哥)直接沦为法国和意大利的殖民地。在接踵而至的欧洲列强的殖民活动中,阿拉伯人开始认识欧洲这一迥异的"他者",被随之引进的西方"现代性"所震撼,意识到自身的落后。与此同时,在抵抗殖民者的斗争中,阿拉伯人的民族意识也大为增强,期待再度实现民族振兴。在文学创作领域,强烈期冀成为"现代人"的阿拉伯人,开始怀疑古老诗歌艺术中的"现代"含量,对欧洲新引进的非诗歌文类的模仿渐渐形成风气。19世纪后期各种周刊月刊如雨后春笋般创刊发行,刊登各类文章、娱乐故事,乃至连载最初的小说,叙事体文类遂得以起势。

阿拉伯戏剧的兴起有着与小说类似的历史语境,具体时间可能更早些。学界对阿拉伯戏剧的缘起以西方引进说为主,认为戏剧对于阿拉伯人而言纯粹是一种外来的文类,如埃及著名文学史家邵基·戴伊夫所言:"戏剧对于我们来说,过去是完全没有的。原因很简单,我们古代没有剧场。"[1] 但是,自20世纪80年代以来,随着全球化的日益冲击,阿拉伯世界对自我文化身份的追寻越发迫切,主张将戏剧与民族古老遗产相联系的呼声也越发强烈,遂引发戏剧的本土起源说。该看法认为,阿拉伯戏剧的雏形可追溯至前伊斯兰时期(622年以前)阿拉伯半岛和中东地区盛行的各种宗教仪式。阿拉伯中近古民间艺术中则更不乏戏剧的因子,如阿拔斯王朝时期(750~1258年)就出现的影子戏,并有书面剧本流传至今。影子戏盛行于法蒂玛王朝时期(909~1171年)的埃及市井,后又传至奥斯曼帝国时期(1453~1923年),一直到20世纪初才逐渐绝迹于街头巷尾。值得一提的是,阿拉伯影子戏极有可能是中国皮影戏一路西行的产物,只是传播的具体途径和方式

---

[1] [埃]邵基·戴伊夫:《阿拉伯埃及近代文学史》修订本,李振中译,世界知识出版社,2018,第187页。

还有待考证，一种说法是，"元蒙时期，皮影戏曾在军中流动演出，成为士兵的主要文娱活动。蒙古人把这种影子戏传到阿拉伯地区，深受阿拉伯人民喜爱"。[①] 持阿拉伯戏剧本土起源说的学者承认上述这些民间文艺属于通俗的大众娱乐，尚谈不上思想性，也未构成一种正式的文学形式，但是却为后来阿拉伯地区接受外来的表演艺术准备了必要的感知度，因此不可随意加以忽略。

坚持西方引进说的学者则认为，阿拉伯现代戏剧的兴起主要是拿破仑军队入侵埃及后西方文化与阿拉伯文化直接碰撞的结果，其滥觞又可追溯至 19 世纪中期的民间接触，开创者是黎巴嫩商人兼文人马龙·纳卡什（مارون النقاش,1817~1855）。马龙·纳卡什酷爱文学艺术又通晓法语、意大利语，经商途中到过意大利，在那里接触到意大利戏剧和歌剧，很赞赏这种艺术形式对大众的教育意义，于是返回贝鲁特招集了一帮年轻人学习戏剧。1847 年，马龙在自己的寓所内组织排演了由莫里哀同名戏剧改编的音乐剧《吝啬鬼》，由此将西方戏剧艺术正式引入阿拉伯文化生活中。1850 年，马龙排演了原创剧《傻子艾布·哈桑和哈伦·拉希德》（أبو الحسن المغفل وهارون الرشيد），引来观者如云，包括奥斯曼帝国在黎巴嫩的统治阶层，于是他开设了自己的剧院。初期上演的戏剧都是音乐剧，作为新生事物，为吸引观众，内容轻松诙谐，形式载歌载舞，阿拉伯语标准语与当地土语相混杂，适趣的成分多，与社会现实的关联并不大。马龙的两个杰出学生是弟弟尼古拉·纳卡什和侄子萨利姆·纳卡什，后者创办了贝鲁特首个剧团，也是首个从黎巴嫩迁徙到埃及的剧团。在叙利亚，有土耳其血统的文化人士艾布·哈利勒·格巴尼（أبو خليل القباني，1833~1903）创建了叙利亚第一家剧院，招兵买马上演戏剧，让女演员出演女性角色，此举被宗教人士指责为有伤风化。在奥斯曼帝国统治者的号令下，格巴尼被迫关闭了剧院，并选择移居埃及。

埃及能够在 19 世纪的阿拉伯国家中崛起，得益于其特殊的历史条件。法国军队撤离埃及后，穆罕默德·阿里总督（1805~1848 年在位）接过统治之鞭，他致力于发展资本主义，使埃及走上富强之路。与黎巴嫩和叙利亚所在的沙姆地区相比，此时的埃及虽然也是奥斯曼帝国治下的一个行省，但在穆罕默德·阿里王朝的统治下，享有政治半独立的地位，在阿拉伯世

---

① 郭应德：《中国阿拉伯关系史》，北京大学出版社，2015，第 271 页。

界越来越发挥政治上的主导作用。同时，埃及人口众多，且热情接纳来自黎巴嫩等地的流亡知识分子，文化氛围浓厚，因而成为阿拉伯近现代文化复兴运动的中心。穆罕默德·阿里及其继任者们斥资向欧洲派遣留学使团，进行大规模的交流学习，在国内则创办语言学校，开展阿拉伯历史上的第二次"翻译运动"。初期翻译内容倾向于军事与技术手册等实用事务，但不久便涉猎文学传奇冒险故事，翻译的欧洲小说名著包括大仲马的《基督山伯爵》、笛福的《鲁滨孙漂流记》、费纳隆的《忒勒马科斯历险记》、凡尔纳的《气球上的五星期》等。

19 世纪下半叶，文化氛围相对自由的埃及吸引了沙姆地区众多文人和艺术家前来落足。在戏剧方面，除了 1876 年率先登陆亚历山大城的萨利姆·纳卡什剧团，较有名的还有苏莱曼·卡尔达希剧团、苏莱曼·哈达德剧团、亚历山大·法尔希剧团、艾布·哈利勒·格巴尼剧团。这些人的贡献不仅仅是创办剧院和剧团，他们还利用通晓法语的语言优势，译介了大量欧洲戏剧作品，在引进戏剧这一全新的文学体裁时，也致力于传播欧洲的先进思想文化，他们的到来，使奠基于沙姆地区的阿拉伯戏剧在埃及迎来大发展。

但是，此前的埃及戏剧事业也并非一穷二白。1799 年，法国将军米努在埃及创办了第一家欧式剧院，以为法国侨民提供娱乐为主要目的。剧院活动频繁时每旬均有一场戏剧上演，但随着法国军队撤出埃及，剧院很快就关闭了。1805 年穆罕默德·阿里总督执掌政权后，提倡学习西方，有意发展戏剧事业。在赛义德帕夏执政时期（1848~1863 年），开罗与亚历山大先后开设了一些欧式剧院，上演意大利语和法语歌剧、戏剧，观众从欧洲侨居者延伸到西方化的埃及贵族精英。伊斯梅尔帕夏执政时期（1863~1879 年），由欧洲人和本土戏剧爱好者构成的观众队伍日益扩大，加之伊斯梅尔本人极其重视文化和艺术发展，开罗与亚历山大等地纷纷开设欧式剧院，其中最著名的是 1869 年创建的开罗歌剧院。该剧院在苏伊士运河通航之际揭幕，1871 年年底进行了首次演出，上演剧目是意大利作曲家威尔第的新近歌剧《阿依达》，据说是威尔第应伊斯梅尔帕夏的邀请专门为苏伊士运河的竣工而创作的。《阿依达》在埃及可谓是捷足先登，首演于欧洲则是在 1880 年的巴黎，此后便风靡欧洲各大剧院，成为一部世界经典名剧。

在欧式剧院落地开花于埃及的同时，创办阿拉伯剧院的梦想也日益清晰，首位将之付诸实施的阿拉伯人是雅各布·苏努（يعقوب صنوع, 1839~

1912）。苏努出身于开罗犹太裔知识分子官僚家庭，他精通英语、意大利语、德语、西班牙语、葡萄牙语、俄语、希伯来语等多种外语，曾赴意大利留学，归国后在埃及报业工作。他时常用多种语言发表文学评论文章，并与许多大人物私交甚笃，为他们的子女教授欧洲语言文化和音乐知识。苏努从意大利的经验出发，深信戏剧是民族振兴和走向现代文明的一个有力平台，因此主张创建阿拉伯人自己的现代剧院。同时，他又受到当时的社会改革家哲马鲁丁·阿富汗尼的影响，认为戏剧必须与埃及时政相联系，从贫困阶层入手，宣传改革思想。苏努亲自创作剧本，招聘男女演员，接连排演了两部戏剧，都很成功。此后，他应邀到尼罗河宫为伊斯梅尔帕夏及其政府要员们演出，得到了统治者的褒奖，被冠以"埃及的莫里哀"的美誉。[1] 苏努在埃及和阿拉伯戏剧民族化道路上做出了重要贡献，相对于前辈，其作品更接近普罗大众，关注百姓的日常生活，擅长刻画各种小人物，其观察细微，目光敏锐，戏风诙谐有趣而内容又不失教化意义。苏努一生创作戏剧多达 30 余部，其中多数反映埃及现实社会，批判社会种种落后现象。一些戏剧的主旨过于尖锐，诸如关于一夫多妻制的评论、对于政府官僚作风的批判，因而遭到爱资哈尔乌里玛和埃及当权者的双重抵制。1872 年，苏努的剧院在开演两年后被勒令关闭。

苏努的剧院被关闭后，由沙姆地区迁徙而来的沙姆各大剧团在埃及一段时期内独领风骚。沙姆剧团多演出法语戏剧，即便像《哈姆雷特》这样的名剧也是从英语翻译成法语后再上演的。剧院数量不断增多，上演由欧洲作品翻译或改写的剧本，也上演一些阿拉伯原创剧目。迁居开罗的黎巴嫩文人法拉赫·安敦（فراح أنطون，1874~1922）本人是一位卓有建树的翻译家，译有尼采的《查拉图斯特拉如是说》、卢梭的《艾米丽》，以及大仲马、阿纳托尔·法朗士、夏多布里昂等人的作品。他以前辈马龙·纳卡什为榜样，坚信戏剧的启蒙与教化功能，在翻译西方作品的同时尝试创作原创戏剧。迁居亚历山大城的叙利亚基督教徒乔治·阿布雅德（جرجي أبياد，1880~1959）青年时期被埃及政府公派至巴黎学习戏剧，回国后创建了自己的剧团，大多上演欧洲古典悲剧和历史剧，包括法拉赫·安敦所译的索福克勒斯名剧《俄狄浦斯王》，以期通过戏剧正典来陶冶民众的审美意趣，提升其思想境界。

20 世纪初，剧院已成为欧洲化的开罗和亚历山大城市生活的一部分，埃

---

① See Paul Starkey, *Modern Arabic Literature*, Edinburgh University Press, 2006, p.168.

及戏剧事业逐渐由"拿来主义"转向积极发展原创戏剧。一战期间，埃及剧作家们积极创作反映当时埃及社会状况的作品，对如何开发"埃及化"或"阿拉伯化"的戏剧开始有清晰的认识，阿拉伯戏剧步入成熟期，第二代戏剧作家应运而生，杰出者有易卜拉欣·朗兹（إبراهيم رامزي, 1884~1949）和穆罕默德·台木尔（محمد تيمور, 1892~1921）。易卜拉欣·朗兹是一位多产的翻译家、小说家和戏剧作家，他对戏剧的兴趣始发于早年在英国专攻社会科学期间，并翻译了莎士比亚、萧伯纳、谢里丹、易卜生等人的作品，回国后在担任公职的闲暇之余从事戏剧创作。其戏剧作品包括 4 部社会喜剧、3 部正剧、6 部历史剧。朗兹的喜剧《进出澡堂》（دخول الحمام مش زي خروجه, 1915 年）依巴达维之见，是"第一部真正的埃及社会喜剧"。[①] 该剧以一战期间埃及社会通货膨胀、民不聊生、犯罪肆虐和腐败横生为社会背景，讲述埃及布拉克贫民区发生的故事，公共澡堂经理艾布·哈桑穷困潦倒，却有一位魅力四射的妻子，名叫泽娜白，她勾结澡堂侍应生，诱骗了酋长的钱财。该作在刻画人物性格方面取得了前所未有的成功，人物间机敏诙谐的巧辩开创了一种"埃及式"的幽默，在后来埃及和阿拉伯世界的戏剧、电影和电视肥皂剧中屡见不鲜。穆罕默德·台木尔创作了《笼中鸟》（العصفور في القفص, 1918 年）、《阿卜杜·赛塔尔先生》（أفندي عبد الستار, 1918 年）、《深渊》（الهاوية, 1921 年）等剧本，皆以中产阶级为主要观照，以诙谐风趣的笔调反映代际冲突、两性关系等埃及社会现实问题。易卜拉欣·朗兹和穆罕默德·台木尔的作品较为重视戏剧主题的现实性与社会性，构成了阿拉伯戏剧发展史上的重要一环。

戏剧的方兴未艾还吸引了诗人们的关注，譬如，复兴派领衔诗人艾哈迈德·绍基（أحمد شوقي, 1868~1932）在晚年转向诗剧创作，接连创作了《安塔拉》（عنترة, 1922 年）、《克里奥帕特拉之死》（مصرع كليوباترا, 1929 年）和《莱拉的痴情汉》（مجنون ليلى, 1931 年）等 5 部诗剧。诗性的笔法虽然于戏剧人物刻画等方面并无优势，但诗人在阿拉伯传统文化生活中所具有的特殊号召力却大大有助于阿拉伯戏剧获得合法性，成为像诗歌一样被精英和大众都认同的文学体裁。此外，越来越多受过良好教育的文化人士加入剧院行业，在报刊上开辟有关戏剧评论的专栏，也加快了戏剧创作和表演赢得社会认可的进程。

---

① Paul Starkey, *Modern Arabic Literature,* Edinburgh University Press, 2006, p.171.

20 世纪早期的埃及戏剧可分为三类：一是文学性和思想性较强的正剧（严肃剧）；二是杂糅了欧洲与本土风格的轻歌剧和音乐剧；三是用土语演出的大众喜剧。大众喜剧又包括大众歌舞、低级闹剧和阿拉伯化的法语杂耍表演，在大众剧院上演，票价低廉，通常是"下里巴人"的消闲去处。大众品位与精英戏剧之间的裂痕越来越大，尽管剧作家们不懈努力，普通民众对正剧的兴趣依然不大，一些主营古典戏剧的剧团如阿布雅德剧团因此曲高和寡，入不敷出。从 20 世纪 20 年代起，埃及政府开始有意识地保护正剧剧院，抵制那些商业色彩浓厚的大众剧院，不仅派遣留学生到欧洲学习戏剧和表演，而且在国内积极创办正规的戏剧表演学校。1935 年政府还修建了国家大剧院，由长居埃及的著名黎巴嫩诗人哈利勒·穆特朗（خليل مطران，1872~1949）任院长。新国家大剧院上演的首部戏剧是新锐剧作家陶菲克·哈基姆的《洞中人》。

综上所述，阿拉伯戏剧是在阿拉伯近现代文化复兴运动的背景下兴起的，具有与生俱来的文化启蒙和大众教化意识。阿拉伯戏剧艺术家们致力于开发戏剧这一新生事物，将其作为引导整个民族文化步入"现代"轨道的一个途径，而多数早期阿拉伯戏剧先锋都与欧洲联系密切，受法国文化影响较深的沙姆地区自不待言，穆罕默德·阿里王朝统治下的埃及亦如此，许多文学和文化精英都有赴法国深造的经历，这便利了他们以法语为主要桥梁翻译和学习西方戏剧，借鉴西方经验。18 世纪法国著名思想家兼剧作家狄德罗站在启蒙运动的立场，曾提出"启蒙戏剧"的主张，在狄德罗看来，戏剧对一个民族文明风尚的建立具有不可估量的作用，通过戏剧可以引发人们对社会问题进行严肃思考。同理，阿拉伯戏剧先驱们也意识到戏剧具有启蒙教化的社会作用，可以使民众开阔视野、陶冶情趣、提高修养，学会做一个"现代人"。单就文学领域而言，如果说阿拉伯古代文学史上有诸多因素导致戏剧这一体裁的阙如，那么，在阿拉伯人迈进现代社会的门槛时补上这一环节也为时未晚。

二　陶菲克·哈基姆的前期戏剧贡献

20 世纪上半叶，阿拉伯戏剧事业继续向前发展，而埃及作家陶菲克·哈基姆（توفيق الحكيم，1898~1987）是当之无愧的领衔者。这位被视为"阿拉伯现代戏剧之父"的剧坛翘楚，一生笔耕不辍、目光远大、矢志不渝、追求独特，为埃及和阿拉伯戏剧事业的发展做出了卓越贡献。

陶菲克·哈基姆 1902 年出生于亚历山大城中层家庭，1917 年迁居开罗，奉父命学习法律。但他自小酷爱阅读，常常沉醉于戏剧世界，在校期间经常去开罗歌剧院观看偶像阿布雅德的剧目《俄狄浦斯王》《奥赛罗》《路易六世》等，还亲身加入阿布雅德剧团的活动，与朋友一起即兴创作戏剧，甚而因此荒废学业。1921～1926 年，哈基姆为乌卡沙兄弟剧院撰写了 6 部戏剧，第一部是《不受欢迎的客人》（الضيف الثقيل，1918 年）。该剧以英国占领下的埃及社会为背景，讲述一个房客趁当律师的房主不在家，谎称自己是主人，收取顾客的费用，哈基姆借此嘲讽英国对埃及的殖民占领。另外 3 部是当时埃及剧坛流行的音乐剧，有 2 部取自法国戏剧片段。由于当时戏剧的社会地位同小说叙事一样，被正统观念认为是一种奇技淫巧、旁门左道，哈基姆不得不给自己起了个笔名"侯赛因·陶菲克"，以免遭到家人干涉或影响到家人。① 1925 年哈基姆奉父命赴法国继续学习法律。在巴黎期间，他沉迷戏剧、音乐、艺术、文学和哲学，认识到戏剧并不是一种单纯的娱乐艺术，而是一种严肃的文学形式，也是为社会传播先进思想文化的有力载体。

当哈基姆 1928 年从巴黎回国后，发现埃及剧院行业在过去的几年间因经济不景气而迅速萎缩，许多前辈戏剧家纷纷破产，存活下来的多数是大众化商业舞台。但与此同时，埃及政府也在采取各种补救措施发展正剧事业，加上塔哈·侯赛因等知识界人士对戏剧的直接参与，戏剧的发展前景依然向好。在此情形下，哈基姆立即投身于戏剧创作，用土语和标准语相杂糅的方式接连撰写了《自杀者的秘密》（سر المنتحرة）、《心里的子弹》（رصاصة في القلب）、《吹笛者》（الزمار）等剧本。

回国后，哈基姆以知识分子的一种使命感，致力于发展戏剧的文学性，努力使戏剧成为一个被社会接受的、与诗歌一样名副其实的文学体裁。在巴黎留学期间，他产生一个想法：既然阿拉伯人没有属于自己的戏剧根基，需要引进西方戏剧，那么不妨从学习其源头即古希腊戏剧做起，从中获得灵感，直至建立自己的民族戏剧传统。在历史上，尽管阿拉伯人曾经大量吸纳古希腊文化，在融贯东西文化的基础上开创了自己的文化体系，甚至早在 8 世纪就翻译了亚里士多德的《诗学》，却因种种因素对古希腊文学作品弃而不译。戏剧在近现代阿拉伯兴起后，索福克勒斯的《俄狄浦斯王》几乎是唯一被引

---

① See Paul Starkey, *Modern Arabic Literature*, Edinburgh University Press, 2006, p.178.

进的古希腊戏剧，却还是通过法语版本转译而来的。所以，在哈基姆看来，与古希腊文学取得更多沟通似乎是对阿拉伯文学补上的重要一课。在留法 3 年期间，哈基姆不仅沉浸于法国文化，还阅读了许多法语版本的古希腊戏剧，对后者表现出特殊的兴趣。也许是"英雄所见略同"，当时埃及知识界对于古希腊文化的兴趣并非只有哈基姆一人，同期著名文化学者、文学家塔哈·侯赛因（طه حسين，1889~1973）在《埃及文化的未来》（مستقبل الثقافة في مصر，1938 年）中论述了古埃及文化与古希腊文化的联系，还陆续从法语翻译了 6 部索福克勒斯的戏剧。哈基姆在这方面最直接的行动则是编撰了 3 部戏剧:《布拉克萨或统治的问题》（براكسا أو مشكلة الحكم，1939 年），这是一部以阿里斯多芬的喜剧《公民妇女大会》为蓝本创作的戏剧，借以影射阿拉伯世界的专制制度和政权腐败;《皮格马利翁》（بجماليون，1942 年），哈基姆借用这个古希腊著名神话来反映艺术和生活的矛盾性;《俄狄浦斯王》（الملك أوديب，1949 年），哈基姆借此重写了古希腊悲剧中最典型的冲突，即人与命运的冲突。

哈基姆更伟大的尝试是将古希腊戏剧内容与阿拉伯本土话题相结合。在巴黎时他就有创作一部属于埃及人自己的悲剧的想法，其中大概有两个原因。首先，哈基姆有意厘清阿拉伯人长期以来对"悲剧"一词的误解。如前所述，阿拉伯人很早便翻译了亚里士多德的《诗学》，但并不理解"诗学"的真正内涵，遂用表达阿拉伯古诗题旨的术语去对应，以归化法将"悲剧"译成了"赞颂和悼亡"，因此哈基姆认为必须对"悲剧"进行重新解释。其次，哈基姆有意将古希腊人对生命的悲剧意识移植到阿拉伯戏剧中。如亚里士多德所论，悲剧审美具有特殊的净化作用，能使观众产生情感共鸣进而陶冶心性。但是，古希腊悲剧的冲突多是人与命运的冲突，与阿拉伯人的传统思维不同，哈基姆打算用一个更加埃及化的理念，即人与时间的斗争，来表现人类与生俱来同样不可克服的冲突。与此同时，对诺贝尔奖爱尔兰得主萧伯纳、比利时得主梅特林克、意大利得主皮兰德娄这些同时代的戏剧大家的学习，又使他十分关注戏剧的思想深度和表现形式，让他产生了创作"思辨剧"，即"哲理剧"（المسرح الذهني）的想法。"这类哲理剧的特点是借用一些古代的神话故事、宗教传说，赋予新意，用借古喻今的方法阐释一些人类共同的问题。"[1] 回国后，他以上述思想为指导创作了

---

① 仲跻昆:《阿拉伯文学通史》下卷，译林出版社，2010，第 897 页。

戏剧《洞中人》（أهل الكهف，1933 年），与他在巴黎完成的小说《灵魂归来》同时面见世人。该剧"基于《古兰经》中关于以弗所七个长眠者的传说故事，反映人在与时间的斗争中永远是失败者，无论人有多么智慧终难抵挡时间的流逝，唯有爱心能征服时间"。[①] 哈基姆在《洞中人》中体现了极强的原创性，是此前阿拉伯戏剧界所无可比拟的。尽管这是一部形而上意蕴极强的思辨剧，文学批评界对该剧的阐释也因此林林总总不一而足，但在厘清这些深奥的思想后，人们依然可以发现《洞中人》背后的社会现实意义：既然时间无敌，那么 20 世纪的埃及必须尽快从若干世纪的"长眠"中苏醒过来，以应对时代的挑战，跟上人类文明前进的步伐。总而言之，《洞中人》使哈基姆名声大振，塔哈·侯赛因对之不吝褒奖："我可以毫不犹豫地说，这是阿拉伯文学史上第一部可被正式称为戏剧的作品。"[②] 1933 年哈基姆发表《洞中人》也因此成为阿拉伯现代戏剧史上的重要里程碑。1935 年，《洞中人》在刚开业的国家大剧院首次被搬上舞台，哈基姆本人亦信心满满。然而，令人意想不到的是该剧演出效果并不佳。哈基姆对此反思，声称他创作时脑子里想的实际上是印刷成文字的剧本，并不曾想到舞台本身。

在《洞中人》之后，哈基姆紧接着创作了另一部思辨剧《山鲁佐德》（شهرزاد，1934 年），讲述《一千零一夜》之后的第一千零一夜发生的故事，主题是反映人类脱离感情世界和物质需求，片面追求知识和精神世界的悲剧结局。当《山鲁佐德》也遭到票房惨败后，哈基姆的内心受到了很大伤害。失败的原因其实并不难得知，类似"思辨剧"这样"烧大脑"的戏剧，其戏剧冲突是通过抽象的思想而非密集甚至夸张的舞台表演来表现的，必须首先拥有一个成熟的受众群体。对于习惯了载歌载舞的音乐剧、插科打诨的喜剧乃至闹剧的阿拉伯观众来说，舞台表演效果单调的思辨剧显然是过于沉重了，这是被一心追求戏剧文学性的哈基姆忽略的因素。由此，在哈基姆笔下，戏剧作为文学和戏剧作为舞台表演之间形成了一道沟壑。但无论如何，《洞中人》和《山鲁佐德》这两部戏剧奠定了哈基姆在阿拉伯戏剧史上不可撼动的地位，也确立了阿拉伯戏剧成为阿拉伯文学的一个正规门类。

---

① M.M. Badawi, "A Passion for Experimentation: The Novels and Plays of Tawfiq al-Hakim", *Third World Quarterly*, Vol. 10, No. 2 (Apr. 1988), p. 956.

② M. M. Badawi, *Modern Arabic Drama in Egypt*, Cambridge University Press, 1987, p.27.

纪伯伦传记写作与阿拉伯裔美国经验的演变

马　征[*]

【内容提要】本文选取三部纪伯伦传记代表作《纪伯伦传》《哈利勒·纪伯伦：他的生活和世界》《哈利勒·纪伯伦新传：人和诗人》作为研究对象，通过运用传记研究理论，探讨传记作者与传记写作之间的关系，深入剖析传记写作所折射的族裔经验演变。《纪伯伦传》折射出早期叙利亚移民在 20 世纪 30 年代的颓废心理，是一曲早期叙利亚移民经验的挽歌；《他的生活和世界》描述了传记作者与传主独特的亲缘关系和身份认同感，使二者之间形成了理解和认同的关系，这使传记作者在描摹纪伯伦形象时，突出他身处双重世界的矛盾与挣扎感；《人和诗人》的第一作者苏黑尔·布什雷在传记写作中凸显纪伯伦"世界公民"和"爱国者"相统一的形象，赋予这一"流亡"知识分子形象以积极的建构意义。

【关键词】纪伯伦　传记写作　身份认同　阿拉伯裔

纪伯伦传记的写作始自他本人在世时，纪伯伦的密友和文学伙伴米哈伊尔·努埃曼（Mikhail Naimy, 1889–1988）在纪伯伦在世时便着手《纪伯伦传》（*Kahlil Gibran: A Biography*）的撰写，这部传记作品最终在 1934 年和 1950 年相继出版了阿拉伯语版本和英语版本。在此后的半个多世纪中，无论是阿拉伯世界还是西方世界，关于纪伯伦传记的写作各式各样，但在阿拉伯裔美国历史的视野中，三位阿拉伯裔美国传记作者的写作堪称经

---

*　马征，河南大学黄河文明与可持续发展研究中心、河南大学协同创新中心研究员，副教授。

典——努埃曼的《纪伯伦传》、简·纪伯伦和哈利勒·纪伯伦夫妇的《哈利勒·纪伯伦：他的生活和世界》（以下简称《他的生活和世界》）、苏黑尔·布什雷和乔·杰金斯的《哈利勒·纪伯伦新传：人和诗人》（以下简称《人和诗人》），这三部传记不仅在各个历史时期挑战了关于纪伯伦生平的"成见"且有所"立说"，而且能够清晰地折射出阿拉伯族裔经验在不同时代的内在发展线索——从哀挽、认同到建构，阿拉伯裔美国知识分子在1990年代末期完成了族裔身份的建构历程。

一 "命定的死亡"：早期叙利亚族裔经验的挽歌

《纪伯伦传》由纪伯伦的生前密友和文学追随者努埃曼撰写，是唯一一部纪伯伦在世时就知道撰写计划，并寄予了期待的传记作品。由于1950年的英语版本只对1934年的阿拉伯语版本"稍作改动"，[①] 因而英语版本可以作为探析作者1930年代美国经验的文学文本来研究。

该传记的阿拉伯语版本出版后，曾在美国的阿拉伯社群引起轩然大波，努埃曼也因此受到了孤立、声讨甚至抵制，另一部历史性纪伯伦传记对此进行了忠实描述：

> 努埃曼热衷于隐私……他创造了纪伯伦的形象，纪伯伦被"神的一极"和"人的一极"所撕裂……然而，他的结论和年代的梳理常存有缺陷……最令亲戚朋友们恼怒的，是努埃曼揭示了纪伯伦在酒和女人方面的可怕弱点。……努埃曼将工作室想象成幽会的场所，用臆想的对话来描述纪伯伦的饮酒过度。雷哈尼是第一位联合几位阿拉伯作家来捍卫纪伯伦的人，他在贝鲁特的一家报纸发表了一封言辞激烈的信，他在信中控诉努埃曼，为了支持自己的"人－神"主题，努埃曼发明了全部场景，并牺牲了历史的视野。加入这场论战的还有那些忠实的笔会成员，他们暗示说，这位传记作者只是受到了个人利益和嫉妒心的驱使。[②]

---

① Mikhail Naimy, *Kahlil Gibran: A Biography,* Philosophical Library, 1950, Some Notes for the Reader.

② ［美］简·纪伯伦、哈利勒·纪伯伦：《哈利勒·纪伯伦：他的生活和世界》，马征译，中国社会科学出版社，2017，第464~465页。

那么，作为纪伯伦生前最重要的拥护者和追随者，也是纪伯伦唯一信任的传记作者，努埃曼为什么会写出这样看似"贬低"纪伯伦的传记？

对于努埃曼被诟病的"亵渎纪伯伦私生活""个人利益和嫉妒心"，潘凤梅女士给出了不一样的解释。她在硕士学位论文《英语纪伯伦传记中的"纪伯伦形象"研究》中，敏锐地意识到了传记作者与传主之间产生的"移情"（empathy）关系。通过阅读分析努埃曼的自传，潘凤梅得出结论：传记作者与他笔下的纪伯伦的情感生活与经历颇多近似，努埃曼找到了与自己有类似人生经历的传主，便主动"站在自己的立场，把自己的某些心理因素移入到传主身上，通过传主来表述自己"。①

的确，努埃曼就如莫洛亚笔下的传记作者，对他而言，纪伯伦传记"是一种自我表现的手段"，他"选择"为纪伯伦立传来"迎合自己人性中的秘密需要"。② 传记作者与传主之间"移情"的关系，也解释了传记前的"辩解书"（Apologia），努埃曼郑重其事地辩解道："真正客观的历史性传记写作不可能，他与纪伯伦密友的关系，使他不得不触及纪伯伦生活的隐私"。③

而努埃曼所触及的隐私——他所"臆想"的恋爱场景，与他在自传中叙述的情感经历有相当多的重合。④ 在此意义上，传主的生平故事也是传记作者在某种程度上的自我释放。⑤ 正是由于努埃曼将发生在自己身上的恋情与生活经历"转移"给了纪伯伦，这部传记作品才因"触及隐私"而遭受诟病。而努埃曼在传记写作中的"移情"，更表现为生命哲学的转移。

用想象性的笔触来细致刻画纪伯伦面对外部世界诱惑时的思想斗争，来表现纪伯伦"生命中最好、最高贵之处，在于他与自我所做的顽强而又连续不断的斗争"，⑥ 的确支持了努埃曼的"人－神"主题。⑦ 此外，传记作品中由"移情"产生的生命哲学的转移，更表现在笼罩于全书的"死亡"

---

① 杨正润:《现代传记学》，南京大学出版社，2009，第 168 页。
② 杨正润:《现代传记学》，南京大学出版社，2009，第 168 页。
③ Mikhail Naimy, *Kahlil Gibran: A Biography,* Philosophical Library, 1950, Apologia.
④ ［黎］米哈依尔·努欧曼:《七十述怀》，王复、陆孝修译，甘肃人民出版社，1993。
⑤ 潘凤梅:《英语纪伯伦传记中的"纪伯伦形象"研究》，河南大学硕士学位论文，2016 年。
⑥ Mikhail Naimy, *Kahlil Gibran: A Biography,* Philosophical Library, 1950, Apologia.
⑦ ［美］简·纪伯伦、哈利勒·纪伯伦:《哈利勒·纪伯伦：他的生活和世界》，马征译，中国社会科学出版社，2017，第 465 页。

主题与意蕴上。

这部想象力重于历史性记述的文学传记作品，时时晕染着"命定"的神秘意味。而在这种"命定"中，死亡的气息贯穿了整部传记作品，导致了这部作品呈现悲凉哀婉的总体基调。

在第一部分"黄昏"（Twilight）首篇"逝去"（Dying）中，努埃曼接到纪伯伦被送入医院的电话，匆匆赶到医院，望着不省人事的纪伯伦，努埃曼想起了一周前与纪伯伦之间的最后一通电话，纪伯伦最后的话语弥漫着"人之将逝"的不舍与悲凉："我今天痊愈了，米沙。我在这世上是陌生人，米沙。我爱这世界，米沙。"①

接着，努埃曼如通常的传记作者一样，讲述纪伯伦的出生与成长，标题与内容却始终是阴郁的："贝舍里的阴影"（Bisharri Shadows）中，纪伯伦母亲卡米拉要带着四个孩子移民，他们的生活充满未知，12 岁的纪伯伦的生命只被见识了"一些模糊的象征""被遮盖的光和变幻的阴影"；在"波士顿阴影"（Boston Shadows）中，波士顿移民区破败的街景呼之欲出，怀揣梦想的纪伯伦在希冀和寻找着那些高雅人士中的"守卫天使"（Guardian Angel），希望能带他叩开梦想的大门，但却误将自己的青春送给了一名不甘寂寞的偷情"贵妇"；紧随其后的"死亡的礼物"（The Gift of Death）使这宿命般的沉郁气息达到了极致，纪伯伦的小妹妹、兄长和母亲在 1 年半内丧命波士顿，在传记描述中，少年纪伯伦第一次体会"死与生"的秘密，在他看来，亲人的故去和自己的存活，都隐藏着"巨大的秘密"，是他们无法知晓的命定。

第二部分"夜"（Night）描写纪伯伦在纽约成名的文学生涯，该部分以纪伯伦向努埃曼"忏悔"自己向世人带来了"错误的警醒"（False Alarm）结束。第三部分"黎明"（Dawn）以纪伯伦写给努埃曼的书信开始，充斥着他因疾病而带来的痛苦和死亡的氛围，直至最后一部分纪伯伦的死亡。

必须指出的是，努埃曼与传主纪伯伦之间的"移情"关系，并非完全是单方面的、武断的、生硬的"转移"关系，努埃曼与纪伯伦之间的确存在着某种精神上的深层联系。

努埃曼在自传《七十抒怀》中，谈到了给纪伯伦立传的原因：

---

① Mikhail Naimy, *Kahlil Gibran: A Biography,* Philosophical Library, 1950, p.4.

　　如果我俩在生命和死亡，在文学和文学使命的思考鉴赏和认识诸方面没有惊人接近的话，我不可能对他有如此透彻的了解。倘若没有这种思想、鉴赏和精神的接近，我也不敢按照我所了解的他给他写书立传。①

　　在传记前的"辩解书"中，作者声明道：在写作纪伯伦的过程中，他不得不经常写到自己，这不仅是因为二人在生活和创作上的亲密关系，更由于二人"灵魂上的内在亲密关系"。② 的确，这部传记不仅以努埃曼"所知"，叙述了纪伯伦从黎巴嫩出生、随母亲移民、在美国的个人奋斗及其病逝于美国的生平经历，更时时伴随着努埃曼笔下的纪伯伦及他自己关于生命哲学的"所思"与"所想"，在某种程度上，确实如努埃曼所言，他与纪伯伦的灵魂与思想"合二为一""犹如姐妹"：

　　　　我是谁？去接受另一个灵魂的忏悔，尽管这灵魂与我的灵魂犹如姐妹？或许我的灵魂比他的灵魂更需要忏悔。③

　　努埃曼与纪伯伦精神的内在相通，主要体现在二者"死生循环、万物相通"的具有泛神论色彩的生命观上，从二者文学作品中相同的"死亡与再生"主题，我们可以体会出这一点。在该书的附录，谈及"纪伯伦的遗体"时，努埃曼引用了庄子经典名篇《庄子·列御寇》涉及自己身后事的语句，这引用再次表明了努埃曼与纪伯伦"灵魂"的相通，这不仅表现在他们的文学写作中，也表现在他们的生命选择中。努埃曼按照纪伯伦的遗愿，他和玛丽安娜（纪伯伦妹妹）为纪伯伦的遗体选择了黎巴嫩一处"幽居之所"，称得上"和平的孤独"。④ 不得不说，努埃曼堪称纪伯伦的"灵魂伙伴"，他对《庄子·列御寇》中"在上为乌鸢食，在下为蝼蚁食"（I shall be food for kites；below I shall be food for molecrickets and ants）的翻译和

---

① ［黎］米哈依尔·努欧曼：《七十述怀》，王复、陆孝修译，甘肃人民出版社，1993，第481页。
② Mikhail Naimy, *Kahlil Gibran: A Biography,* Philosophical Library, 1950, Apologia.
③ Mikhail Naimy, *Kahlil Gibran: A Biography,* Philosophical Library, 1950, p.172.
④ Mikhail Naimy, *Kahlil Gibran: A Biography,* Philosophical Library, 1950, p.237.

引用，很容易使我们联想到纪伯伦《沙与沫》中的短句：

Make me, oh God, the prey of the lion, ere you make the rabbit my prey.

　　主啊，在你将野兔创造成我的猎物之前，将我创造成狮子的猎物。

　　"死亡与再生"的意象，更普遍地表现在早期阿拉伯移民创作中，这不仅赋予早期阿拉伯裔美国文学"天人合一"的独特美学魅力，更赋予这一时期的文学某种死亡的阴郁气息和悲怆意味，这一思想和美学意蕴，与《纪伯伦传》形成了奇妙的呼应关系。

　　在传记作品中，努埃曼不断将纪伯伦的孤独感与作为移民者的经验联系起来，在他与纪伯伦生前的最后一次电话通话中，当纪伯伦称自己为"陌生人"，努埃曼随即评价道：健康与疾病，生命与死亡，故土与异乡——谁能向我展现其间的差异？[①] 在纪伯伦晚年写给努埃曼的信中，对黎巴嫩"大自然"的思恋是疏离于纪伯伦惯常触及美国及其现代文明的话题：

　　米沙，米沙！上帝将我们从文明和被文明教化中拯救出来，将我们从美国和美国的一切中拯救出来。我们应该返回黎巴嫩那白色的山顶，回到那和平的山谷。[②]

　　传记作品中谈及的"黎巴嫩"而非"阿拉伯"族裔身份，与阿拉伯裔美国人的历史相吻合：阿拉伯族裔身份意识在1950年代后才开始逐渐凸显，在传记写作的1930年代，[③] 缺乏"阿拉伯"族裔的观念。而沟通了作者与传主"灵魂"的"死亡"的沉郁气息，是集体性的，在早期沙姆地区的移民经验中具有代表性。

　　纪伯伦给努埃曼的信写于1922年纪伯伦患病后，这恰好是第一次大移

---

① Mikhail Naimy, *Kahlil Gibran: A Biography,* Philosophical Library, 1950, p.4.

② Mikhail Naimy, *Kahlil Gibran: A Biography,* Philosophical Library, 1950, p.181.

③ 虽然该传记英文版出版于1950年代，但阿拉伯语版出版于1930年代纪伯伦离世不久，且按照作者本人的说法，阿拉伯语版本和英语版本基本没有改动。因此，该传记的写作年代，应视为1930年代而非1950年代。

民浪潮（The Great Migration）的结束期，这一时期被史学家认为是阿拉伯移民到美国"淘金"的黄金期。1931 年纪伯伦去世后，努埃曼随后离去，因为"纽约的生活使我的心胸愈加烦闷"，"要赚美元的斗争是再容易不过，再痛苦不过的斗争了"。① 而另一位纪伯伦阿拉伯文学的重要英语译者安德鲁·哈里布（Andrew Ghareeb）也是在此时返回黎巴嫩的，原因是"纪伯伦的逝去"。② 在一定程度上，纪伯伦的逝去与努埃曼、哈里布的离去，反映了阿拉伯移民在 1920 年代中期直至 1930 年代的低潮状态。

《阿拉伯裔美国人的历史》的作者认为，1920 年代以前的黎巴嫩商贩和小业主们经历了一个在美国快速赚钱的黄金时期，而 1930 年代前后美国经济的大萧条，直接影响了早期移民的处境：他们就业困难，生活困顿。通过黎巴嫩移民卡南的个体生活经历，作者注解了这段历史。

卡南在美国短暂停留，因患疾病被迫返回家乡，他回忆了与当时已闻名的作家纪伯伦的交往经历，酗酒、困顿、颓靡充斥着那段短暂的历史：

> 没有工作。我那时常常去夜总会。我遇到了纪伯伦。哇，他可是个大人物。那时我只和讲阿拉伯语的人在一起，他与我谈话……他喜欢喝酒。他对我说，"坐在这儿，你来自我们的国家，告诉我，这是什么，那是什么"。12 点，1 点了，人人都回家了。夜总会的老板说，"带他回家"。……因此我总是带他回家，有太多次了……③

在某种程度上，《纪伯伦传》不仅是"灵魂相通"的传记作者和传主移民经验的挽歌，更是早期阿拉伯移民族裔经验的集体挽歌。

传记作品的结尾，纪伯伦的死亡，在冥冥之中预示着某种新生，意味着"新的孕育"，会产生新的"干净的心灵"和"精神的更新"。这一蕴含着"历史循环观"的结尾，与早期阿拉伯裔美国文学中的"死亡与再生"意象构成了互释的关系。而这样一种个体在冥冥注定的历史中的宿命感，同样也映照了纪伯伦、努埃曼和一代阿拉伯早期移民的沉郁心境。

---

① ［黎］米哈依尔·努欧曼：《七十述怀》，王复、陆孝修译，甘肃人民出版社，1993，第 408 页。

② Gregory Orfalea and Sharif Elmusa, *Grape Leaves-A Century of Arab American Poetry,* University of Utah Press, 1988, Introduction.

③ Gregory Orfalea, *The Arab Americans: A History,* Olive Branch Press, 2006, p.109.

二 "双重世界"的挣扎：族裔身份的认同

（一）族裔身份认同与传记写作

《哈利勒·纪伯伦：他的生活和世界》是当代英语纪伯伦传记中最具影响力的作品，它于 1974 年首版，后分别在 1981 年、1991 年和 1998 年三次修订再版，2016 年该作品第四次再版，更名为《哈利勒·纪伯伦：跨越边界》（*Kahlil Gibran：Beyond Borders*）。

在 1998 年版的作者序言中，传记作者详细论述了他们进行传记写作的起因、搜集资料和撰写的过程。这部传记的资料搜集开始于 1970 年代早期，传记作者哈利勒·纪伯伦和简·纪伯伦夫妇"决定停止手头的工作，用全部时间投入研究"[①]。值得深究的是，两位传记作者开始这项"严肃研究"的时间，恰好与阿拉伯裔美国人政治与族裔身份觉醒的历史时期相吻合，而这一时期，也是美国政府开始严密监控阿拉伯裔美国人的开始。

在《阿拉伯裔美国人的历史》中，作者格雷戈里·奥法里以"政治觉醒"（The Political Awakening）为题，梳理和分析了从 1972 年到 1981 年的这段阿拉伯裔美国社群的历史。在他看来，"9·11"事件后阿拉伯裔美国人"被监察"的处境和政治意识的加强，早在 20 世纪 70 年代初期就已预示性地显现出来。

奥法里分析道，1967 年 6 月以色列发动并取得压倒性胜利的第三次中东战争（"六日战争"），直接引发了阿拉伯裔美国人的政治觉醒，并使在美国的叙利亚社群和穆斯林实现了第一次政治联合。1967 年后，无数政治性团体在阿拉伯裔美国社群中出现，这些政治团体通常寿命都不长，大多表现出对中东局势的关切。其中最著名的是紧随"六日战争"成立的"阿拉伯裔美国大学毕业生联合会"（AAUG）和 1972 年成立的"阿拉伯裔美国国家联合会"（NAAA），这些学术与政治团体为宣传和争取阿拉伯裔美国人的民主权利做出了尝试和努力。

1972 年，11 名以色列奥运队员在慕尼黑被杀，尼克松总统随后发布指

---

① ［美］简·纪伯伦、哈利勒·纪伯伦：《哈利勒·纪伯伦：他的生活和世界》，马征译，中国社会科学出版社，2016，第 3 页。

令，要求 FBI 监控阿拉伯学生和有政治行为的阿拉伯裔美国人。同年，"阿拉伯裔美国大学毕业生联合会"主席致信美国首席检察官，谈及阿拉伯裔美国人"被搜索和调查，仅仅是因为个人的民族出身"。^①

在 1970 年代初期阿拉伯裔美国人政治和自我意识觉醒的视野中，《他的生活和世界》这部传记作品中流露出的族裔身份的认同意识，也就变得格外令人关注。

传记作者的写作动机，首先是由于他与传主来自共同的家族，与传主同名的传记作者之一哈利勒·纪伯伦是第二代移民，其父努拉（尼古拉斯）·纪伯伦是传主的表兄弟，他在序言中谈及自己写作这部传记的原因，是一种精神的需求。序言起首写道："对我而言，探索哈利勒·纪伯伦的世界是一种需要，这需要开始于 1932 年，那年我才 10 岁。"^② 这种精神的需要，源于幼年时的作者因为与纪伯伦的亲身接触所产生的温暖的家庭记忆，也来自纪伯伦去世后对家庭成员造成的巨大冲击，这种需要从根本上是由于作者对于传主同属于"家族内部"的认同感。社会对于传记作者和传主因为"重名"和亲缘关系所带来的来自"外部"的想象和询问，是传记作者进行传记写作的另一个动因：

> 随着我个人事业的发展，对纪伯伦身份的探求，变得更急迫了。由于与他同名，又都从事相关的领域，周围不断有人向我询问他。这不可避免地给我带来了困扰，我甚至考虑过改名，但自尊心阻止了我。^③

无论是在内在心理还是外在的"目光"注视中，传记作者都与传主形成了某种认同关系，而这种认同关系的基点，是一种族裔和家族身份的认同：他们来自同一个家族，有着无法抹去的家族记忆，而在外界人的注视中，他们有同样的族裔身份。

族裔身份的认同，使传记作者与传主之间形成了"同情与认同"的关

---

① Gregory Orfalea, *The Arab Americans: A History*, Olive Branch Press, 2006, pp.213–216.
② ［美］简·纪伯伦、哈利勒·纪伯伦：《哈利勒·纪伯伦：他的生活和世界》，马征译，中国社会科学出版社，2016，第 1 页。
③ ［美］简·纪伯伦、哈利勒·纪伯伦：《哈利勒·纪伯伦：他的生活和世界》，马征译，中国社会科学出版社，2016，第 2 页。

系。杨正润曾对传记作者与传主之间的"同情与认同"关系进行了研究，他认为，传记家与传记作者之间的同情与认同关系，代表了感性上的同情与理性上的了解，是陈寅恪所谓"了解之同情"，即"神游冥想，与立说之古人，处于同一境界，而对于其持论所以不得不如是之苦心孤诣，表一种之同情……"①

"了解之同情"使传记作者以客观研究的态度介入传记写作，这与努埃曼的移情性传记写作形成了根本差异。

由于感情上的同情与深刻的认同感，传记作者"感同身受"地极力"还原"传主所处的历史与文化语境，以大量的历史文献和个人书信、日记、文字材料，最大限度地"还原"纪伯伦的家庭成长环境、身处的波士顿移民聚居区和以"病态世纪末"著称的波士顿精雅艺术圈，并借助对书信、日记的分析，再现纪伯伦的隐秘心理和社交生活。

传记作者将自己置身于纪伯伦生活的早期移民时代，希望通过探询纪伯伦的人生经历，解答关于新移民融入"新世界"的问题：

> 一位一文不名的移民，如何适应了波士顿贫民窟，而且在短短几年内，在南恩顿贫民区和后湾的富人区之间，架起一座桥梁？我知道这并不像一位传记作者所言，是由于纪伯伦神奇的读写能力，或者是由于他开明的家庭环境。②

这样的疑问，根本上是一种身份认同问题。正如黑格尔所认为的，一个充分发展的自我不会满足于主观上的自足，而会要求从他人那里得到对他地位的认可，被社会认可的身份是构成自我的必要组成部分。③ 而对于移民而言，这种来自"他人"的认同，在很大程度上，意味着"新世界"的认可。因而，《他的生活和世界》是一部基于传记作者和传主的族裔身份认同、同时又探索族裔经验的传记作品，即阿拉伯新移民如何在新世界获得认同。

---

① 杨正润：《现代传记学》，南京大学出版社，2009，第165~166页。
② ［美］简·纪伯伦、哈利勒·纪伯伦：《哈利勒·纪伯伦：他的生活和世界》，马征译，中国社会科学出版社，2016，第2页。
③ 李红燕：《身份的焦虑——任璧莲移民小说研究》，浙江大学出版社，2014，第19页。

（二）"双重世界"与阿拉伯裔美国经验

在族裔经验的探询中，传记作者将写作重点放在了身处双重世界给纪伯伦的成功、心理和精神状态所带来的影响上。正如作者在序言中所声明的：

> 在对纪伯伦的生活进行研究时，我们遇到的最大困难，大概是他的双重性。对于两种语言、两个职业、两个时常冲突的社交圈，他有着截然不同的责任，这贯穿了他的生命历程。但过去的传记学家和历史学家却常有所偏好，顾此失彼……我们将在作品中展现纪伯伦生活的多个世界及置身其中的他的生活方式。①

传记作者通过对历史文献的展示和分析，描绘了一位既"利用"又"逃离"两个不同世界的移民成功者形象。在传记作者看来，正是由于这种不归属于任何一个世界的孑然一身，造成了纪伯伦"保留的"个性特点：即使在至亲离去时，他对待家庭苦难的直接反应与社群中的其他人不同。②

> 在倍感忧虑的日子里，哈利勒与约瑟芬的交往日益加深……
> 1 月，他隐瞒着家里的可怜处境。这样一种隐蔽的个性，典型地体现了他的不安全感，或许是害怕她知道自己周围充斥着传染病和死亡后，会将他拒之门外，他于是仅仅满足于享受彼此的陪伴……③

传记作者对于身处困境中的纪伯伦的刻画，显然远远不同于努埃曼《纪伯伦传》中沉郁的死亡的命定意味，却更突出身处双重世界的纪伯伦对两个世界同时"有所保留"的个性，这种个性特点，也被传记作者用来解释纪伯伦一向为人诟病的"隐瞒和编造身世"这一细节：

---

① ［美］简·纪伯伦、哈利勒·纪伯伦：《哈利勒·纪伯伦：他的生活和世界》，马征译，中国社会科学出版社，2016，第 5 页。
② ［美］简·纪伯伦、哈利勒·纪伯伦：《哈利勒·纪伯伦：他的生活和世界》，马征译，中国社会科学出版社，2016，第 94 页。
③ ［美］简·纪伯伦、哈利勒·纪伯伦：《哈利勒·纪伯伦：他的生活和世界》，马征译，中国社会科学出版社，2016，第 108 页。

对于自己和自己家庭的污点，即使是一丝一毫，纪伯伦也总是反应敏感。……在他初到美国的困境中，他开始形成关于个人生活和思想的一种矛盾心理，这种矛盾持续了他的一生。或许是由于自我的脆弱，他无法承受家人平日里所受到的司空见惯的蔑视，他总是用想象的故事来虚饰奥利佛区的悲惨生活。在他的故事中，自己有出身高贵的父母和享有特权的童年，他甚至在脑海中以某种方式抹去了自己早年的真实生活，这在后来他与一位朋友的谈话中显露出来，这位朋友后来写道，"哈利勒抹去了他过去的全部生活"。①

可以说，这样一种身处双重世界却又不属于任何一个世界的矛盾与冲突，代表了移民最普遍的心理经验，也是多数移民曾体会过的心理感受。总的来看，这是一种与任何一个世界"格格不入"、遭到放逐的边缘感。

巴勒斯坦裔知识分子爱德华·萨义德（Edward Said）曾刻画了这种移民心理：存在于一种中间状态，既非完全与新环境合一，也未完全与旧环境分离，而是处于若即若离的困境，一方面怀乡而感伤，另一方面又是巧妙的模仿者或秘密的流浪人。② 在回忆录和散文作品中，萨义德不断指出流亡与所遇到的任何生存环境之间的"冲突感"。

在《他的生活和世界》中，处于双重世界的矛盾状态也从根本上解释了纪伯伦的艺术和人生：他既因融构两个世界的精神与艺术而得到了两个世界的认同，又同时疏离于任何一个世界，是精神上"秘密的流浪者"。传记中所引用的纪伯伦临终前一年写下的诗句，体现了纪伯伦终其一生与整个外部世界的疏离感：

> 感谢主，
> 我们没有财产，
> 我们不是占有者。
> 我们没有伴侣，没有子嗣，没有亲属。

---

① ［美］简·纪伯伦、哈利勒·纪伯伦：《哈利勒·纪伯伦：他的生活和世界》，马征译，中国社会科学出版社，2016，第22页。

② ［美］爱德华·W.萨义德：《知识分子论》，单德兴译，陆建德校，生活·读书·新知三联书店，2002，第61页。

我们是行走在大地上的影子，

只有那些眼中藏着阴影的人们，能看到我们。

因而，我们为世人的笑声而悲叹。

我们是精神的存在，

你们说"多么奇怪"。

但我们说，"你们——作为身体的存在——是那么奇怪"。再见。[①]

三 "世界公民"与"爱国者"：族裔身份建构

（一）传记写作与族裔身份建构

《哈利勒·纪伯伦新传：人和诗人》的第一作者苏黑尔·布什雷是一位在西方和阿拉伯世界享有极高声誉的纪伯伦研究者，黎巴嫩裔学者、诗人、批评家、翻译家与和平倡导者。

要深入研究这部传记作品，我们不得不先了解传记作者独特的身份与写作背景。

与《他的生活和世界》的传记作者为第二代黎巴嫩移民不同，布什雷教授是一位在中东和欧洲受过严格学术训练的教授和学者，是一位享有很高声誉的国际型学者。在漫长的职业生涯中，布什雷教授不仅曾在苏丹、尼日利亚、英国、加拿大和美国的多所大学任教，还曾组织两次国际纪伯伦会议，会聚来自世界各地的纪伯伦研究者并组建国际纪伯伦协会，邀请爱尔兰、英国、澳大利亚、中国的纪伯伦研究者进行国际纪伯伦科研项目，为国际纪伯伦研究的发展做出了不可磨灭的贡献。[②]

20 世纪的最后 5 年间，西方与阿拉伯世界兴起了一阵学术与研究的"潮流"，这股潮流以重新挖掘和定位早期阿拉伯移民作家雷哈尼和纪伯伦为标志性事件，而当时已在西方与阿拉伯文学研究界享有举足轻重的学术地位的布什雷教授，是这股学术潮流的发起者和重要推动者之一。

现有资料表明，苏黑尔·布什雷对纪伯伦和雷哈尼的翻译和研究横跨

---

① ［美］简·纪伯伦、哈利勒·纪伯伦:《哈利勒·纪伯伦：他的生活和世界》，马征译，中国社会科学出版社，2016，第 431~432 页。

② https://en.wikipedia.org/wiki/Suheil_Bushrui，检索日期：2018 年 4 月 9 日。

半个多世纪，除了在非洲、黎巴嫩、欧洲有翻译和著作出版，布什雷教授还表现出非凡的学术组织能力。1976年和1983年，他分别在黎巴嫩的贝鲁特组织雷哈尼和纪伯伦的百年诞辰活动，但都因战争而被迫取消。①

布什雷真正影响巨大的国际性学术活动，都发生在1984年他因黎巴嫩战争而被迫离开祖国以后。而在他此后对于纪伯伦和雷哈尼的研究和演讲中，二人作为黎巴嫩人的全球意识都是被突出的重点。

实际上，布什雷1990年代中期以后的文学活动，绝不是孤立发生的，在阿拉伯裔美国文学史的视野中，他的文学活动具有代表性和引领性。

1998年8月，"第一次黎巴嫩裔美国文学家国际会议"在黎巴嫩的圣母大学举办。次年，该会议发表的论文以《哈利勒·纪伯伦和爱敏·雷哈尼：黎巴嫩裔美国文学的先知》为题，由圣母大学出版社结集出版。1999年12月9~12日，时任美国马里兰大学纪伯伦研究中心主任的布什雷教授组织了"和平文化的诗人：第一次国际纪伯伦研讨会"。

在这两次国际会议中，我们可以看到与布什雷教授的研究相近的精神线索：那是一种沟通东西方文化的普世精神与强调黎巴嫩身份的国家主义思想的奇妙结合。除了挖掘两人在阿拉伯裔美国文学中的开创性价值，强调两人在英美文学史中的地位，无论是雷哈尼还是纪伯伦，都被当作黎巴嫩的代表性人物，在沟通东西方文化中做出了世界性的贡献。例如，"第一次黎巴嫩裔美国文学家国际会议"在黎巴嫩圣母大学新校区的揭幕日举办，会议的首要目的是探索和评价这两位黎巴嫩裔美国文学家对当代黎巴嫩和世界学术的影响。圣母大学校长的会议致辞表明了一种将"国家和全球""相对与绝对"相统一的理念：

> 要建设一种国际观念，在这种观念中，国家和全球能和谐相遇，相对与绝对能在相互理解中走到一起。
>
> 要发起一个研究项目，旨在复兴对黎巴嫩文学、社会和精神遗产的兴趣，并以专业方式加以研究。②

---

① Ameen Rihani, *The Essential Rihani,* compiled and edited by Suheil Bushrui and May Rihani.

② Naji Oueijan etc. ed, *Kahlil Gibran and Ameen Rihani: Prophets of Lebanese-American Literature,* Notre Dame University Press, 1999, Introduction.

　　而在紧随其后的会议主席的介绍中，纪伯伦和雷哈尼及其作品不仅属于"黎巴嫩文化遗产"，而且作为东西方文化之间的桥梁，他们带来了建立在相互理解和平等基础上的"普遍的（universal）跨文化之间的理解"[①]。

　　在《人和诗人》中，纪伯伦与努埃曼、雷哈尼一样，是跨越东西方文化、具有"全球意识"的作家，这样一种群体性的介绍与"定位"，也与这一时期对黎巴嫩裔美国作家的重新挖掘和研究的步调一致。与《他的生活和世界》中对纪伯伦和雷哈尼、努埃曼关系发展的"历史性"展现不同，《人和诗人》强调了三位文学巨人相一致的文化跨越性思想：

　　　　这两位作家（纪伯伦和努埃曼）和爱敏·雷哈尼一起，创造了阿拉伯文学在现代时期最富有创新性和革命性的运动。在全球意识不断增长的时代，这三位阿拉伯人将西方知识和东方智慧和谐相融。[②]

　　正是在对纪伯伦和雷哈尼身份建构的文学潮流中，雷哈尼和纪伯伦被建构为"爱国者"和"世界公民"相协调的形象。

　　在布什雷教授的笔下，纪伯伦不再是《他的生活和世界》中处于双重世界的痛苦者、矛盾者和挣扎者，而是一位来自黎巴嫩的爱国者，由于他融构东西方文化和宗教的统一性思想，最终奠定了纪伯伦文学的世界经典地位。

　　在《他的生活和世界》的描述中，纪伯伦身处双重世界的思想斗争与冲突，在"一战"时期达到顶点。这一冲突主要表现为来自西方精英知识分子的"绝对主义""和平主义"的思想与支持黎巴嫩国家独立的"爱国主义"思想之间的矛盾。传记引用 1912 年纪伯伦写给玛丽的书信，忠实披露了这种矛盾：

　　　　……我不是爱国主义者，玛丽：我是一个过分的绝对主义者，绝对主义思想里没有国家，但我的心仍为叙利亚燃烧，命运一直对她太残酷了……她的众神已死，她的孩子离开她，到远方的国度寻找面

[①] Naji Oueijan etc. ed, *Kahlil Gibran and Ameen Rihani:Prophets of Lebanese-American Literature,* Notre Dame University Press, 1999, Introduction Statement.

[②] Suheil Bushrui and Joe Jenkins, *Kahlil Gibran: Man and Poet,* Oneworld Publications, 1998, p.209.

包……然而，她却仍然活着，那是最痛苦的事情。

而在《人和诗人》中，纪伯伦是一位集"世界公民"和"爱国者"于一体的"完美"形象：

> 他是那些极为罕见的作家之一，他们跨越了东西方之间的屏障，能够公平地称呼自己为"世界公民"——虽然他是黎巴嫩人和爱国者。[①]

传记作者对纪伯伦"爱国者"与"世界公民"的"定位"，使这部传记不再有《纪伯伦传》中的"命定"意味，也没有了《他的生活和世界》中处于双重世界的矛盾与挣扎，却表现出积极的建构性。例如，同样是展现纪伯伦三位家人连续去世的家庭悲剧，《人和诗人》"跨越悲剧"（Overcoming Tragedy）的标题便暗示出纪伯伦生命选择的积极意味。谈及移民棚户区与约瑟芬艺术沙龙之间的巨大鸿沟，布什雷不像前两部作品的传记作者，并没有描写纪伯伦身处这两个截然不同的世界中的矛盾、隐瞒、疏离和由此显现出的性格缺陷，却重在强调纪伯伦沟通两个世界的能力：

> 然而，纪伯伦用他即将展示给约瑟芬的绘画，沟通了这看似无法沟通的巨大沟壑。[②]

在传记作者看来，正是这种沟通两个世界的"跨越性"身份，使纪伯伦成为一位代表了 20 世纪"人类意识"的世界经典作家。传记"序"的起首，布什雷对 20 世纪的"人类意识"进行了概括：它向上延展向天空，向下伸展向大地。这是一个东西方终于交融的时代，人们觉醒，倾听更大的人类的声音。他们会看到，西方伟大的诗人拥抱东方，而东方伟大的作家也拥抱着这新的"全球意识"，开始发现之旅。[③]

笔者在对三部传记作品中的细节所进行的细致入微的分析与比较中，可以感受到：由于传记作者的身份和所处时代、语境的差异，使他们对传

---

① Suheil Bushrui and Joe Jenkins, *Kahlil Gibran: Man and Poet,* Oneworld Publications, 1998, p.2.

② Suheil Bushrui and Joe Jenkins, *Kahlil Gibran: Man and Poet,* Oneworld Publications, 1998, p.65.

③ Suheil Bushrui and Joe Jenkins, *Kahlil Gibran: Man and Poet,* Oneworld Publications, 1998, p.1.

主的形象刻画迥然而异，而作为传记研究者，并无意于评价这三部传记中的哪一位传主更接近于历史的真实，因为在某种意义上，历史永远无法被"彻底"还原，但传记研究者可以做到的，是通过研究传记作者对传主形象的不同刻画，分析隐藏于细节中的写作动因，这一动因包含了传记作者的个体性因素和传记写作的历史背景，这有助于我们揭开历史的一角，去认识传主生命的不同侧面，从而更为深入地理解历史和我们自己的时代。

（二）传记作者与传主的一致性

中国传记研究者杨正润认为，传记作者和他选择的传主之间常常存在着某种一致性，这种一致性可能表现在二者的性格和气质上，也可能表现在经历和命运上，还可能表现在宗教、政治和思想倾向上。[1] 这一传记理论可以恰如其分地解释《人和诗人》的传记写作：传记作者的生活经历、宗教与文化观念与传主存在着很大的相似性，这在很大程度上决定了《人和诗人》的传记写作。

在《人和诗人》的"前言"中，以研究威廉·布莱克、叶芝著称的英国诗人、批评家和学者凯瑟琳·雷恩（Kathleen Raine，1908—2003）[2] 回忆了一段她与布什雷教授"不平常"的交往经历。1983 年，雷恩应布什雷教授的邀请，赴黎巴嫩参加纪伯伦的百年诞辰纪念活动，因为贝鲁特战争局势的紧张，会议临时取消，陈列着纪伯伦文学与绘画作品的房间空无一人，她目之所及，贝鲁特这曾拥有繁荣文化的美丽城市遭到破坏，而更为令人感叹的，是她对布什雷教授被迫流亡美国经历的描述：

> 布什雷教授的家曾被破坏了两次，这其中还包括了他的图书馆，然而他一直坚持在（贝鲁特）美国大学任教，直到一年后，他无法进入校园为止，也是直到那时，他才离开了自己深爱的祖国。[3]

雷恩的回忆传递了布什雷教授作为一名热爱祖国，却不得不因战争而

---

① 杨正润：《现代传记学》，南京大学出版社，2009，第 162~164 页。

② https://en.wikipedia.org/wiki/Kathleen_Raine，检索日期：2018 年 4 月 9 日。

③ Suheil Bushrui and Joe Jenkins, *Kahlil Gibran: Man and Poet*, Oneworld Publications, 1998, Foreword.

流亡异乡的知识分子形象，这一形象与他传记作品中对纪伯伦的描述，表现出惊人的重合。

在布什雷笔下，纪伯伦是一位一生不忘故土的爱国者，同时也是一名流亡者，而这一形象定位，明显区别于前两部传记作品。在第三章"归根"（Returning to the Roots）中，黎巴嫩是纪伯伦永远的"家"，是他的"根"，他离开家乡后的一生都在"流亡"。在该章结尾段，作者概述了纪伯伦这位视黎巴嫩为"慰藉""想象的源泉""渴求的对象"的爱国者形象，同时也"定位"了他的流亡者形象——因为他"1902年的离开标志着一生流亡的开始"：

> 意义非凡的是，纪伯伦的全部早期作品的场景都设在黎巴嫩。这片神秘美丽的土地成为他慰藉和想象的源泉……尽管纪伯伦还会作为导游短暂地重游黎巴嫩，但事实上，他1902年的离开标志着一生流亡的开始。……①

这一分析表明作为流亡者和爱国者的传主与传记作者生活经历的一致性。

作为"去中心的"、跨越疆域的流亡者，与爱国者的形象并非是矛盾的，爱德华·萨义德——这位在民族解放的意义上提倡"国家"的现实关联的流亡者，以自己对巴勒斯坦民族和那片土地的深切"关联"与热爱，实现了跨越疆域的超脱与独立。他曾经借用雨果这位世界主义者和爱国者的思想，描述了一种"坚强、完美"的人的形象：

> ……坚强的、完美的人是通过"关联"而不是拒斥，才获得了独立和超脱的。流亡是建立在祖国的存在、对祖国的热爱和真正的联系上的：流亡的普遍真理不是一个人失去了家园，失去了爱。每次流亡都包含着并不期望的、不甘心情愿的失落。②

此外，传记作品还表现出作者与传主精神上的一致性，这主要表现在传记作者对传主的宗教统一性思想的分析上。传记作者这样分析传主的宗

---

① Suheil Bushrui and Joe Jenkins, *Kahlil Gibran: Man and Poet,* Oneworld Publications, 1998, p.59.
② ［美］爱德华·萨义德：《文化与帝国主义》，李琨译，生活·读书·新知三联书店，2003，第477页。

教统一性思想:

> 尽管成长于基督教马龙派家庭,身为阿拉伯人的纪伯伦不仅受到基督教的影响,还受到伊斯兰教,尤其是苏菲神秘主义的影响,他了解黎巴嫩的血腥历史和分裂斗争的破坏性,这些因素都加强了他的信念:宗教在根本上是统一的。[①]

这种宗教统一性思想,清晰地表现在传记作者布什雷的思想与教育理念中。2010 年,布什雷教授与麦赫达德·马苏迪教授合著的《人类种族的精神遗产——世界宗教引言》出版,在著作"序论"部分的"全球意识"(A Global Ethos)一节,布什雷教授旁征博引,认为由"全球意识"带来的人类思维的转变,提供了一种超越"周而复始的部落与国际冲突"的希望,而"各种信仰间关系的研究和宗教对话"(interfaith studies and interreligious dialogue)构成了著作的两个主题。[②]事实上,这部逐章介绍了远古宗教、美索不达米亚、古埃及、古希腊、索罗亚斯德、印度教、佛教、耆那教、道教、儒教(家)、日本神道教、犹太教、基督教、伊斯兰教、印度锡克教、巴哈伊教的著作,同时也是布什雷教授此后为美国马里兰大学本科生所开设的选修课程的教材,来自不同宗教与文化背景的学生在课堂上探讨各自的宗教体验和信仰选择,是布什雷教授的宗教统一性思想在教学实践中的运用。

在对《人和诗人》中的传记作者的写作和传主关系的研究中,我们最为之触动的是:传记作者的流亡身份,并未使传记萦绕着奋争、矛盾的沉郁氛围,反而由此赋予传主的"流亡"以积极的建构性,而流亡的意义——则是自雷哈尼以降的阿拉伯裔美国知识分子馈赠给世界的精神遗产。

(三)流亡的意义

在宗教和哲学含义上,流亡常常意味着某种消极的力量。例如,在基督教中,人类因始祖的"原罪"而被放逐出天堂;而在存在主义哲学中,

---

① Suheil Bushrui and Joe Jenkins, *Kahlil Gibran: Man and Poet,* Oneworld Publications, 1998, p.29.

② Suheil Bushrui and Mehrdad Massoudi, *The Spiritual Heritage of the Human Race: An Intruduction to the World's Religions,* Oneworld Publications, 2010, p.20.

流亡意味着人在世界的陌生感。[①]

在阿拉伯裔美国文学的写作中，流亡的积极意义，最早由"阿拉伯裔美国文学之父"爱敏·雷哈尼提出。在第一部阿拉伯裔美国文学作品雷哈尼的《哈立德之书》中，哈立德寄希望于阿拉伯人"向外移民"——精神上的向外移民，通过东方精神与西方精神的融合，最终平静、和平地实现精神的变革。[②]

哈立德的"移民精神"，实际是在倡导不同文化之间的借鉴与移入精神。这与作者雷哈尼主张文化融合的思想是一致的，在政论文章《复国主义和巴勒斯坦》中，雷哈尼将"移民"或"流散"看作各民族和文化最值得骄傲的遗产，他认为，各民族文化的优势即在于其"流散"的精神：

> 分布在全世界的犹太人是一种力量，但巴勒斯坦的犹太人却是赢弱的，因为他们总是要依赖国外同胞的帮助，还要依赖外国军队来保卫他们的复国政体。
>
> ……
>
> 例如，阿拉伯天才曾繁盛于巴格达和安达卢西亚，却并非在麦加或先知麦地那的墓中。现代阿拉伯文化的摇篮既不在汉志，也不在卡尔巴拉，而是在埃及。……[③]

对"流亡"（Exile）的精神体验进行叙述与建构性阐释的最有名的阿拉伯裔美国知识分子，是巴勒斯坦裔流亡知识分子爱德华·萨义德，在他的自传写作和散文随笔以及访谈中，他系统性地谈及流亡所带来的无法弥补的精神创伤，同时也以一名流亡知识分子的深思与人文关怀，阐释了流亡体验的积极建构性。而事实上，萨义德流亡理论的真正意义所在，不仅描摹和揭示伴随自己一生的不知所归的流亡痛苦，更表达了与这种痛苦相矛盾的流亡积极的、内在性的建构力量，这实际上属于阿拉伯裔美国流亡知识分子群体性的精神财富。

---

① Vilem Flusser, *The Freedom of the Migrant: Objections to Nationalism,* Translated from the German by Kenneth Kronenberg, University of Illinois Press, 2003, p.81.

② Ameen Fares Rihani, *The Book of Khalid,* Benediction Classics, 2011, p.195.

③ Ameen Rihani, *The Fate of Palestine,* The Rihani Printing and Publishing House, 1967, pp.34–36.

在《文化与帝国主义》中，萨义德引用阿多诺、伊朗知识分子阿里·沙里亚蒂（Ali Shariati）、雨果、奥尔巴赫等各国学者关于流散、移民、流亡的理论，阐释了流亡的积极建构性，并认为流放中的知识分子和艺术家是这种建构力量的"灵魂"：

> 作为知识分子责任的解放运动产生于对帝国主义限制和破坏的反抗和对抗中，从一种固定、稳定和内化了的文化转变成了一种没有限制、没有中心的和流放的力量。这种力量的化身是移民；它的灵魂是流放中的知识分子和艺术家；它的政治人物是那些处于领域边缘、形式边缘、家边缘和语言边缘的人。①

萨义德所赋予流亡知识分子和艺术家的建构性的"力量"，恰是布什雷这位黎巴嫩裔流亡知识分子所赋予纪伯伦形象的精髓：正是由于流亡生命状态的独特属性，使流亡者得以跨越某种单一文化的狭隘性，拥抱"全球精神"和"世界意识"，成为一名文化沟通的使者。可以说，这一具有积极建构意义的"流亡"精神，也是这部传记写作的精髓所在。

在纪伯伦的传记写作中，布什雷建构了一位积极进取、用自己独特的精神资源给现代西方精神提供"滋补"的文学巨人形象，在布什雷看来，纪伯伦通过从黎巴嫩自然景物中汲取资源，融入作品创作中的和谐感，从而为西方现代精神提供了借鉴：

> 于他而言，黎巴嫩北部的群山与河谷，是美与统一的体现，唤醒了他的一种意义深远的和谐感，这种感觉与对人性的哀哭相差甚远……②

这一分析表明：布什雷作为一名熟谙西方文学与阿拉伯文学的研究专家，所提炼出的纪伯伦这位阿拉伯移民作家的独特价值，凸显了纪伯伦文学对现代西方文学所做出的独特贡献。在布什雷看来，这一文学贡献，是

---

① ［美］爱德华·萨义德：《文化与帝国主义》，李琨译，生活·读书·新知三联书店，2003，第 472 页。

② Suheil Bushrui and Joe Jenkins, *Kahlil Gibran: Man and Poet,* Oneworld Publications, 1998, p.59.

纪伯伦、雷哈尼和努埃曼这些阿拉伯移民作家为世界文学所做出的最有积极意义的贡献。

"对人性的哀哭"（the sad cries of humanity）是布什雷对西方现代文学的精准描述。在《永久的黎巴嫩：黎巴嫩和西方的对话》中，布什雷深入阐释了西方现代文学"对人性的哀哭"和这些阿拉伯移民作家对现代西方文学所做出的精神贡献，这与他的传记写作形成了某种呼应：

> 那个历史时期有时会被界定为"焦虑的时代"——愤怒、崩溃、腐败、失位和混乱是那个时代的秩序——而这些作家却巍然独立，强调理性和激情的调和，身体与精神的平衡，去感知天地间万物内在的神圣秩序，并服从它的召唤。①

---

① Suheil Bushrui, *The Permanence of Lebanon: Lebanon's Dialogue with the West (manuscript)*.

在"双性视角"下书写"阴性特征"

——拉希德·布佳德拉的自传体小说《一个失眠女人的夜记》

邹兰芳 *

【内容提要】 阿尔及利亚左翼小说家、诗人拉希德·布佳德拉的自传体小说《一个失眠女人的夜记》因作家在创作手法和内容上的突破引起评论界的热评。热评的焦点在于,身为男性的作者为何用女性第一人称书写自我?小说叙事者以阴性第一人称"我"的叙事在怎样程度上突破了阿尔及利亚女性主义创作?笔者以为,从"文本互文性"和"双性视角"理论依据出发,可以解读该作家创作该小说的两个意图:将写作作为一种心理治疗;在"双性视角"下书写自我"阴性特征",以此建构作者自我主体的多样性。然而,问题来了,作者以阴性第一人称"我"的叙事在怎样程度上突破了阿尔及利亚女性主义创作?笔者以为,当男性作家将目光投射到女性身体上时,文本会出现两种可能:一是帮助女性解放自我身体;二是走向反面,反而成为女性对自身表述的障碍。后者恐怕是男性作家始料不及的。

【关键词】 拉希德·布佳德拉 双性视角 阴性特征

阿尔及利亚左翼小说家、诗人拉希德·布佳德拉(Rashid Bujadra)1941 年出生于艾因贝达市。曾任阿尔及利亚作协秘书长、人权协会秘书长

---

* 邹兰芳,对外经济贸易大学外语学院阿拉伯语系教授、博士生导师,研究方向为阿拉伯现当代文学、阿拉伯传记文学。

等职，至今已有 17 部作品问世。其父曾是阿尔及利亚民族解放阵线的战士，在牢狱里度过数年，父亲的这段经历促使布佳德拉在突尼斯上高中时就加入了共产党。在那里，他不仅学习阿语，还学法语、古希腊文和拉丁文，这大大拓宽了他的人文视野。后来他赴巴黎，在索邦大学深造。1965 年布佳德拉以诗作《为了关闭梦想的窗子》步入文坛。他的成名作《顽固的蜗牛》(الحلزون العنيد，1977 年）被译成 32 种文字。双语（法、阿）创作的经历使他不仅成为阿尔及利亚著名作家，而且也是一位具有世界影响力的作家。布佳德拉的作品对阿尔及利亚社会、文化多有批判，受到评论界的广泛关注 。其自传体小说《一个失眠女人的夜记》(ليليات امرأة أرقة，1985 年，以下简称《夜记》）是他的后期作品，因作家在创作手法和内容上的突破引起评论界的热评。热评的焦点在于，该部小说是否揭示了布佳德拉自己部分的"阴性特征"？小说叙事者以阴性第一人称"我"的叙事在怎样程度上突破了阿尔及利亚女性主义创作？

一　作品内容

《夜记》发表于 1985 年，以"夜间日记"形式讲述了一个青年女子长期失眠并企图自杀的故事，该自传体小说是作者的第三部阿拉伯语作品，之前作者已有 6 部法文小说在法国出版（从 1969 年到 1981 年）。《夜记》的法语版篇名为《雨》(*La pluie*) 于 1987 年出版。

作品分为六章，时间跨度为六夜。对隐名的叙事者来说，写夜间日记的初衷是希望借此回顾、理解一段挥之不去的自认失败的生活记忆。年轻的隐名女叙事者是一位生殖系疾病专科医生，在一家公立医院工作。每天傍晚，黄昏退去，夜幕降临，她就坐在家中开始写日记。伴着细碎的春雨，夜晚一寸寸耗尽。巨大的桑树完全罩住了她的窗户，只在枝叶的缝隙里透出些许月光或晨曦，那破碎摇曳的光影，斑驳陆离地夹杂进她的思绪，成为她灵感的源泉。写日记本身显示出年轻女叙事者躁动不安的心理状态。在恐惧和噩梦的逼迫下，女医生准备写完 6 天的夜间日记后结束自己的生命。叙述在当下和过往两端不断切换，其间又夹杂着对夜雨和桑树的冥想，一会儿又被宣礼者的祷告声打断。整个作品就在这样来来回回、断断续续、重重叠叠的交织和循环中推进。语言也多为短句、断句。整个文本呈现出突兀、破碎的风格。

尽管行文多有重复混乱之处，但叙述在时空上还是向前推进的。从主人公青春年少开始一直讲述到写作的当下。其间回忆了父亲、哥哥的死亡、自己惊惧而痛苦的第一次性经历以及学医历程，描写了每天诊所发生的事情。在这六天的叙述中，讲述内容也逐渐扩展，从家庭成员间的私密关系推进到关注整个社会，比方说，叙事者自己撰写的专业疾病报告，对社会的调查报告。经由家庭生活的变故关注到阿尔及利亚的社会现实，这一外化过程极大丰富了叙事者的经历，使她的磨难既具有个性，又能代表阿尔及利亚全社会女性所面临的社会问题。在社会层面，小说对阿尔及利亚文化及对女性角色的定位、评价进行了批判和曝光，谴责了给女性生活带来毁灭性打击的文化禁忌，隐含作者认为这些禁忌是男女双重标准和社会虚妄的道德伦理带来的结果。

布佳德拉笔下女叙事者还不时对自我进行诋毁，表现出对自己身体的疏离感和排斥感。她写日记的动力来源于罪恶和自责的心理，而不是出于愤怒，因而看起来她的不幸是自己造成的。她把写日记描绘为"一次尝试，努力去理解苦难"，① 书写使她得以把自己的恐惧、困扰、心结一并宣泄出来，并连缀成篇，找寻它们的根源。她因此把书写看作"唯一的支撑，使她能在这丑恶的人世间活下去"。② 从这一点来看，写作对她而言是一种内心医治，使那些被压抑的情绪和长期保持沉默的事件得以表达。写作也为她创造了一个意义空间，可以写出她真实的想法和现实的况味。她这样写道："我要真实，就这一次。"③ 在第六晚的日记中，她的讲述回到了原点，而书写起到的某种心理治疗作用，使她放弃了自杀的想法，把自己从死亡的边缘拉回来。她意识到自己仍深爱着母亲，眷恋着生活。看着她的宠物白鼠妈妈给幼崽喂奶，那种母性的疼爱之情使她为之动容，得到精神抚慰。同时，她对自身身体需要的探索也使她更加独立，找到自我主体性。

至此，我们不禁要问，布佳德拉为何以一个女性观点和女性经验来完成小说叙事呢？仅仅出于叙事策略上的新尝试以及从女性主义批评出发来

---

① رشيد بوجدرة، ليالية امرأة أرقة، الجزائر، 1985 ، ص 67.

② نفس المصدر، ص 41.

③ نفس المصدر، ص 98.

解释这位作家的创作未免简单化了。在笔者看来，至少有以下两个方面可以尝试对作家写作意图进行诠释。

二 "互文性"及作家创作

我们通过"互文性"的阅读方式不难发现，《夜记》中许多情节与布佳德拉本人的经历以及他的另一些以男性叙述者叙事的作品之间的关联，从《夜记》叙事中的一些重要情节可以看到作者早期小说作品的影子。换言之，布佳德拉小说创作的特点是，他的后期作品都与早期作品存在着千丝万缕的联系，从而构成了作者整个文学创作的同一性，不同的作品构成了同一作者在不断变换叙事重心的话语系统。

比如，在他的第一部小说《休妻》(التطليق，1969 年)中，叙事者拉希德向他的法国情人讲述自己的童年往事，包括如何与母亲断绝关系，布佳德拉与其生母之间也有同样的遭遇；《夜记》一开头就写到女性叙事者月经初潮的情况，她害怕自己会失血而死，这造成了她对性以及男女关系认知问题上的心理阴影，这一点对她自己女性身份的认知以及理解社会对女性的认知都至关重要，而作者对此情节的处理方式与《休妻》中男性叙述者的经历如出一辙：他回忆道，自己看见母亲满是血污的布条时非常害怕，担心母亲会死掉；《夜记》中叙事者对自己写作行为的描述与《顽固的蜗牛》中的男性叙事者所做的相关描写也很相似；《夜记》的文本结构也与《顽固的蜗牛》相仿：以失眠叙事者的日记为形式，分为六章，记述六个夜晚；《顽固的蜗牛》中患有精神分裂症的叙事者甚至成为《夜记》中的一个人物；《夜记》的叙事者深切的孤独、她的抗旨抗婚、长久以来对生育的恐惧、对人口增长的忧虑，所有这些都与《顽固的蜗牛》中的某些章节相似；《夜记》中描写的另一情节——一位年轻新娘在新婚当夜自杀，则与《犯罪的好地界》(*Topographie ideale pour une aggression Caracterisee*)中男主人公回忆的一件事相似，该情节也是《休妻》中叙事者父亲另娶小妾事件的延续。

布佳德拉本人对自传经历的表述，以及布佳德拉早期小说作品中男性叙事者们反复叙述过的故事情节、痛苦磨难、观念态度似乎印证了英国当代著名西方马克思主义文学理论家特里·伊格尔顿的看法，这位具有独特风格的文化批评家、后结构主义者曾这样说：

　　语言像一张无限展开的蛛网。网上的成分之间进行着不断地交换和循环，没有一个成分可以绝对孤立的，每一个成分都受到其他各种成分的牵制和影响……由此所有的文学文本都由其他文学文本（的碎片）编织而成，这样说并非指传统意义上的带有其他作品影响的"痕迹"，而是从更激进的意义上讲，每部作品，它的每个词语、短语、语段都是对前辈或同代作品或本人以往作品的重构。……因而所有的文学都是互文。①

　　"互文性"文学批评认为文学是具有交互性的文本网络。在这一网络中常常出现的情节则显示出作者的主体身份属性。由此，《夜记》的写作不妨看作布佳德拉一种治疗性实践：通过写作，他得以摆脱长期萦绕心头的一些苦难和困扰。他借女医生之口来实现这一目的，因此可以说"她"是"他"的自我表达、自我救治的媒介。"她"成为"自我"诉说的舌簧，不过这个"自我"不是叙事者"她"，而是作者布佳德拉自己。布佳德拉坦言其小说内容具有自传性质并强调主观性正是其作品的独特之处。在一次访谈中，他这样回答记者的提问：

　　　　在我描写的人物中，我融进了许多自己的影子。我创作的所有作品都是自传的。我的女性的"我"，您在二月份将出版的《雨》中可以看到。②

　　由此，笔者以为，"一切作品皆自传"的说法不无道理。也正是从这一点出发，如果读者简单地认为《夜记》关注的是女性自身，是女性主义作品，是对女性自身的挖掘，那么，笔者认为这种看法忽略了布佳德拉本身自我表达的复杂性。

三　"双性视角"下的写作

　　布佳德拉希望读者在《夜记》中看到他的"女性自我"。这一表达从某

---

①　Eagleton, T., *Literary Theory: an Introduction,* Oxford, Blackwell, 1983, p.129.
②　Fonte le Baccon, J., op. cit., p.299.

一角度来看很有趣，因为作者承认"双性自我"的存在，认为自我有不同的性别特征。这样，作者可以通过小说这一媒介，将自己的"阴性特征"通过回忆的自我、想象的自我"拼装"①在一起，突出写作行为本身的动态过程，赋予其改变记忆内容、模糊事实与虚构之间边界的作用。由此，作者的文学创作并非在"直接"体验现实后将其付诸语言表达，相反，作者的现实体验决定于当下的语言并通过语言完成。借用布里顿（Britton）的话可以更深层次地理解语言对作者动态身份建构的重要性：

> 作者不应再被看作有意识的、以语言为工具表达他/她已有思想感情的"完整"主体。拉康式主体是语言内部的存在，是语言的产物。因此，作者的主体性仅通过写作的文本存在，他/她不停地通过写作行为寻求其身份构建，但永远也无法有确定性的构建。②

由此，笔者以为，布佳德拉通过《夜记》的写作实现了自我主体的另一维度——"阴性气质"。《夜记》的文本以月光为背景，伴着细碎的春雨，借着桑树枝叶的缝隙里透露出的斑驳陆离的光影，赋予叙事一种流动不定的氤氲，让读者一下子进入一种女性特有的细腻、温婉、略带哀伤的氛围里。作者将自身与社会对女性的普遍认知相联系——女性的直觉情感体验，女性的多疑性和不确定性，并通过普遍认为私人日记是女性主义叙事的主要方式，来试探性地建构自我的"阴性气质"。叙事者的写作行为——一个失眠女医生的日记和写作过程，第六夜时将自己从自杀的边缘拉回，占据了该自传体小说的主体位置。

另外，我们从该作品的阿文版和法文版的差异中也不难发现，作者旨在实现不同版本的自我身份认同。较之于阿文版，法文版多出了近30页，即使考虑到译文比较松散这一因素，仍然可以看到两个文本有不少差异。这些差异涉及作者与不同文化语境的读者互动等问题，即作者在不同文化语境中"拼装"出不同的自我主体。比如，法文版提及绘画（梵高、莫迪格拉尼的作品）、电影、足球和法国文学，而阿文版则省略掉了这些元素，

---

① "拼装"这一概念最早是由人类学鼻祖列维-施特劳斯（Lévi-Strauss）提出的，最早用于描述神话故事的构建，现已用来形容文学写作。

② Britton, C., *Claude Simon* (ed. and introd. By C.Britton), London, Longman, 1993, Introduction, p.7.

取而代之的是一些具有阿拉伯文化特征的事物，比如关于斋月的童年回忆，作者参观过的清真寺和大学，或者提及阿拉伯经典文学作品。文化符号的运用使叙事嵌入各自语言所属的文化模式或意识形态中。小说不仅通过阿拉伯伊斯兰文化符号确立了阿拉伯文本身份特征，而且还通过增加阿尔及利亚独立战争、阿尔及利亚文学中的核心人物等情节进一步明确了文本的阿尔及利亚民族属性。阿文版省去了法文版里出现的色情描写和女性叛逆描写，法文版更开放，更具批评性，更明确地把叙述者的不幸归咎于她所处的社会文化。阿文版文本则保留了另一种可能性：她的不幸是她自身神经质的、强迫症心理的一个反应。

综上所述，布佳德拉的"女性自我"在文本中得到了实现。评论界认为布佳德拉的作品是女性观点和女性体验的代表，布佳德拉对女性身体的描写被誉为打破了禁区，是文学创作的突破。然而，文本本身给我们提出了一个值得进一步思考的问题，即男性作家在写作时能成功地使用女性经验和女性视角吗？笔者看来，在《夜记》中，作家的"男性自我"和"女性自我"时常发生矛盾。比如，叙事者女医生混乱不清的精神状态以及她对自己身体的疏离感似乎内化和加强了社会对女性的负面看法。这与作者对"女性主义"所持的积极肯定的态度相矛盾。再如，阿文版中叙事者的不幸归结于她自身的神经质和强迫症，这显然削弱了文本对社会的批判力。文本似乎是个角力场，作者双重人格的矛盾性和性别身份的冲突形成了一种张力。笔者以为，当男性作家将目光投射到女性身体上时，文本会出现两种可能：一是帮助女性解放自我身体；二是走向反面，反而成为女性对自身表述的障碍。后者恐怕是男性作家始料不及的。

迷失在旷野中的阿拉伯"新女性"*
——以萨哈尔·哈利法小说中的探讨为例

林 哲**

【内容提要】在近现代阿拉伯妇女解放运动的历史进程中，受过教育的"新女性"是追求解放和权利的妇女队伍中最令人瞩目的群体，也是这一运动理想的承担者和领导人。然而在理想和现实的相互扞格中，她们的赋权之路却远非平坦。巴勒斯坦女性作家萨哈尔·哈利法在作品中描画多个受过教育的"新女性"的形象，并借由这些女性人物的经历揭示了"新女性"在男权的强大压制下复杂的心理斗争和极度迷惘的状态。女作家在作品中指出，尽管有意识地摆脱男权辖制标志了"新女性"真正走向解放的重要一步，却难以铺设她们有效建构自身主体的路途。

【关键词】"新女性" 男权 阿拉伯女性 萨哈尔·哈利法

在东方国家近现代的妇女解放浪潮中，诸如"知识女性""新女性"一类的名词常被用来指代较为年轻、受过一定教育，且有意识地推进自身或其他妇女解放进程的一批女性。与近代中国知识分子提倡的"新女性"形象相类似，阿拉伯近现代复兴运动潮流中的一些知识分子口中、笔下的

* 本文节选自作者 2019 年完成的博士学位论文《论萨哈尔·哈利法小说中的多重批评》，较原文略有改动。
** 林哲，北京大学文学博士，对外经济贸易大学阿拉伯语系讲师，研究方向为阿拉伯女性文学、阿拉伯民间文学。本论文受对外经济贸易大学中央高校基本科研业务费专项资金资助（批准号 19QD17）。

"新女性"也具有受过新式教育、摆脱传统家庭框架约束等特征。近代埃及著名社会改革家卡西姆·艾敏（قاسم أمين）在其著作《妇女解放》（تحرير المرأة）、《新女性》（المرأة الجديدة）中曾多次强调平等教育权、婚姻自主权、经济独立权对于造就"新女性"的重要性；他对妇女解放的号召极大地启发和推动了埃及和其他阿拉伯国家的妇女解放运动。[1] 然而，阿拉伯"新女性"在解放自身和其他妇女的现实进程中不可避免地遇到来自家庭、社会和她们自己的阻碍，她们面临何种现实困境？经历了何种挣扎？现代阿拉伯世界许多文学作品都或多或少的对这些问题进行了一定的探讨。

巴勒斯坦女性作家萨哈尔·哈利法（سحر خليفة）在其小说作品中细致地描绘了妇女的心理活动与挣扎，表现和批判了她们种种不健康的心态和行为。她批评的对象除固守并保卫传统男权秩序的"旧式女性"之外，还包括所谓的"新女性"或"现代女性"。这些女性不光出现在哈利法创作的小说中，也是作为一名社会学家的哈利法的学术目光审视的对象。她们一般出身于中产阶级，受过高中乃至大学教育，有较高文化修养，也懂得对自身处境和周围的环境进行观察和思考。哈利法认为，这些受过教育的女性是妇女解放运动的潜在的领导者，有了她们的参与，这场妇女运动能有效地、彻底地改变妇女的状况。[2] 但是，这些女性自己面临的状况或多或少的使她们自己都裹足不前，遑论带领整个妇女群体冲破封建秩序的束缚。由于男权秩序的压迫和男权价值观的束缚，这些女性在追求个人发展与幸福的道路上远非大无畏的开拓者，而是在争取权利和固守传统之间犹疑不定，来回摇摆。萨哈尔·哈利法本人便曾是这些彷徨的女性中的一员，因此她对这个群体倾注的关怀和剖析是较为深切的。在哈利法的作品中，受过教育的中产阶级家庭妇女和职业女性同样面临着解放自身的严峻挑战，作家对这类妇女给予省察和一定程度的批评。

（一）"不切实际"的反抗

萨哈尔·哈利法在作品中塑造的妇女形象是多样的，其中有一种知识女性，是被困在传统婚姻家庭中时刻做着无效反抗的女性。虽然她们在新

---

[1] 冯怀信：《卡西姆·阿明的女性主义思想》，《西亚非洲》2000 年第 2 期，第 64~68 页。

[2] Khalifeh, Sahar, "Introduction", *Reflections on the Crisis of the Educated Palestinian Women in Sahar Khalifeh's Works,* MA thesis, University of North Carolina at Chapel Hill, 1983.

式学校中受过一定程度的教育，拥有一定程度的自我意识，但包办式的封建婚姻仍是她们的原生家庭给她们安排的最主要的出路。婚后，她们所受的教育和自我实现的愿望不可避免地和封建婚姻的框架产生剧烈冲突。她们采用消极的方式来对抗令人窒息的婚姻家庭和她们不爱的丈夫，却在消极抵抗和被动等待中消耗着生命。

小说《一个不切实际的女人的回忆录》（مذكرات امرأة غير واقعية，1986 年）的女主人公阿法芙就是在"不切实际"的反抗中消磨生命的一个人物形象。阿法芙早年受过正式的学校教育，她走入婚姻的方式是完全被动的，是家人为了避免可能发生的"丑事""脏事"（فضيحة）而采取的措施：父母发现一封寄给她的情书，便立刻安排女儿嫁给一个她几乎不认识的男人。婚后，阿法芙随丈夫来到一个盛产石油的沙漠国家定居。在令人压抑的婚姻生活里，阿法芙运用各种她想得到的方式抵抗着这段婚姻关系和暴躁专横的丈夫，她因而被丈夫和其他人称为"疯子""不切实际的女人"。这就涉及小说题名中"不切实际"的第一层含义，亦即不愿和男权秩序、和带有鲜明男权色彩的"现实"合作，拒绝像其他妇女一样，"满足于现实，适应现实，成为现实的一部分；依循它的道路，直到为它牺牲自己的地步"。①

阿法芙用幻想、表演和种种行为试验来填补自己在现实中缺乏的对抗能力。譬如，她将自己对婚姻和丈夫的愤恨融入每日繁重的家务劳动中。她用刀子切肉时，幻想着那是丈夫的肉，她扯鸡脖子时幻想着拉扯的是丈夫的脖子……②又譬如，她在幻想中将自己饲养的猫拟人化，用猫儿伸出的爪牙来弥补自己在现实中缺乏的武器，入神地观察着它和其他猫的厮斗。她把它当作自己或自己想象中的女儿的象征，甚至"打定主意要画一幅画，画上的女人一半是人身，一半是猫；或者画一个女人，她在镜子中看到的自己是猫；或者画一个像地狱一样可怕的女人，她有着猫儿般美丽的眼睛。倘若一个男人盯着她的眼睛看，就会看到针眼一般细小的瞳孔张得和整个眼球一般大，他便会惊叫起来，仓皇逃窜"。③为了逃离（至少是暂时的逃离）压抑的生活现实，阿法芙尝试了种种方式——怯懦时，她躺在床上装

---

① خليفة، سحر. مذكرات امرأة غير واقعية. بيروت: دار الآداب، الطبعة الأولى، 1986 ، ص 65.

② خليفة، سحر. مذكرات امرأة غير واقعية. ص 49.

③ خليفة، سحر. مذكرات امرأة غير واقعية. ص 35.

病，成为一个"没有病的病人"；① 果敢时，她拒不配合丈夫的求欢；发现自己怀上了丈夫的孩子之后，她用"女人们谈论自己时说到的每一种方法"让自己流产，终于成功的同时，也承受了终身不孕的恶果。② 阿法芙的堕胎行为构成了她对男权秩序反抗的最高潮，也是为数不多的取得了实效的反抗行为：通过堕胎，她夺回了对自己身体和生育的控制权，哪怕是以严重损害自己的身体，以及作为"不育者"被贬损到现实男权社会中的最底层为代价。

那么，改造自己的精神和行为，使之"切合实际"，能够让女主人公摆脱现实中的悲惨境地吗？阿法芙也曾进行过绝对服从丈夫的行为试验，在试验中，"丈夫的好处都显现出来，我（阿法芙）责备自己的短视。如果他带了什么新东西回家来，我便赞美真主他不是个吝啬的人。如果他连续几个晚上不去鬼混，我便赞美真主让我们的生活终于安定下来。如果他支使我去干琐碎的事情，我便赞美真主让他无论大小事都得依靠我"。③ 她还煞有介事地装扮自己，把家里整饬一新。当她急切地在丈夫面前展示自己的"成果"时，后者却把手伸进兜里，掏出几张 10 第纳尔的钞票，换取妻子的满意和片刻宁静。④ 阿法芙不可避免地发现，种种试图讨好丈夫的努力都因为夫妻之间的权利不对等、两人志趣不合等原因而宣告失败。况且，在阿法芙的认知中，对现有秩序的满足便意味着屈辱。⑤ 像她这样有一定自我意识的女性从取悦丈夫中无法获得真正的幸福。

种种多少带着点病态的行为是阿法芙对抗男权秩序的途径，也是她病态生活的写照。⑥ 男权主宰下的封建家庭秩序如此强大，使阿法芙在不断的、长期的挫败中"认定了自己命运悲惨，便不再试图做出改变以图扭转命运。我做出的改变只有在梦境中或是自欺欺人中才能真正实现。这两者都不是开辟道路的有效工具"。⑦ 这也为"不切实际"赋予了另一层含义，即在男权主导封建家庭秩序的高压下，女主人公根本无法做出有现实效果的反抗举动，她仅有的"反抗"不得不以白日梦或自欺的消极面貌出现，自然也

① خليفة، سحر. مذكرات امرأة غير واقعية. ص 15.

② خليفة، سحر. مذكرات امرأة غير واقعية. ص 45.

③ خليفة، سحر. مذكرات امرأة غير واقعية. ص 62.

④ خليفة، سحر. مذكرات امرأة غير واقعية. ص 63.

⑤ خليفة، سحر. مذكرات امرأة غير واقعية. ص 62.

⑥ Khalifeh, Sahar, *Reflections*, p. 21.

⑦ خليفة، سحر. مذكرات امرأة غير واقعية. ص 7.

不能改变自己的实际处境，结果就是她始终生活在无限的彷徨和惶恐中，始终被困在没有出口的迷宫中无法脱身。

和男权秩序的合作失败了，象征性的反抗又没有实际效果，那么走出封建家庭能使女主人公获得彻底解放吗？在封建婚姻的泥沼中沉溺多年后，阿法芙渴望着摆脱婚姻束缚，追求人生的另一种可能性。对离婚后生活的畅想很快被对现实可能性的忧虑打断了：她没有财产，没有工作，没有职业技能，也没有一个能容纳她的地方。多年脱离社会索居的婚姻生活一则使阿法芙与外界相对隔绝，她对社会的认识和她十几岁结婚时没有两样；二则使她社会交往的机能发生了严重的退化。[①] 此时反观留在婚姻框架下的生活，则多了几分可留恋之处：丈夫虽然跟她没有感情，却是一个可靠的供给者；[②] 家庭虽然令人压抑，却也保证了她安逸的生活环境。这样一个生活处所怎能轻易脱离呢？

横亘在阿法芙面前的除了经济能力的缺乏，还有一个更大的障碍，便是她在心理上对男性的强烈依赖。在方才的论述中我们已经论及阿法芙开展反抗"不切实际"的特性，需要注意的是，阿法芙无法"开辟道路"不仅仅是因为抗争方式选择有误，而且是更深层次的心理因素使然。像她这样的女性，即便受过一定的教育，即便对生活现状和婚姻满怀愤恨，也无法轻易跳出男权框架去进行思考。男权思想对她们的异化除生育和身体之外，很大程度上还包括了她们的精神智力。[③] 阿法芙从小就被训练要驯顺，不能自己做决定（而让他人来替她做决定）。[④] 也正因如此，阿法芙既没有和男权秩序开战的意愿，也没有突破男权框架的心理准备[⑤]——正如她在自述中所说的，在长期空虚的生活中，自己的头脑"只能在针眼中打转"。[⑥] "她宁可幻想着改变，也不练习（独立生活）或（为获得独立）开展实际的准备工作。"[⑦] 空虚和幻想不可能给她带来真正的自由；而倘若她真能

---

① Khalifeh, Sahar, *Reflections*, p. 20.

② خليفة، سحر. مذكرات امرأة غير واقعية. ص 59، 73.

③ 吕旭龙：《"性别平等"的诉求、曲解与再认识——从丁玲的创作看女性主义和马克思主义的冲突与融合》，《上海交通大学学报》（哲学社会科学版）2011 年第 3 期，第 19 卷，总第 79 期，第 93 页。

④ Khalifeh, Sahar, *Reflections*, p. 16.

⑤ خليفة، سحر. مذكرات امرأة غير واقعية. ص 74، 87، 92.

⑥ خليفة، سحر. مذكرات امرأة غير واقعية. ص 62.

⑦ Khalifeh，Sahar，*Reflections*, p. 16.

得到梦寐以求的自由，难道她就有能力利用它在社会中行走吗！

应该看到，阿法芙在心理上对丈夫——男性的紧密依附是和经济上、社会关系上的紧密黏附同步的。长期的人身依附关系使她对现实社会充满了陌生感和恐惧感。这一点从阿法芙和丈夫分居，准备回乡时体验的煎熬可以看出：

> 我想起自己从没独自坐过飞机，从没独自长途旅行，从没单独和人交涉过，从没独自一人站在给护照盖戳的窗口前。比这一切更重要的是，我没有属于自己的护照，我总是"家眷"。我是个女人，是什么人的女眷，而那个人是护照的主人，同时也是婚姻的主人。甚至在结婚以前，我的名字也只是一串名字中的一个，印在我父亲的护照里。我心惊胆战，战战兢兢。我羞于自己的胆怯，甚至和害怕丑闻一样怕。[①]

离开专横浪荡的丈夫、脱离婚姻关系本来是阿法芙的夙愿，可是当她真正要离开丈夫，将要在社会上作为一个独立的个人行事时，她对此却充满恐惧。这一切是因为她长期以来都依附于丈夫，丈夫不光"是护照的主人，同时也是婚姻的主人"。表示"护照"和"婚姻"的两个阿拉伯语词"جواز"（"护照"）和"زواج"（"婚姻"），是一对词形相同、读音相近，甚至字母组合也相同的"双关"词语（الجناس）。这两个词语的并置，指示了男性在公私两个领域的绝对主导，以及像阿法芙这样的女性在家庭和社会两个层面上的窘境。婚姻中的从属地位和人身上的绝对依附，使阿法芙从未得到行使自由权利的机会，一旦获得自由，反而瑟缩不前，甚至连在回乡飞机上回答空姐"想喝什么"的问题都不敢开口，而是在潜意识中强烈地怀念从前依赖丈夫或父亲的时光。在回乡后寻找工作的过程中，阿法芙不光体验了没有社会经验和工作技能的困窘，还时时经历激烈的思想斗争。回乡前厌恶痛恨的丈夫此刻竟变得可爱起来。每当遇到困难或挑战，她就深深地怀恋从前安逸的婚姻生活，甚至"深深地思念丈夫，想他想得痛哭流涕"。[②] 这就指明了"不切实际"的第三层含义：如阿法芙这样的女性在消极反抗男权秩序的同

---

① خليفة، سحر. مذكرات امرأة غير واقعية. ص 74~75.

② خليفة، سحر. مذكرات امرأة غير واقعية. ص 96.

时，几乎从未有作为独立的女性自主生活的心理准备，也从未为日后可能的脱离作现实打算；在现实社会面前，她们的表现（至少在初始阶段的表现）大都以畏缩不前居多，有时甚至愿意回到男性的庇护下。

传统思想和自我意识/反叛倾向之间的冲突拉扯，是阿法芙这样受过教育的家庭妇女的精神世界的常态。作家细致地呈现阿法芙种种反抗行为及矛盾痛苦的思想斗争，也隐隐指出阿法芙们无法实现自由和自我实现的原因。她们"不切实际"的作风中有积极的一面，即对男权统治现实的反抗；同时也有消极的一面，即她们消极的反抗方式不以改变现实处境为立足点，她们个人并未以独立自强为目标做任何现实准备。这一现象之所以发生，固然是因为男权对女性思想和行为的奴役和异化，但女性本身也负有不可推卸的责任。

（二）同行者还是追随者？

萨哈尔·哈利法在创作中对有职业、有经济能力的巴勒斯坦知识女性也倾注了许多关注。这类女性有幸比她们的女性先辈接受了更高层次的教育，她们中的大多数也拥有让自己得以在社会上立足的职位和收入，她们基本脱离了其他女性和男性之间的人身依附关系，又普遍热情洋溢地参与到巴勒斯坦民族斗争运动的队伍中，被视作民族斗争理所当然的女性领导者。[1] 似乎可以说，她们满足了巴勒斯坦革命理想中新式女性的要求。但是，她们有没有真正走通完整建构自身主体性的道路呢？她们果真能够胜任引领巴勒斯坦妇女解放运动前进的任务吗？

作为一名走出封建家庭，走进大学课堂，再走进社会的知识女性，萨哈尔·哈利法从自己和身边女性的经历中，深入了解了不同巴勒斯坦知识女性遭遇的困境和她们自身的弱点。在她的小说作品中，哈利法对无法将革命理想与现实解放整合到一起的革命女性提出了批评。

在小说《一个不切实际的女人的回忆录》中，女主人公阿法芙的好友纳娃勒（نوال）在一些阿拉伯研究者看来是一个迎难而上的"积极的现实主义者"。[2] 和阿法芙消极、耽于幻想的人生态度恰好相反。纳娃勒从求学时

---

① Khalifeh, Sahar, *Women of No Man's Land*, p. 47.

② طوطح، غدير رضوان. المرأة في روايات سحر خليفة. رسالة الماجستير لجامعة بيرزيت، 2006 ، ص 84.

起便接受了马克思主义思想，还四处派发印有革命内容的传单，积极地向同学宣传革命理想。可是当阿法芙提醒她自己也是被压迫者时，纳娃勒却以阿法芙来自小资产阶级家庭为由，坚称阿法芙属于压迫阶级，完全漠视阿法芙的女性处境和受压迫的现实。随之爆发的激烈争论让两个好朋友分道扬镳。多年后两人再次相遇，相互倾诉彼此失败的婚姻和感情经历，才发现现实对她们的挤压是一样的。但即便如此，面对阿法芙的疑惑，纳娃勒仍旧用老一套话语来应对：

> （纳娃勒说：）"越南、古巴、印度、也门都成功了（取得了独立），现在该轮到巴勒斯坦了。"
>
> 我问道："那什么时候轮到阿法芙呢？"
>
> 她说："阿法芙是巴勒斯坦妇女革命的一部分，巴勒斯坦妇女革命是巴勒斯坦革命的一部分，巴勒斯坦革命是世界革命的一部分。"
>
> 我马上开始深深想念我的丈夫，想他想得痛哭流涕。①

纳娃勒一再试图用宏大笼统的革命话语回避妇女遇到的具体困境，然而冠冕堂皇的口号不能指导实际问题的解决。这种说辞非但不能给阿法芙指明一条奋斗自立的道路，反而有将她推回封建家庭的风险。同时纳娃勒没有从自己的遭遇中看到，倘若巴勒斯坦的斗争事业还未成功时，叫喊着革命口号的革命分子仍旧心安理得地享受着传统男权社会赐予他们的种种福利，那么革命果真成功，在缺乏推翻旧社会秩序动力的情况下，他们就更不会主动放弃男性特权了。纳娃勒在最初的认知中便没有将妇女本身当作一个值得解决，甚至值得注意的问题，就连两性关系中付出的惨痛代价也没有让她醒悟。她对妇女问题在宏大革命运动中的特殊性懵然不觉，也使她在被同为革命者的男友抛弃后陷于彻底的精神彷徨。也就是说，纳娃勒并没有被她秉持的革命观点"拯救"——她和男性之间的纠葛，她在两性关系中的不幸遭遇和其他巴勒斯坦女性的处境在本质上没有区别。也正因为如此，阿法芙发觉"她和我一样，我们都像在冬天里找寻火焰的猫"。②

---

① خليفة، سحر. مذكرات امرأة غير واقعية. ص 95~96.

② خليفة، سحر. مذكرات امرأة غير واقعية. ص 117.

　　长期以来，巴勒斯坦民族斗争内部的各个派别一致倾向于这样一种立场，即单独的妇女问题应当让步于民族解放的宏大目标，因为妇女解放和民族斗争的胜利无论如何都会同步实现。这种立场得到了不少巴勒斯坦知识女性的认同和自觉遵循。然而从妇女活动家们的回顾与自述，从萨哈尔·哈利法小说作品对巴勒斯坦民族斗争在妇女问题上态度的批判中，我们已经发现，妇女的解放并不会随着革命的成功而自动实现，阿尔及利亚妇女战后的命运像阴云一样笼罩在她们的巴勒斯坦姊妹头上。尽管民族斗争在一定程度上带动妇女参与，激发了她们的斗争热情，但广泛存在于私人领域和家庭中的，对妇女的压迫、异化、损害的行为仍然猖獗，有时甚至以新的形式出现。在此种背景中，如纳娃勒这般将妇女解放事业的希望全部寄托在民族斗争的最终胜利上，毫无疑问是不理智的，也必将导致对女性自身极为不利的结果。作家隐晦地批评了革命女性这些想法的片面性：她们将妇女解放的希望寄寓在民族解放中，忽略了妇女问题中的许多方面仍需单独解决，而不能由民族斗争的宏大话语全部包揽。

　　纳娃勒的彷徨不只属于她一个人，萨哈尔·哈利法笔下的几位进步的知识女性也面临着革命口号和现实状况脱节的困境，她们身上进步理念和传统男权价值之间的拉扯成了作家小说作品中反复出现的主题之一。小说《向日葵》（عباد الشمس，1980 年）中女记者拉菲芙，《庭院的门》（باب الساحة，1991 年）中年轻的女研究员、女战士萨玛尔都属于这类女性，乃至作家后期作品如《炽热的春天》（ربيع حار，2004 年）等的一些女性人物都有她们的影子。她们深深认同巴勒斯坦民族斗争的口号，将其奉为圭臬，果敢地投入现实斗争中。可是，在私人生活方面，她们又不由自主地退回到驯顺的女儿或姐妹、毫无主动权的妻子或女友的行列中。如果说，在《一个不切实际的女人的回忆录》中纳娃勒的纠结尚有几分属于抽象范畴的彷徨，那么这几位进步女性面临的问题则是现实中无法回避的困窘。

　　《向日葵》中的拉菲芙甫一出场俨然是一个将反叛精神发挥到极致的人物，有一股要向所有事物和规则发起挑战的劲儿。在小说开头的一幕又像是行为实验，又像是哲学辩论的交锋中，她和"男友"阿迪勒的交谈充满了嘲弄和戏谑；她在马路上肆意违反交通规则，宣称自己走在了那些"怯懦、卑微、只想着安全"的人的前面。^① 拉菲芙本人急切地申明了自己的立场:"我和你(阿迪勒)一起走路的事实并没有赋予你束缚我的权利……我要以同侪而不是追随者的身份和你一起走。(أسير معك كندّ لا كتابع.)"^② 这句话表达了她对实现平等性别关系的强烈要求,同时也多少解释了她反叛行为的原因:她迫不及待地要在一切可能的方面伸展她的个性,实践她的"自由",以此换取男性对她的敬畏和尊重。

然而一系列的反叛行为并不意味着拉菲芙就能跳出男权价值在精神层面的戕害。在私人感情上,尽管拉菲芙从一开始就意识到男友阿迪勒只是用她来填补"任何女人都能填上的空缺",^③ 却仍然全心关注他,依赖他,甚至对他产生了如母亲般关怀庇护的情感。^④ 她的感情和思想被他的一言一行所牵动,这和她接受的高等教育和渴望自由的意志南辕北辙。她不失痛苦地发现:

> 她对他的恋慕使她变得卑微,依附于他的感觉折磨着她。她整个身心都被他占据。她不再写诗,这妨碍了她在文学上的成长。还有那个无聊的《妇女角》,要不是他,她早就放弃编辑《妇女角》了。她做的所有决定都取决于他,她的所有行为都是对他俩关系的反应。这是错的,大错特错。她作为独立女性的自由哪里去了?^⑤

拉菲芙已经意识到自己在阿迪勒身边的存在不是同侪,而是他的从属,她相当于是自动地将自己的身心交由阿迪勒宰割。他是主宰者,是绝对的主体,是这段关系和她身心实际的控制人,而她是附属物,是他者,而且是她对自身的他者化造成了这样不对等的局面。就连进步杂志里旨在唤醒妇女意识,推动妇女解放的《妇女角》栏目,她也只是由于阿迪勒的督促才投入编辑工作,这对她一直以来标榜的女性主义奋斗理想无疑是个辛辣的讽刺。她之前关于独立和自由的实践和宣言已告失败,她难以驱使自己离开他。

可是对依附状态的痛切觉察并不意味着拉菲芙就能干净利落地斩断这

---

① خليفة، سحر. عباد الشمس. بيروت: دار الآداب، الطبعة الرابعة، 2008. ص 15.

② خليفة، سحر. عباد الشمس. ص 13.

③ خليفة، سحر. عباد الشمس. ص 23.

④ خليفة، سحر. عباد الشمس. ص 159.

⑤ خليفة، سحر. عباد الشمس. ص 159.

种依附关系。譬如，尽管她对自己隶属于阿迪勒的状态感到痛苦和愤怒，但在这一串思绪流动之后，她又下意识地"从眼角观察着他"，追逐他的身影，时刻留心他的言行举动。思想和行为上的反复也证明拉菲芙要将自己从感情上牢固依附的男性身上剥离开来，需要经历长时间的挣扎。而如拉菲芙这样的知识女性想要和男性控制的感情关系模式彻底"脱钩"，除了时间之外，她还需要认清理想化的斗争目标和女性现实处境脱节的事实。随着小说情节的推进，长期编辑杂志《妇女角》栏目的经历使拉菲芙对自己及众多巴勒斯坦女性的处境有了更为深刻具体的认识，她洗去了浪漫主义的变革幻想，也切断了自己和阿迪勒不对等的感情关系。然而在离开阿迪勒之后，她却陷入了无法有效进行自我建构的彷徨。

而在巴勒斯坦人第一次大起义（以下简称"大起义"或"起义"）期间创作的小说《庭院的门》中，萨哈尔·哈利法以另一女性人物的遭遇探讨了巴勒斯坦知识女性在传统家庭秩序下困窘、软弱的情绪。萨玛尔是位受过教育的进步女青年，也是位勇猛的斗士。当以色列士兵闯进各家各户搜查参与起义活动的男青年时，她勇敢地和其他妇女一道堵住门，堵住走廊，为他们争取逃离的时间；她和参与起义的青年们互相配合，为他们传递消息，协助照顾伤员；她深入普通巴勒斯坦妇女的谈话圈子，试图了解大起义对她们的影响。

萨玛尔的形象贴合了正统话语对新一代巴勒斯坦妇女形象方方面面的期待：她有文化、积极投入战斗，具有强烈的社会责任感。然而她却不是一个完美、强悍，在精神上无懈可击的女战士。她在平日的斗争和个人的遭遇中体会到了民族解放和个人解放之间的严重脱节，并为此深感困惑和矛盾。

之前，我们已经分析了萨玛尔就"大起义"中普通妇女处境和想法开展调研时，她秉持的理想化斗争理念在现实调查对象间出现"水土不服"的现象。必须承认，随着调查的逐步深入，萨玛尔渐渐贴近了巴勒斯坦普通妇女的思想，克服了理论与现实脱节的毛病。可是她个人身上的脱节弊病却迟迟难以得到解决，甚至严重威胁着她的身份认知和生存状态。在家庭中遭遇压迫时，萨玛尔只能"逃到她惯常的避难所——白日梦和思考中"，[①] 完全缺乏改变自身状况的力量：

---

① خليفة، سحر. باب الساحة. ص 94.

　　她上了床，躲到被子底下，气得发抖，也怕得发抖。她生自己的气，因为她害怕了。她害怕自己的恐惧，因为她知道自己仍在这个由复杂关系精巧编织的圈子里挣扎。在这个家里，她感到自己不过是一只落入蛛网的飞虫。那些观点和理论哪儿去了？只消一声叫喊、一个词儿、一个暗示，它们就全部崩塌。所有一切都能用一句话来概括："好不丢人！"……她逃到大学校园里去，逃到妇女协会去，逃到研究里去。唉，这副担子真重啊！她明白得越多，就越要远离，就越是害怕……政治的事务或许还能得到决断，可是习俗呢，可是妇女呢？……"姊妹，路还长着呢！"①

　　萨玛尔软弱和逃避的表现是可以理解的。她接受的妇女解放理念的确在一开始鼓舞了她，然而它们与现实中的男权秩序相对比却不堪一击。牢固存在于家庭和社会中的男权秩序强大到不给萨玛尔丝毫伸展的空间，而她从事的研究、追随的革命信条虽然倡导妇女的解放，却没将其摆到和民族解放具有同等紧迫性的位置上，只是含糊地用"路还长着呢"来形容妇女解放的艰巨性。男权价值的重压、引导的缺失，使萨玛尔不得不独身一人面对走出传统家庭秩序的种种困难，在压抑的家庭气氛中像"一只落入蛛网的飞虫"一样无助。以至于她对家庭压迫的应对之策，只能在逃避和幻想中求得片刻安慰，或者打算"逃得远远的，远离他们，远离这大地上的一切细节"。② 也就是说，当萨玛尔回到家庭领域时，她的心态和行为和囿于传统角色框架的阿法芙一样，她们都在不切实际的幻想和逃避中消磨生命，无法为自己开辟出一条实实在在的出路。

　　也正因为如此，面对兄弟对自己的殴打，萨玛尔不出意外地采取了逆来顺受的态度，和她面对以军士兵时的勇猛大相径庭：

　　她没有喊也没有哭，没有张开嘴来说一句话，也没有反抗。以军士兵打她的时候，她奋起反抗，举起木棒和一切适合投掷的东西。而现在，她只不过是一条被巨浪抛来抛去的小船。她感到强烈的羞怯和

---

①　خليفة، سحر. باب الساحة. ص 94~95.

②　خليفة، سحر. باب الساحة. ص 97.

彻底的心碎，感到空虚、卑微、毫无价值。

……宣礼声蓦然响起，她感觉自己要死了，无论是沦陷、军队，还是地面上的一切妖魔鬼怪都不能像（家庭）这样折磨她。①

同样是面对被殴打，萨玛尔的反应截然不同。以军士兵打她时，她第一时间利用一切方式回击；而兄弟打她时，她却毫无反抗的举动，从勇猛的女斗士退回到沉默顺从的姐妹形象。如果说，反抗以军士兵的殴打（以及不可避免地和他们发生身体接触）是为了保护自己的兄弟和街区里的其他男青年，服务于民族斗争的崇高目标，那么，她要反抗家庭的压迫和兄弟的殴打又能基于什么理由呢？可以推测的是，萨玛尔和千千万万巴勒斯坦乃至阿拉伯女性一样，她的成长体验必然包含男性价值的反复确立，以及对自己"可悲的、无用的、一钱不值的"②性别的接受。这个性别身份导致她在潜意识中还未捍卫自己便已气馁。同时，传统家庭的权力结构看上去是这样坚不可摧，无论家庭中的女性受过多少教育，外面的民族斗争形势的要求如何迫切，它都不动分毫。以至于在女性个体眼中，家庭对她的压迫比以色列人的军事占领更加沉重。

然而大起义仍在轰轰烈烈地进行着，只要萨玛尔还需出外为起义中的青年和妇女服务，便不可避免地暴露在可能的封锁和混乱状况中，从而给封建家族带来"丑事"。当她的弟弟萨迪格再次在街上发现萨玛尔，要把她拽回家时，她不由自主地顺应着他的拖曳。虽然萨迪格是萨玛尔从小带大的，可是这个半大的青年此时在她眼里俨然有不可挑战的权威和掌控力："这个发号施令的青年像放牧着牲畜的牧人。我（萨玛尔）像那'牲口'（'الدابّة'），他是那牧人（السائس）。"此时戏剧性的一幕出现了：以军的巡逻车经过，没有带身份证的萨迪格害怕起来，只能以哀婉的语气向片刻之前他还在严厉"管教"的姐姐求助。萨玛尔不禁露出微笑，"先是幸灾乐祸的笑，再是悲伤的苦笑，最后笑容变得温和起来。她宽容地说：'没关系，我站在你身边，挡在你前面。他们发现不了你。'"③

---

① خليفة، سحر. باب الساحة. ص 98.

② Khalifeh, Sahar. "My Life, Myself and the World," Translated by Musa Al-Haloul and Katia Sakka, *Al-Jadid*, Vol. 8, No. 39 (Spring 2002).

③ خليفة، سحر. باب الساحة. ص 132~131.

在这一幕中，我们再次看到萨玛尔对弟弟的指责和控制的举动采取了顺从、合作的态度，她的精神和行为都自觉地屈从于家庭中男性的训导，恰像牲畜服从牧人的驱使一般。可是以色列巡逻车的出现却让弟弟转眼之间就开始乞求她的庇护和帮助，而触发这一切的正是时常侵入巴勒斯坦生活图景的以色列军队。

作为敌对方的强大他者的在场让原本的性别权利关系发生了倒转：鉴于女性相对于青年男性更少被以军叫住盘问或贴身搜查，女性身份在此时反倒具有了某种优越性——在家庭场域之外，男性压迫者只有托庇于女性的保护才能免除被搜查或扣押的命运。

哈利法以精准的笔触描画了萨玛尔复杂的情绪变化：短暂的嘲弄过后，她的感受迅速转为悲伤——传统男权价值让从小受她照拂的弟弟摇身变为压迫和损害的施加者，以军的出现却转瞬之间让他向她低首乞怜；只有以军出现时，也就是说，在他需要保护的短暂时刻，她才可能享受到他的尊重和依赖。然而，萨玛尔的态度最终还是软化了，她不再追究前嫌，转而为弟弟提供可靠的庇护，就像她之前无数次照顾他时那样。她保护弟弟的行为一方面体现了她为男性家庭成员奉献的慷慨大度；另一方面也和大起义乃至整个巴勒斯坦民族斗争倡导的，扮演保护、支持性角色的理想女性形象重合在了一起，亦即拥有了双重的正当性。

尽管如此，保护弟弟的慷慨举动并不意味着紧紧束缚和控制萨玛尔的男权制度能就此对她稍加宽待，如果男权制度不能在革命的进程中得到彻底清算，如果萨玛尔仍旧对压迫采取无限容忍、无所作为的态度，那么她将一直"被传统社会习俗所打败。这种社会上的失败会影响她们对民族斗争的参与，也把她们（在后者中的）成功转化为另一种失败的表现"。[①]

（三）旷野中的女人

萨哈尔·哈利法一方面在小说作品中刻画了多个具有复杂性格的知识女性，或曰"新女性"的形象，隐晦地批评了她们身上软弱、不切实际、犹豫不决甚至任人摆布的弱点；而在另一方面，作家并未止步于揭露这些

---

① Hanna, Kifah, *Feminism(s) And Nationalism(s) in the Fiction of Ghādah Al-Sammān and Sahar Khalīfah,* pp. 262-263.

女性的弱点，而是将她们的遭际原原本本地呈现在读者的面前，引起后者的思考。难道这些弱点是女性的天性使然吗？假若她们果真天性如此，那么我们将如何解释阿法芙不知疲倦的行为实验、拉菲芙的反叛表达、萨玛尔面对以军顽强的斗争精神呢？在哈利法的文字中，这些知识女性的身上呈现出非常明显的"脱节"或"断裂"的现象：在仍困在封建家庭中，少与外界接触的女性身上，它表现在追求自由与天性解放和害怕脱离男权豢养这两者的强烈反差；在已经进入社会并全心投入巴勒斯坦民族斗争的女性身上，它表现为民族解放和妇女解放事业之间的断裂。她们身上软弱、优柔寡断的弱点只不过是这种断裂的衍生物。

那么，是什么导致了这种严重的脱节或断裂呢？我们先前在论述中已有提及，巴勒斯坦民族斗争主流话语对妇女问题的选择性忽视和有意延宕，导致一部分已经接受了革命理念的女性无法得到有效的关注和行动指导，也导致她们不得不牺牲自己的权利和自由，继续屈从于男权秩序之下。除此之外我们还需注意到男权价值对女性思想的异化作用。作为哲学概念的"异化"表示把自己的素质和力量转化为跟自己对立、支配自己的东西。而男权对女性的异化很大程度上表现为将女性的力量转化为限制甚至损害女性自己利益的东西，且让女性的思想和行为自觉地受男权价值的辖制和监督。艾莉森·贾格尔认为，女性精神智力遭受的异化使她们不敢在公共领域表达观点，或认为女性自己的观点不值得表达；这是女性遭受的诸般异化中最具破坏性的一种。[1] 实际上，女性思想遭受的异化不仅令她们在公共领域中表达无力，而且它贯穿了女性成长、生活的全过程。在这个异化的过程中，男权如福柯形容的那样"深入个体，到达他们[2]的身体，渗透他们的姿势，他们的姿态，他们的话语，他们怎样学会生活和与他人交往"。[3]其最终的结果便是女性的精神智力彻底沦为男权价值的附庸。在现实中已然处于"属下"地位的她们，在潜意识中仍将自己当作男性主体之外的，不具有主体性价值的他者，往往不自觉地接受男性的控制和支配。在萨哈

---

① 转引自孟鑫《马克思异化理论是理解女性从属问题的基础》，载《中国社会科学报》2010年1月20日，第3版。该论文因是报纸文章，未列出其参考文献，因而无法获得转引的材料来源。
② 在我们讨论的语境中是"她们"，下同。
③ 黄华：《权利，身体与自我：福柯与女性主义批评》，北京大学出版社，2006，第69页。

尔·哈利法的小说中，女性在精神上对男性的依赖和服从时有表现，在知识女性身上则体现为我们方才探讨的断裂现象。

随着情节的推进和人物经历的丰富，我们还看到几位彷徨中的女性人物几经挣扎后做出了毅然的决定，与被男性掌控的生活彻底决裂。譬如，阿法芙在长期压抑的婚姻生涯后决定与丈夫分居，回乡寻找经济独立的机会；拉菲芙在多次反复后强调自己作为一个"人"的独特之处，斩断了和阿迪勒的感情关系。然而女性摆脱男权框架，拒绝继续做男性世界中驯顺他者的意义绝不止于留给世界一个决然的姿态。走出封建家庭和不平等的两性关系之后，她们该何去何从？作品中约略表现的彷徨状态提示了这些"新女性"无从定义自身的茫然。

正如作家评价自己创造的拉菲芙这个形象时所说的，"她既不生活在过去也不生活在现在。她既不在革命的内部也不在它的外部。她没有一个确定的地点、确定的面目和角色。她已经失去了典型阿拉伯女性的传统特征，而尚未发展出自己的特征。……她是一个没有身份的人"。[1] 叛逃出男性设定的思想、话语规则的丛林之后，这些女性面对的是一片尚未被意义填塞的旷野。新获得的自由意味着她们"要孤立无援地创造目的"。[2] 在缺乏适于女性的话语体系和主体性建构材料的荒原中，她们该如何赤手空拳地建造属于她们自己的房舍？该如何在巴勒斯坦人的斗争中将自己安放在一个合适的位置？这是拥有自我意识的巴勒斯坦女性的共同困惑。作家通过人物经历的呈现已经作了一些探讨，却没能提供一个完整答案。也许事实仍如阿法芙的母亲勉励她时所说："有方向总比什么都没有强。"确定方向之后自我建构的道路虽然荆棘丛生，却仍是女性唯一的通途。

---

① Khalifeh, Sahar, *Reflections on the Crisis of the Educated Palestinian Women*, p. 39.
② ［法］西蒙娜·德·波伏瓦:《第二性 I: 事实与神话》，郑克鲁译，上海译文出版社，2011，第 14 页。

小说《巴格达的弗兰肯斯坦》的魔幻叙事

徐 月[*]

【内容提要】当代伊拉克作家艾哈迈德·赛阿达维的小说《巴格达的弗兰肯斯坦》，是 2014 年第七届"阿拉伯布克奖"的获奖作品。在小说中，赛阿达维以伊拉克战争之后的巴格达为背景，塑造了一个亦真亦幻的世界，整部小说带有浓厚的魔幻现实主义色彩。为彰显小说的魔幻现实主义色彩，赛阿达维灵活运用现代小说的叙事技巧，形成独特的魔幻叙事。他在多条叙事线索下，借助大量的内聚焦叙事来表现现实世界近于荒诞的错综复杂，在某些章节借助第一人称的叙事来达到让荒诞合理化的效果，并在叙事的时空机制上展现出频繁的跳跃性，服务于小说的魔幻现实主义特色。

【关键词】艾哈迈德·赛阿达维 《巴格达的弗兰肯斯坦》 魔幻现实主义 叙事学 伊拉克小说

叙事是"叙述"与"故事"的契合，"小说叙事学"研究的是"小说家在具体的创作活动中，如何通过各种叙述行为来述说好一个故事，从而成功地创作出一个被我们约定俗成地称为'小说'的这么一种言语作品的整体活动"，[①] 简言之，它是关于如何用文字讲故事的一门学问。所有的小说都离不开叙事。小说《巴格达的弗兰肯斯坦》讲述了怪人西斯玛复仇的故事，按照"小说叙事学"的相关理论，这部具有魔幻现实主义色彩的小说

---

* 徐月，北京大学硕士，北京大学图书馆，研究方向为阿拉伯文学。
① 徐岱：《小说叙事学》，中国社会科学出版社，1992，第 6 页。

有独特的叙事风格，无论是在叙事的结构模式，还是控制机制（包括人称机制和时空机制）上，赛阿达维都力争在叙事策略上巧妙地为作品的魔幻现实主义风格服务，展现其"魔幻式的叙事"特色。也正因此，伊拉克小说家兼诗人哈米德·穆合塔尔（حميد المختار）将《巴格达的弗兰肯斯坦》视为"伊拉克小说在叙事上的卓越典范"。[①]

一 结构模式

《巴格达的弗兰肯斯坦》的叙事结构是花费了一番心思的。小说的叙事模式通过一定的建构活动实现，其中最核心的是：小说中谁是故事的叙述者。而与叙述者相关的一个重要概念，即是"叙事视点"。华莱士·马克在其《当代叙事学》中对"视点"的概念是这样阐释的："这个术语泛指叙述者与故事的关系的所有方面。视点包括距离（细节和意识描写的详略、密切还是疏远），视角或焦点（我们透过谁的眼睛来看——视觉的角度），以及法国人所谓的声音（叙述者的身份与位置）。"[②] 视点为读者透视故事打开一扇窗口，而窗外的风景究竟是何种面貌，更多地在于小说作者对叙述视角的操控。在小说《巴格达的弗兰肯斯坦》叙事的结构模式中，赛阿达维对叙述视点的操控，很大程度上成为小说冲突与悬念产生的重要来源，展现出小说在人物和情节设置上光怪陆离的魔幻色彩。

1. 独特的内聚焦模式

小说的叙事结构模式，总体来讲，主要分为三种。第一种是全聚焦模式，又称"上帝式"或者"无聚焦式"，在这类模式中，叙述者所掌握的情况不仅多于故事中的任何一个人物，知道他们的过去与未来，而且活动范围也异常之大。第二种是内聚焦模式，又称为"内视界式"或者"人物视点式"，在这种模式中，叙述者好像是寄居于某个人物之中，借着他的意识与感官在视、听、感、想，所知道的和人物一样多，叙述者可以是作品中的某个人物本身，也可以不直接在作品中露面。第三种是外聚焦模式，在

---

① حميد المختار: فرانكشتاين في بغداد، http://www.alsabaah.iq/ArticleShow.aspx?ID=66773، 2014-03-16.
② ［美］华莱士·马克:《当代叙事学》，伍晓明译，北京大学出版社，2005，第120页。

这种模式中，叙述者了解的情况少于小说中的人物，如同局外人或者旁观者，他既可以是一位隐身人，通过第三人称来叙述，也可以以第一人称在故事中亮相。《巴格达的弗兰肯斯坦》这部小说，在叙事结构模式上最大的特色，就是并不拘泥于单一的某一种聚焦模式，并突出内聚焦模式的优势，展现出多重叙事的魅力，在错综复杂的情节中烘托故事的神秘氛围。

在像《巴格达的弗兰肯斯坦》这样具有众多人物和复杂故事线索的小说中，全聚焦模式尤其具有独特的旺盛生命力，因为无所不知、无所不在的叙事者能够洞察全局，了解一切事件的过去、现在和未来，便于帮助读者厘清故事的情节变化脉络。然而，在《巴格达的弗兰肯斯坦》长达350页的叙事中，这种结构模式并非占据主场，甚至只有很小的一部分，主要集中在对环境的叙述和对主要人物背景的交代上。有赖于作家的全聚焦叙述，我们了解到复仇故事的背景——伊拉克战争之后动荡不安的巴格达城区，了解到伊丽舒的独居境地，了解到怪人西斯玛的来历，了解到迈哈穆德·赛瓦迪背井离乡的原因，了解到神秘侦查科（دائرة المتابعة والتعقيب）不为人知的任务。而恰恰是这些不可多得的"上帝式"叙述，为我们梳理故事的整体脉络，理解故事的现实背景提供了出口，避免了毫无现实根基的虚妄魔幻。

《巴格达的弗兰肯斯坦》魔幻色彩的渲染离不开大量的内聚焦叙事。在小说十九个章节中，大部分的章节都会有一个核心的人物形象，作家如同一位电影导演，为故事中的角色安排好录影顺序，每当顺序到来，镜头便转向这一章节的核心人物，追随他的踪迹，向观众呈现这个人物的所见所闻，甚至所感所想。内聚焦视角，"跟上帝般的全知叙述者不同，人物的视角会受到不同程度的限制，是一种'有限'视角"。[①] 视角的受限导致作者叙述全面性的欠缺，从而影响读者对故事情节的完整性的感知，产生叙述的空白，如此，悬念迭起，产生一种神秘莫测的效果。

> 他（西斯玛）生涩地说出那句话，然后松开伊丽舒的手，朝大门的方向走去。伊丽舒听到了他的脚步声，它们重重地踩过庭院的地面，然后是通向大门的小路。她听见他打开门，然后又轻轻关上门。寂静再次

---

① 申丹、王亚丽：《西方叙事学——经典与后经典》，北京大学出版社，2010，第95~96页。

笼罩着她可怕的大房子，她感到了前所未有的干渴与疲惫。她坐在殉教者圣·乔治画像前的沙发上，绝望不断刨着她的心脏。（第 77 页）

这是小说第五章《尸体》中的一个情节。在这一章，小说叙述的视角从第一章《疯子》再次转向伊丽舒。被灵魂附身的西斯玛复活了，他从哈迪的家里穿过房顶来到了隔壁伊丽舒的大房子。但伊丽舒对此是一无所知的，她只把眼前这个丑陋的怪人当作失而复得的儿子丹尼尔。伊丽舒的日子变得快乐起来，她逢人便说儿子回来的喜讯，庆幸自己终于结束了孤苦伶仃的生活。然而好景不长，丹尼尔却突然要离开。上面这个片段，便是描写丹尼尔走后伊丽舒的反应。这是典型的内聚焦结构模式的体现，由于视角的局限性，我们只能跟随伊丽舒的耳朵来了解西斯玛出门的全过程。大门内的世界在伊丽舒的视听范围内，但是关上大门就是外面的世界。对于西斯玛的去向，伊丽舒一无所知，身为读者的我们也不得而知。作家在这里为我们设置了一个巨大的悬念：西斯玛为什么如此着急离开？而紧接着第二天，街区出现了 4 具乞丐尸体，恐慌气氛升级，悬念再次出现：西斯玛与乞丐们的死有关？如果有关，他为什么要杀那 4 个乞丐？这些悬念一轮接一轮出现，警方的调查也历经曲折，不得正解。直到小说第十章，西斯玛自述杀人经过，问题才终于有了答案。可以看出，这便是作家在处理内聚焦叙事上对魔幻现实主义风格的体现，它使西斯玛"神龙见首不见尾"的形象跃然纸上，人物本身的神秘感倍增，小说的神秘气氛也得到很好的烘托。

内聚焦视角下，对环境的神秘描写同样能够加强魔幻气氛的渲染：

夜幕已经降临，为避开拥堵，赛义迪驱车在贾德里小区的胡同中拐来拐去，迈哈穆德已经完全不知道他们身在何方。门自动开了，他们二人来到了一条又空又长的街道上，街道两边满是密密麻麻的桉树。随着他们步伐往前，街道越来越安静，汽车声、警笛声越来越远。最后，他们拐进了路边的一个胡同，迈哈穆德看见那里停着几辆警车、一辆美式悍马车和一些居民轿车，一个穿警服的人指了指停车区。（第 85 页）

这一段的环境刻画以迈哈穆德的视角进行。在小说中，赛义迪本来就是一个优雅到令人难以捉摸的人物，迈哈穆德对他更是心存敬畏。他每一次靠近赛义迪，都看不透这个人物。这一次，赛义迪带着他去了一个神秘的地方。作家借迈哈穆德之眼向我们一步步靠近这个神秘的地方，环境越来越幽暗，迈哈穆德和读者的疑问也越来越明显：这是什么地方，为何隐秘如此之深？为什么这个地方会停有警车和美国人的车子？所有的这些问题都是如此令人费解。答案在后文才为我们慢慢揭晓，原来这是侦查科科长苏鲁尔·迈吉德的办公室。然而，新的疑问随之出现：赛义迪为何要与侦查科打交道，他的真实身份和真实立场究竟是什么？直到小说结尾，谜底都未被揭晓。神秘的环境描写所引发的一系列神秘的问题，让小说的诸多细节悬而未决，故事被笼罩上一层迷雾，神秘而又诡异。

在《巴格达的弗兰肯斯坦》独特的内聚焦视角下，视点人物在不断变换，甚至在同一事件中不断变换人物视角，产生曲折离奇的效果。但总体上讲，正如前文所提到的那样，小说的每一章都会有一个核心人物，故事基本上以核心人物的视角展开，"小说中的每一个人物形象，基本上都发挥着重要作用"。[①] 例如，小说第一章《疯子》、第十三章《犹太废墟》以及第十六章《丹尼尔》，均是围绕老太婆伊丽舒来展开故事的；小说的第二章《骗子》和第十七章《爆炸》，主要是写拾荒人哈迪的遭遇；小说第四章《记者》、第九章《录音》和第十一章《调查》，这三章的核心人物是记者迈哈穆德；而小说第五章《尸体》和第十章《西斯玛》，则主要讲怪人西斯玛的故事。这样分章节、分视角的叙事，使故事的发展在不同的人物线索下展开，形成小说叙事的多线索，伊丽舒、哈迪、迈哈穆德、西斯玛构成小说故事发展的四条线索人物。多线索的叙事，容易造成故事情节叙事的分散，弱化主角色彩，但小说的故事也因此呈现出异彩纷呈的效果。

此外，小说《巴格达的弗兰肯斯坦》的各条叙事线索，并没有严格按照承前启后的时间顺序加以安排，在不同的叙事线索下，时间或者是故事的重叠极为常见。从这个意义上讲，这本身就弱化了具体时间的概念，扰乱了故事发展的时间顺序，故事情节显得无厘头，甚至是无逻辑。读者在不同视角的叙事下，需要不断地切换思路，这样就极易在错综复杂的故事

---

① هاشم شفيق: رواية أحمد سعداوي ((فرانكشتاين في بغداد)): فانتازيا سردية وسط غابة من الجثث، http://www.alquds.co.uk/?p=247411، 2014-11-08.

情节中晕头转向，难分真假。作品的神秘气氛和魔幻色彩得以凸显。

2. 多重式内视角

更具特色的是，小说《巴格达的弗兰肯斯坦》在叙事的多线索中，常常出现以不同人物的眼光来反复观察同一事件的"多重式内视角"，这对表现情节的神秘性与魔幻性有着重要作用。

小说中描写了两次比较重大的爆炸事件：第一次是发生在巴格达机场的爆炸；第二次是赛迪尔诺富特酒店门口发生的自杀式爆炸袭击，这次袭击直接导致了门卫贾法尔遇难。然而，在具体叙述中，随着人物视角的切换，爆炸事件以各种方式被重复叙述。第一次爆炸发生在伊丽舒去教堂的路上，因此，作者在小说的第一章就以这次恐怖的爆炸为开篇场景，通过伊丽舒的视角向我们叙述了爆炸的恐怖场景——巨大的烟雾腾空升起，人群尖叫，四散逃开。在小说第四章《记者》中，作家将视角切换至迈哈穆德，作为《真相》杂志社的记者，他前往现场收集新闻素材，于是以他的视角出发，作家再次对爆炸现场进行了叙述：现场满是伤员，各种新闻工作者纷纷前来采访。小说中对赛迪尔诺富特酒店门口的爆炸共有三次描写：第一次出现在小说的第二章《骗子》中，彼时，"骗子"哈迪目睹了那次爆炸袭击；第二次出现在小说第三章《迷失的灵魂》中，门卫贾法尔遇难，他的灵魂出窍，四处飘散，在他回忆自己遇难经过时，再次讲述了那场令人胆战心惊的自杀式袭击；第三次的叙述出现在小说第四章《记者》中，迈哈穆德和他的记者朋友们宿醉归来，却不巧碰见酒店门口的爆炸，以及在爆炸中哈迪受伤。

事实上，关于爆炸的所有叙述中，作者并未道明它们分别属于哪场爆炸，也没有明确的时间信息可以提示我们对这些情节进行划分和排序。但是，相似的细节让我们经过推理之后得以窥见问题的答案。

关于机场爆炸，第一次叙述有这样的细节："巴格达市中心机场附近的停车场升起黑色的蘑菇云""伊丽舒前往科技大学附近的圣·奥迪舒教堂做礼拜，正如她每天早上都会做的那样"（第 11 页）；第二次叙述的相似细节是："想要见到今早机场事故的那些伤员们真的不容易"（第 56 页）。由此可见，"早上"和"机场"成为识别故事的关键信息，伊丽舒和迈哈穆德所经历的，实则是同一场爆炸。在赛迪尔诺富特酒店门口爆炸的描述中，第一次的细节有"哈迪走在路上，肩上背着装有饮料瓶子的帆布袋"、"当他到达赛迪乐诺富特酒店时"（第 38 页）、"在离爆炸现场有段距离的地方他摔在了地上"以及"他们中间有记者迈哈穆德·赛瓦迪，他们把他从地上拉了起来"；第二次的细节有"他（贾法尔）看见一个拿着白色帆布袋的人"、"他在事故现场的远处倒下了"（第 45 页）；第三次叙述也有相似细节："地上躺着个人，一动不动"、"迈哈穆德立即认出了他：他是哈迪"（第 61 页）。在这三个不同视角下的故事中，"拿着帆布袋的哈迪"以及"哈迪摔倒"成为判断事件是否重合的重要依据。读者必须从杂乱无章散落在小说各处的细节中来了解故事的来龙去脉。这是作者为故事精心设置的关卡，让故事呈现出柳暗花明、扑朔迷离的色彩。这些不同视角下的故事细节好似一块镜子摔出的大大小小的碎片，而赛阿达维却像是一个神奇的魔法家，让这些碎片穿越时空，重新汇聚。

3. 哈迪的神秘叙事

值得指出的是，作为小说中的主要线索人物之一，哈迪虽然有自己的核心叙事章节，但他所讲述的西斯玛的故事却时不时在小说中穿插，产生一番神奇的叙事效果。哈迪是街区里远近闻名的"骗子"，因为他总喜欢在咖啡厅里给大家讲一些耸人听闻的故事，其中就包括西斯玛的故事。迈哈穆德的文章让西斯玛的消息不胫而走，在此之前，街区居民对西斯玛的了解主要通过哈迪之口。故此，小说前半部分在讲述与西斯玛有关的故事之时，多由哈迪在咖啡馆所讲述的故事来展开。且每次讲故事之前，都会出现听众对故事的追问式对白，哈迪借此来展开故事的讲述。例如，在小说第二章《骗子》的第二节中，展开西斯玛故事的对白如下：

——我们讲到爆炸了。

阿齐兹·米斯里说道。

——是第一次爆炸还是第二次？

阿塔卡问道。

——第一次……机场的那次。（第 27 页）

接着，哈迪便开始详细讲述他所目睹的机场爆炸的残酷场景，以及自己如何在爆炸现场捡拾残肢断臂。到了该章第三节，追问式对白再次出现：

> ——我们讲到哪里了？
> 哈迪在咖啡馆的卫生间里迅速撒了一泡尿后问道。迈哈穆德·赛瓦迪懒洋洋地结巴着回答说：
> ——讲到帆布袋里的鼻子了。
> ——哦……鼻子。（第 33 页）

于是，小说紧接着以哈迪的视角讲述他在爆炸现场为尸体拼接鼻子的故事。之后，又是追问式对白：

> ——我当时想把他交给法医，这可是一具完整的人体啊，却被人们当作垃圾一样扔在大街上。他可是个人啊！
> ——他不是一具完整的人体……是你把他变得完整。
> ——我把他拼凑完整，是不希望他变成垃圾……这样他就可以像其他死人一样受到尊重，被埋起来，懂吗？
> ——那之后又发生什么事了呢？
> ——你指的是我还是西斯玛？
> ——你们二人。（第 34 页）

只要哈迪的故事一直讲下去，我们便能从他的口中得知更多西斯玛的故事。在哈迪所讲述的西斯玛的故事中，由于哈迪和西斯玛均为小说中的关键人物，于是便出现了两个叙述者。小说作者作为整个故事的叙述人，是故事的"第一叙述者"，而哈迪作为西斯玛的故事的叙述人，是故事的"第二叙述者"。追问式对白的切入，不仅提醒读者哈迪开始进入讲故事模式，而且起到切割故事的作用，将西斯玛的故事切割成不同的故事片段，穿插于小说的不同章节之中。一旦这些片段被衔接起来，便可看出西斯玛故事的整体脉络。

穿插式的叙事结构，体现出小说叙事的连接性；两个叙述者的存在，凸显出小说叙事的镶嵌结构。这种类似《一千零一夜》的连接式、镶嵌式的叙事结构序列，对于烘托作品的神秘氛围、塑造人物的神秘形象起到了锦上添花的作用。因为，连接式结构，分散了原本集中叙事的连贯性，在哈迪断断续续的讲述中，西斯玛的故事呈现出跌宕起伏、悬念丛生的态势，这无疑增加了小说情节的趣味性和魔幻性。而镶嵌式结构、大故事套小故事的模式，让小说关键人物西斯玛的故事通过哈迪之口道出，间接叙述，西斯玛的故事变得如同哈迪所讲述的其他惊悚离奇的故事一般，并未被作者及听众们亲眼所见、亲耳所闻，因此难辨真假。如此这般，西斯玛的传奇色彩得到加强，西斯玛这一人物形象在这种叙事方式下被衬托得更加神秘和怪诞。总而言之，哈迪作为西斯玛故事的第二叙述者，无论是在故事情节还是在人物形象上，均使小说的魔幻色彩得到加强。

二　人称机制所营造的魔幻氛围

在当代小说叙事学理论中，与叙事视点紧密联系的一个概念便是叙事的"人称机制"，它探讨的是现代小说以何种人称来叙事的问题。叙事人称的选择，关系到小说"一种叙事格局的确定，这种格局关系到作者与读者之间的对话方式"。① 当小说家对"你""我""他"进行灵活调度时，并不是为了讲述某个故事而从词典里随手搬来这几个人称代词，在人称选择的背后，隐藏着叙事主体对叙事文本总体效果和全盘结构的考虑。小说《巴格达的弗兰肯斯坦》在人称机制的选择上，使用了现代小说比较常用的第一人称和第三人称，但在具体的叙事过程中，赛阿达维的人称分配仍旧彰显出自己的特色，体现出"化现实为虚幻而又不失其真"的魔幻现实主义的艺术效果。

1. 第三人称的运用

首先，《巴格达的弗兰肯斯坦》这部小说在全篇布局上基本采用的是第三人称，无论是在其全聚焦还是内聚焦的叙事视角下，第三人称的"他"和"她"在小说中都始终是故事的主要叙述对象。西斯玛、伊丽舒、哈迪、苏鲁尔、赛义迪、艾布·安玛尔、法尔吉等这些主要的人物形象，在小说中的存在，大部分情况下都是作为一个第三人称的"他"或者是"她"。由

---

① 徐岱：《小说叙事学》，中国社会科学出版社，1992，第 274 页。

于第三人称在叙述上具有"非人格性",也就是说叙述者有时候看不见摸不着,像是一个只闻其声不见其人的幽灵,这样,叙述者就能够在叙述对象之间灵活自由地穿梭,既可以在人物的外部周旋作外视观察,同时也能够适时地潜入叙述对象的内心世界进行内部的心理透视。

相比较于第一人称和第二人称,小说中对第三人称叙事的运用,在拓展叙事空间的同时,实现了叙述对象与叙事空间之间的自由转换。正是得益于大量的第三人称叙事,《巴格达的弗兰肯斯坦》将发生在巴格达街区的各种奇幻鬼怪的故事讲述得活灵活现,并且在叙事视角之间自由切换,展现出人物各自迥异却又立体丰满的形象。这种叙述上的灵活性,既融合了寻常事物,又与超自然的神奇事物结合起来,使小说中许多虚构的人物和情节,尤其是西斯玛这一人物形象,变得像是真实存在一般。

第三人称还有其独到的"间离性",即叙述主体与叙述对象在心理空间上的距离被拉开,"这种拉开总是以时间距离的缩短乃至消失作为陪衬"。[①]由于第三人称的文本是一种"完成式"时态,因此对于读者来讲,故事展开的时间和现在的时间完全脱离了关系,时间概念在这一类叙述中变得十分模糊。《巴格达的弗兰肯斯坦》中,第三人称的"非人格性"特征发挥了稳定叙事的作用,这使第三人称的叙事在本质上体现出一种"描写"或者是"展示"的情势,而叙述接受者,即读者便自然而然地处在了"旁观"的位置上。相对于第一人称所产生的"倾听"感,"旁观"产生一种超脱性,读者不仅可以对故事情节无动于衷,而且能够像叙述者一样对其居高临下地评头论足。于是无论是叙述主体,还是读者都呈现出对故事毫不干涉的姿态,他们与小说情节、人物之间的心理距离扩大,故事时间与阅读时间的距离变得形存实亡。这种第三人称叙事所产生的"间离性",让小说出现一种类似戏剧的效果,小说的故事场景巴格达因此也蒙上一层戏剧化的色彩,带有距离感和神秘感。

2. 第一人称的运用:"让荒诞合理化"

小说《巴格达的弗兰肯斯坦》在部分章节还适时地采用了第一人称的叙述方式,将"叙述"变成"倾诉",以此来强调叙述主体对事件的体验和

①　徐岱:《小说叙事学》,中国社会科学出版社,1992,第 285 页。

印象，让离奇古怪的故事情节和人物形象体现出更强的真实感，达到"让荒诞合理化"的效果。

小说在第十章《西斯玛》中转换叙述人称，首次采用了第一人称的叙述方式。西斯玛同意了迈哈穆德的建议，对着迈哈穆德的录音机开始讲述自己的故事，小说第十章用一整章的篇幅展现了西斯玛的独白。在录音中，西斯玛讲述了自己的复仇使命和奇特的生活经历，同时，也发泄了自己的委屈和愤怒，展现出他不为人知的一面。这份宝贵的独白，是对哈迪所讲述的西斯玛的故事的补充，对于塑造西斯玛这一带有神奇色彩的人物形象具有至关重要的作用。如果没有西斯玛的独白，我们不会知道这个人物生来就肩负着复仇的使命，他必须为自己身体上的每一部分找到凶手，当所有使命完成之时，便是他生命旅途终结之时；如果没有西斯玛的独白，我们不会知道为何四个年轻乞丐在深夜莫名其妙死掉，凶杀案的经过究竟如何；如果没有西斯玛的独白，我们也不会知道这样一个相貌极其狰狞的怪物是如何存活于世的，他有着怎样的生活圈子和轨道；如果没有西斯玛的独白，我们更加不会知道他丑陋的面庞下其实有着一个渴望正义的心灵，他冷漠无情的举动中实则潜藏着巨大的愤怒。另外，这样一份宝贵的独白，也从侧面证实，看似荒诞无比的西斯玛实际上是真实存在于小说之中的。如果没有西斯玛的独白，我们怎敢相信哈迪真的是用遇难者的肢体拼凑出一具人形，又如何相信他口中的西斯玛是真实存在的，虽然他一贯以编造故事娱乐大众著称。

所以说，赛阿达维在人称的选择上的确是匠心独运，显示出他对小说总体表达效果的考虑。西斯玛用第一人称讲述的这段独白，让西斯玛这个本是虚构的人物形象瞬间具有立体感，它印证了旁人关于西斯玛支离破碎或者是捕风捉影的猜测。赛阿达维在以西斯玛的口吻讲述其传奇事迹的同时，又自然而然地深入人物的内心深处，主动道出人物的内心情感。如此，西斯玛的荒诞性巧妙地在叙事中被合理化，他的存在虽然令人匪夷所思，但是有据可循，这份依据便是真实存在的那一份录音、那一份独白。西斯玛亦真亦幻的形象跃然纸上。

在西斯玛的独白之外，小说还有一处使用了第一人称的叙述方式，体现出作品的魔幻现实主义特色。在小说第十八章《作家》中，"作家"以第一人称的叙述方式登场，讲述他如何从记者迈哈穆德·赛瓦迪的口中得知西斯玛的故事，并萌生了创作的冲动。赛义迪消失后，《真相》杂志社无以为继，迈哈穆德为支付员工工资，不得已选择变卖自己的录音机。当他在咖啡馆向朋友推销时，这一切被"我"看在眼里。迈哈穆德给出了四百美元的售卖价格，其中一百美元是设备的价钱，另外三百美元则是设备储存的西斯玛故事的价格。乐于收集小说创作素材的"我"，为了帮助这个穷困潦倒的年轻人，最终买下了他的录音机。通过这台录音机，"我"不仅认识了记者迈哈穆德，而且知道了那个无名罪犯"西斯玛"的故事。

"我"的出现看似可有可无，但是在小说魔幻现实主义的基调下，这种第一人称的叙述显示出赛阿达维高明的叙事技巧。我们都知道，作为小说《巴格达的弗兰肯斯坦》的作者，作家赛阿达维才是讲故事的叙事主体。然而，小说第十八章"作家"的出现，使叙述者以"我"的姿态来陈述。巧妙的是，赛阿达维本身与小说中的"我"均是作家身份，作为叙事主体的"我"与小说中的"我"合二为一，产生一种扑面而来的亲切感和真实感。小说中的"我"，成为魔幻与现实之间的又一"焊接点"。"我"的现身说法，间接证实了小说中的人物，包括迈哈穆德和西斯玛，都是真实存在的，证实了宝贵的录音也是真实存在的。这样一来，街区里关于那个无名罪犯的传闻并非是危言耸听，拥有神奇力量的西斯玛原来是真实存在的。至此，一切的虚幻与想象被赛阿达维水到渠成地合理化，读者在他塑造的亦真亦幻的世界中难分真假。

三 制造魔幻效果的时空机制

小说是空间的艺术，也是时间的艺术。在空间的扩展下，故事呈现给我们过程；在时间的绵延中，故事呈现给我们结局。作为叙事的文本机制，时间、空间的合理调度与支配，成为小说叙事技巧的重要体现。在渲染作品的魔幻色彩、彰显作品魔幻现实主义风格上，赛阿达维精妙的叙事策略在叙事时空机制上依旧有所展现。

1. 空间机制

叙事过程中空间的跳跃性，是魔幻现实主义小说的一个重要特色，它在小说《巴格达的弗兰肯斯坦》中亦有所体现。故事产生于人与外在世界的相互联系之中，外在世界既包括时代背景、社会背景等大的活动空间，同时也包括具体的活动场所、环境等小空间。叙事的空间机制"总是要通过小空间而发生作用"，①它可以进一步被划分成两部分：地域和地点。总的来说，《巴格达的弗兰肯斯坦》的故事无论是在大空间的时代背景上，抑或是小空间的地域范围上，都比较固定，即伊拉克战争之后的巴格达。然而，在小空间的地点上，它却变化多端，横跨巴塔维营区的大街小巷，甚至呈现出跳跃式的变化。比如在小说第十七章《爆炸》中，有这样一段叙述：

> 凌晨五点半，当哈迪·阿塔卡仍旧在乌姆·丹尼尔的暖风扇下熟睡时，幽灵一般的西斯玛或者说无名氏正在乌姆·丹尼尔家客厅肮脏的地板上睡觉，他的身边躺着猫咪纳卜。而侦查科的办公室里，科长苏鲁尔·迈吉德正在昏睡中做着一个又一个烦人的梦。大占星师快步走进走廊。（第300页）

这是7号胡同发生爆炸之前的一段描述，凌晨五点半的时候，苏鲁尔仍在睡梦中，大占星师却急切地赶来告诉他西斯玛的下落。然而，作者选择的叙述空间首先定位在哈迪的房间，继而是哈迪的隔壁伊丽舒的房间，然后便是与7号胡同相隔甚远的侦查科办公室，显示出强烈的空间跳跃色彩。作家像是举着一架带有三个镜头的摄像仪，同时监控三个不同的地方，表现在文字上就是故事画面的迅速跳跃，削弱了叙事的集中性，故事因此呈现碎片化的状态。同时，故事空间的迅速跳跃，打破了叙述空间的樊篱，空间距离的概念在叙事中被弱化。常规的空间界限，在《巴格达的弗兰肯斯坦》中变成了一堵可以隐身遁入、即时穿越的无形之墙，常规现实中的不可能性被打破，体现出魔幻现实的超越性。

2. 时间机制

由于空间和时间是两种互为依存的介质，因此更多时候，空间的跳跃性，往往伴随着时间的跳跃和时序的颠倒。一部真正优秀的小说不能完全排斥时序，它所有的叙事是在过程中对时序关系的再处理，《巴格达的弗兰

---

① 徐岱：《小说叙事学》，中国社会科学出版社，1992，第261页。

肯斯坦》也不例外。小说《巴格达的弗兰肯斯坦》在时间机制上的魔幻色彩，首先表现在时序颠倒和错乱上，这也是许多魔幻现实主义小说所具有的特征。时间如长河一般，绵延不绝，它从"过去"流向"现在"，又从"现在"奔向"未来"，这种行进的连续性，使时间具有一种"向度"，时间按照顺序推进的向度，便是时序。"时间是连接事件的主轴，事件与事件之间在时间上常表现为一种连续的线性运动。"① 时间的顺序清晰而具体，事件便随着时间的推移逐次发展。故事的时序是固定不变的，但叙事的时序却在作家的笔下千变万化，产生"时间倒错"② 的现象，这种现象，在魔幻现实主义小说中是极为常见的。

在小说《巴格达的弗兰肯斯坦》中，"时间倒错"的现象屡见不鲜，其中颇具代表性的例子出现在小说的第七章和第八章。宿醉归来的迈哈穆德在"欧鲁百"酒店大厅里碰见拾荒人哈迪，他被西斯玛的故事吸引，二人相谈甚欢。讲述了西斯玛的秘密后，哈迪对记者提出了两个交换条件：①记者说一则关于自己的秘密；②为哈迪买一杯乌佐酒。这是第七章《乌佐酒与血腥玛丽》的结尾。然而，第八章《秘密》第一节并未延续上文，转而开始讲述苏鲁尔的故事，到第二节，却又接着讲述迈哈穆德的秘密。显然，故事时间和叙事时间之间产生了偏差。哈迪和迈哈穆德的谈话并没有出现人为的中断，故事时间是连续的、完整的，而作家对此的叙述却是间断的，穿插了其他干扰性的事件，"时间倒错"由此产生，显示出叙事时间上的跳跃性。

此外，上文所提及的西斯玛的独白，是小说中采用倒叙，颠倒时序的有力体现。小说第六章《怪事》讲述的是乞丐被杀的故事，在这件怪事中，杀死乞丐的真凶没有被找到。到小说第十章《西斯玛》，怪人主动回忆杀死乞丐的细节，回忆自己经历的点点滴滴。很明显，事件的结局被提前告知，细节在其后被娓娓道来，故事自然发展的时序被颠倒了。时间的跳跃和时序的颠倒，是作家有意为之，因为由此产生的悬念会为本就神秘的故事和

---

① 罗钢:《叙事学导论》，云南人民出版社，1994，第 76 页。

② 一部叙事作品必然涉及两种时间，即故事的时间和文本的时间，后者又被称为叙事时间。所谓故事时间，是指故事发生的自然时间状态，而所谓叙事时间，则是它们在叙事文本中具体呈现出来的时间状态。法国叙事学家热奈特将故事时间和叙事时间的不一致称为"时间倒错"（Anachronies）。

人物平添更多神秘气息和魔幻色彩。

以上这些例子中的"时间倒错",实际上是《巴格达的弗兰肯斯坦》多线索叙事下不可避免的结果,但在同一叙事线索下,小说仍充斥着时序颠倒、时间跳跃的叙述,展现出叙事上的魔幻性。

小说第十三章《犹太废墟》第一节,以伊丽舒的视角展现了她对老房子的感情。邻居劝伊丽舒将房子出租,靠租金来改善自己的生活质量,但她对此不以为然:

> 她并没有考虑乌姆·赛里木的提议,她在想其他的事情:她的朋友、老邻居竟也像其他人一样看她。为什么她认为自己需要搬离老房子呢?为什么他们都认为自己很反常,需要通过卖房子来改变自己的处境呢?(第228页)

这是作家对伊丽舒和邻居交谈事件的叙述。之后,叙事又转变为对古建筑保护组织(جمعية الدفاع عن البيوت التراثية)成员的回忆:

> 想为了国家的利益买下这所房子的瘦小伙子也不是个明白人。从第一次拜访伊丽舒,他就没弄明白,伊丽舒是不会把房子卖给他的。她永远不会自豪于自己住在一间可以成为国家财产的房子里,也不会骄傲于她有机会拥有让她衣食无忧的一大笔钱财。(第228页)

在上面这段回忆中,瘦小伙子劝说伊丽舒卖掉房子的事情,实际上发生在伊丽舒同邻居交谈之前,但在作家的叙事中,故事的呈现顺序被作家重新布置,使在"伊丽舒"这一叙事线索下,产生"时间倒错"的现象。在魔幻现实主义小说中,叙述人"往往以一个临时的时间作为叙述的'现在',并由此描述'过去'与'未来',而这一时间的坐标又不断在变换,于是就出现了'过去的过去''过去的将来'等等异常的时态"。[1] 小说以"伊丽舒与邻居交谈"的时间作为叙述的"现在",它本身就是过去时态。倒叙手法的使用,将被回顾的故事的时态变成"过去的过去"。而在回顾的

---

[1] 郭小东等:《看穿莫言》,武汉大学出版社,2012,第20页。

故事中，"伊丽舒不会因为卖房子感到骄傲"，是对将来情形的假设，呈现出"过去的将来"这种时态。这些异常时态在同一叙事线索下杂糅，将"过去"、"现在"和"未来"置于同一平面之上，形成时间的错乱与轮回。类似这种叙述，在魔幻现实主义代表作《百年孤独》中甚为常见，它在《巴格达的弗兰肯斯坦》中频频出现，阻隔了小说整体的故事发展，打乱了自然的时序，将情节频繁切割。于是，读者在阅读中必须强调主观想象，重新组装情节，填补空白，脑补出整个故事。

小说第九章《录音》第二节，作家时而讲述哈迪与迈哈穆德在咖啡馆聊天的场景，时而叙述哈迪与西斯玛在哈迪住所见面的场景。于是我们看到了下面这样魔幻式的叙述：

> ——结局怎么样？到哪儿才算是结局呢？
> 迈哈穆德问道。哈迪沉默了片刻，之后回答道：
> ——他会把他们杀光，杀光所有对他负有罪过的人。
> ——之后他会怎么样？
> ——他的肢体脱落，回到他本来的样子：消解，然后死去。
> 哈迪本人也在西斯玛的黑名单上。
> ……
> 哈迪用狡猾的心思揣摩着当下的局面，趁机说道：
> ——把我放在最后吧，我本来就不想活了。什么是人生？我是什么？人生是什么？我什么都不是，或生或死，我什么都不是！杀我吧，但请让我成为最后死的那个吧！
> 西斯玛没有说话，用阴沉的眼睛看着哈迪，他的沉默足以让哈迪安心：他不会死在今晚。（第 146 页）

一句"哈迪本人也在西斯玛的黑名单上"，成功地将故事的场景由咖啡馆转换到哈迪家中。时间和空间在其中快速跳跃，让人猝不及防。读者还未厘清哈迪与迈哈穆德的谈话内容，叙述事件已经转为哈迪向西斯玛求饶，二者显然并非在同一时间链上，也并不存在明显的因果关系或者顺承关系。类似这种突破时空界限的叙述，将不同的故事场景杂糅，给人一种故事人物穿越时空的错觉，烘托出小说的奇幻色彩。

对时序的表现反映出一个作家的价值态度，"清晰的时序关系意味着清晰的因果关系，这是对世界的理性主义的观照；反之，时序关系的含糊反映出因果关系的含糊，暗示出叙事主体对世界的非理性认同"。[①] 小说《巴格达的弗兰肯斯坦》在整体的故事框架下，遵守由前往后的时间顺序，但在具体细节处理上，频繁的时序颠倒和时间跳跃，体现出对时序关系的含糊处理，这的确是作家对世界非理性认同的写照。在混乱的社会现实面前，赛阿达维选择的并非是传统的现实主义创作，他以文字发声，打造出一个亦真亦幻的世界。在《巴格达的弗兰肯斯坦》的世界中，作家融入大量超现实的元素，超乎寻常的人物设计和故事情节，搭配上时空颠倒的叙事方式，让小说成为一面哈哈镜，对面的现实世界呈现变形甚至扭曲的镜像，这就是作家眼中的现实。魔幻的世界，离不开魔幻式的叙事，对时序关系的处理，是作为叙事主体的赛阿达维对他所认知的世界的艺术加工。

---

① 徐岱:《小说叙事学》，中国社会科学出版社，1992，第 257 页。

中东研究

苏丹穆斯林兄弟会政治实践与理念的演变

张　璭*

【内容提要】苏丹穆斯林兄弟会成立之初受到埃及穆兄会的强烈影响，然而它保留了组织上的独立性。由于所处的政治、社会环境十分不同，苏丹穆兄会的政治实践走了一条不同于埃及穆兄会的道路。它在早期不直接参与议会政治，而将主要精力放在宗教教育上，并动员社会舆论来支持其主张的伊斯兰宪法。为了吸引尽可能多的人加入自己的行列，苏丹穆兄会于1964年成立了自己的政党，改变过去过度重视秘密性的组织方式。从此，苏丹穆兄会在政治实践中的实用主义色彩加重。在实用主义意识的影响下，穆兄会与曾经的敌人尼迈里政权达成和解，利用这一时机恢复和扩大自己的影响力，并且成功顺应尼迈里执政时期的社会变化，扩大了自己的社会基础。在议会民主制恢复后，穆兄会组建的全国伊斯兰阵线一跃成为议会中的第三大党。然而，它仍然无法通过议会政治的手段实现其政治目标。在这种情况下，它决定通过政变夺取政权。穆兄会依靠实用主义政治实践理念夺得政权。然而，在上台后，帮助它夺取政权的政治策略并不能使它实现建立"伊斯兰国家"的目标。

【关键词】穆兄会　议会民主　苏丹　意识形态

1928年，哈桑·班纳在埃及创立穆斯林兄弟会（Al-Ikhwan al-Muslimum，下文简称"穆兄会"）。穆兄会的目标是通过宣教（Da'awa）让更多的人成

---

①　张璭，北京大学阿拉伯语言文化系博士研究生，研究方向为区域与国别研究。

为虔诚的穆斯林，直到使全体社会成员都完成这种转变。穆兄会认为它所追求的目标决定了它代表的不是某个阶层或集团的利益，而是整个社会的利益。因此，哈桑·班纳拒绝把他创立的组织定性为政党、慈善组织或者其他具有有限目标的组织。[①] 他虽然不完全排斥参与政治，但他对政党政治持怀疑和蔑视的态度。

哈桑·班纳的思想及其创立的穆兄会对伊斯兰世界产生了重大影响。穆兄会的主张于 20 世纪 40 年代传入苏丹。此后建立的苏丹穆兄会虽然受到埃及穆兄会的强烈影响，但保留了组织上的独立性，这为日后它发展出自身独特的意识形态奠定了基础。面对与埃及迥然不同的社会与政治环境，苏丹穆兄会的政治实践走出了一条不同于埃及穆兄会的道路。

一　苏丹穆兄会的形成与 1964 年前的政治实践

1. 苏丹穆兄会的形成

苏丹的伊斯兰主义运动起源于 20 世纪 40 年代。当时，苏丹民族主义运动的领导权掌握在苏菲教派领导人和知识分子手中。教派领导人与在殖民地行政体系任职的知识分子都是殖民体系的既得利益者，他们试图在维持既有的经济社会结构的同时追求政治独立。他们的保守立场不能满足年轻一代民族主义者的诉求。后者的主力是学生，教育打开了他们的眼界，提高了他们的期望，使他们对社会现状产生了不满，进而在追求独立的同时支持更为激进的经济与社会改革。

得益于二战开始后现代教育在苏丹的发展，学生的人数有了很大增长，从而为学生运动的开展奠定了基础。二战期间成立的几所高校的学生会逐渐在政治上变得活跃起来。与此同时，马克思主义和伊斯兰主义等意识形态传入苏丹，在学生中间产生了很大影响。

在这一背景下，巴比基尔·卡拉尔（Babikir Karrar）、穆罕默德·优素福·穆罕默德（Mohamed Yusuf Mohamed）等六位戈登纪念学院（Gordon Memorial College）的学生于 1949 年发起成立了一个被称为"伊斯兰解放运

---

① Carrie Rosefsky Wickham, *The Muslim Brotherhood--Evolution of an Islamist Movement*, Princeton: Princeton University Press, 2013, p.24.

动"（Harakat al-Tahrir al-Islami /Islamic Liberation Movement）的组织。该组织以复兴伊斯兰教和建立新的世界秩序为目标，呼吁将苏丹从殖民统治中解放出来，继而建立一个伊斯兰社会和伊斯兰国家。该组织主要在学生中活动，试图抗衡主导学生运动的马克思主义学生组织。

就在同一时期，在校园外出现了一些小规模的穆兄会组织。这些组织最早是由在苏丹担任军官或行政人员的埃及穆兄会成员创建。在从事组织工作的活跃分子中，一个名叫阿里·塔勒布－安拉（Ali Talb Allah）的人逐渐获得了穆兄会总会的青睐，哈桑·班纳任命他为苏丹穆兄会的总导师。1953 年，阿里·塔勒布－安拉在恩图曼设立了他的总部。他的组织主要按照传统伊斯兰社团的模式运作，活动内容主要是阅读穆兄会的文献和杂志，以及定期举办讲座。①

起初，伊斯兰解放运动与穆兄会组织平行发展。到了 20 世纪 50 年代初，两个组织逐渐开始整合。在整合的过程中，不同的派别就统一后伊斯兰主义运动的定位和目标存在着分歧。阿里·塔勒布－安拉认为自己是这一运动的唯一合法领导人。然而，伊斯兰解放运动领导人巴比基尔·卡拉尔反对和埃及穆兄会过于接近，并坚持该组织原来的名称"伊斯兰解放运动"及活动目标。

统一的苏丹穆兄会的诞生是各派伊斯兰主义者妥协的结果。在 1954年 8 月 21 日的创始大会上，各派就争议问题达成一致，从而奠定了苏丹主流伊斯兰主义运动的基础。首先，会议决定正式采用"穆斯林兄弟会"这一名字，这是那些强烈认同穆兄会运动的人的胜利。作为对卡拉尔一派的让步，大会决定该组织是"以苏丹为基础"的运动，而且它应保持对所有其他政治派别的独立性。阿里·塔勒布－拉被正式解除了领导职务。此外，大会决定为推动独立后的苏丹制定伊斯兰宪法进行活动。

这个统一后的运动是由在学生中发展起来的伊斯兰主义运动主导的。它虽然在意识形态和组织方式上受到埃及穆兄会的强烈影响，但从成立之初就保持了组织上的独立性。学生伊斯兰主义运动之所以能取得苏丹穆兄会的主导权，一方面是因为作为当时苏丹社会中为数不多的受过现代教育

---

① Abelwahab El-Affendi, *Turabi's Revolution—Islam and Power in Sudan*, London: Grey Seal, 1991, p.51.

的群体，毕业生在社会上享有崇高地位；另一方面是因为学生伊斯兰主义运动在组织上比校园外的穆兄会运动更加严密。[①] 此外，埃及穆兄会在1954 年遭到了埃及政府的镇压，苏丹穆兄会与埃及穆兄会之间的联系中断，后者失去了干预前者内部事务的能力。苏丹穆兄会在组织上的独立性使它能够在组织结构、领导权、政治立场等重大问题上独立做出决定，并在今后的发展过程中适应苏丹独特的社会与政治环境，走出一条与埃及穆兄会十分不同的道路。

2. 1964 年前穆兄会[②] 的政治实践

穆兄会成立之时，苏丹正面临独立还是与埃及联合的重大抉择。由于穆兄会的成员大多出自受教育阶层，而这个阶层传统上偏向于与埃及联合。在1953 年立法会议选举中，大多数穆兄会成员把票投给了支持与埃及联合的民族联合党（National Unionist Party）。[③] 然而，此后事态的发展将穆兄会推向了支持苏丹独立的一边。1954 年，埃及穆兄会遭到纳赛尔政府镇压，埃及穆兄会在苏丹组织反埃及政府的抗议示威活动，从此以后成为苏丹独立的坚定支持者。

在 1956 年苏丹独立前后，穆兄会政治实践的主要目标是在苏丹制定和通过伊斯兰宪法。它和当时所有的政治势力一样参与了负责起草宪法的全国委员会。它和伊斯兰团的代表一起提出一项动议，要求以"伊斯兰共和国"定义苏丹的国家性质。由于两大教派政党乌玛党（Ummah Party）和人民民主党（People's Democratic Party）的反对，该项动议在表决时未获通过。

当伊斯兰宪法动议被否决后，穆兄会和其他伊斯兰主义势力发动了宣传攻势，以挑动大众的宗教情绪向两大教派政党施压。但这一运动没有改变全国委员会中两大教派政党代表的意见，伊斯兰宪法提案在第二次表决时仍然被否决。但是穆兄会的宣传活动使这一议题受到了相当大的关注。就连两大教派——安萨尔派（al-Ansar）和哈特米亚教团（al-Khatmiyya）的

---

① 哈桑·图拉比:《苏丹的伊斯兰运动——纲领、成就与发展》（阿拉伯语），阿拉伯科学出版社，2009，第 32 页。

② 后文中"穆兄会"指苏丹的穆兄会组织。

③ Abelwahab El-Affendi, *Turabi's Revolution—Islam and Power in Sudan,* London: Grey Seal, pp.54–55.

领袖也迫于压力于 1957 年 2 月 20 日发表一份联合声明表示："我们的意见是苏丹国家应该是一个伊斯兰议会制共和国,神圣的沙里亚法应该在这个国家的宪法中成为立法渊源。"[①] 在此后的苏丹政治生活中,穆兄会通过一再提出这一关乎苏丹国家认同的关键问题而得以设定政治议程。

这一阶段,穆兄会的政治活动只为特定的目标——制定伊斯兰宪法。它没有将自身定义为政党,无意在议会和政府中谋取政治权力,这一点充分体现在穆兄会对待 1958 年议会选举的态度上。在穆兄会领导人拉希德·塔希尔(al-Rashid al-Tahir)提出代表乌玛党参加议会选举的建议遭拒绝后,穆兄会领导层决定不提名候选人角逐此次选举,而只限于支持任何承诺于伊斯兰宪法的候选人。[②] 这在某种程度上是因为穆兄会对自己的力量有着清醒的认识。当时,作为一个规模和组织能力十分有限的组织,即使参加选举,获胜的机会也很渺茫。另外,这也是由于它在意识形态上受埃及穆兄会的影响,刻意与政党政治保持距离。

1958 年,武装部队总司令易卜拉欣·阿卜德(Ibrahim Abboud)发动政变,中止了议会民主政治,所有政党、工会组织和政治团体都被禁止活动。穆兄会的政治活动也被迫中止,其刊物被取缔。拉希德·塔希尔在卷入一场反对军政府的未遂政变后被逮捕,本就派系林立的穆兄会陷入群龙无首的境地。组织的领导权和未来发展方向成为亟待解决的问题。

二 从兄弟会到"阵线":穆兄会政治实践与理念的演变

1964 年 10 月爆发的反军政府罢工示威是苏丹独立后影响最深远的事件之一。几乎所有的苏丹政党、职业协会和工会都参与了这场被称为"十月革命"的反军政府示威活动。穆兄会也是这一联盟的一部分,其成员积极参与了罢工示威活动。

阿卜德军政府垮台后,之前被取缔的政党恢复活动。穆兄会的政治实践迈入了一个新的阶段。与独立初期相比,这一时期穆兄会将更多的组织资源投入政治中,并且开始参与议会选举,为此它联合其他一些社会力量组建了一个新的政党伊斯兰宪章阵线(The Islamic Charter Front)。

---

① Abelwahab El-Affendi, *Turabi's Revolution—Islam and Power in Sudan,* London: Grey Seal, p.58.

② Abelwahab El-Affendi, *Turabi's Revolution—Islam and Power in Sudan,* London: Grey Seal, p.58.

1. 伊斯兰宪章阵线的成立与争议

伊斯兰宪章阵线的成立反映了穆兄会理念的重大变化，标志着其政治实践进入了一个新阶段。穆兄会早期的政治实践策略是不直接参与议会政治，而通过宗教教育、宣传和社会活动等方式影响政治。它无意成为政党，不参与议会选举，这一对待政党政治的态度继承自埃及穆兄会。

同样继承自埃及穆兄会的还有严密的组织形式和精英色彩。穆兄会的组织规模十分有限，成员基本上由学生组成，其中大部分集中于喀土穆，而喀土穆以外的支部少之又少，以至于被称为"外围支部"。在这种情况下，穆兄会能发挥的政治影响力十分有限。而伊斯兰宪章阵线的成立正是为了超越穆兄会成员人数和结构的限制，它可以与同情穆兄会事业的社会团体联合起来组建一个广泛的政治联盟，以尽可能扩大穆兄会的政治影响力。

然而，成立伊斯兰宪章阵线的举措在穆兄会内部并非受到一致支持。伊斯兰宪章阵线的成立引发了两个问题：如何处理穆兄会原有的组织结构以及穆兄会和新成立的伊斯兰宪章阵线的关系。以哈桑·图拉比为首的一部分成员主张将穆兄会结构彻底并入伊斯兰宪章阵线，只保留一个名义上的架构用以招募成员和产生领导干部。而另一部分成员主张严格遵循原有的穆兄会内部组织架构，而且他们从一开始就对建立伊斯兰宪章阵线表示怀疑，认为这种做法太注重政治，牺牲了穆兄会的宗教教育使命。[1]

这一分歧在 1965 年选举后激化，由此穆兄会分化成两个派别，其中一派是以图拉比为首的政治路线派，他们认为穆兄会应吸引尽可能多的穆斯林加入以更好地服务于其目的，成立伊斯兰宪章阵线正是实现这一点的必要步骤，以政党的身份进行政治行动也是实现其目标的必要手段；另一派可被称为教育路线派，他们坚持从埃及穆兄会继承来的组织方式，包括严格的入会程序和对新成员的高强度宗教教育，拒绝伊斯兰宪章阵线，[2]同时批评伊斯兰宪章阵线的领导人将政治权宜置于宗教原则之上。

两派之间的矛盾由于伊斯兰宪章阵线在 1968 年选举中的糟糕表现而进一步激化，并最终在 1969 年 4 月达到白热化，致使该组织几乎瘫痪。在 4 月召开的穆兄会全体大会上，两派激烈交锋，以图拉比一派的胜利告终。

---

① Abelwahab El-Affendi, *Turabi's Revolution—Islam and Power in Sudan,* London: Grey Seal, p.86.

② Abelwahab El-Affendi, *Turabi's Revolution—Islam and Power in Sudan,* London: Grey Seal, p.87.

伊斯兰宪章阵线被保留，图拉比作为穆兄会和伊斯兰宪章阵线领导人的地位得到确认。拒绝遵守大会决议的少数异见者随后被驱逐。

两派的争端并非意识形态上的根本分歧，而是关于策略和路线的争执。与其对手相比，图拉比更具实用主义精神，他意识到穆兄会要在苏丹这样一个伊斯兰苏菲教派拥有巨大影响力的国家取得成功，就必须对其原有的组织方式和意识形态做出一些变革。这一争端的结果对此后穆兄会的意识形态和政治实践产生了深远影响，其中最重要的是一种实用主义意识在该组织话语中的发展。[①] 虽然图拉比并没有对穆兄会的意识形态做出重大更改，但他的改革促进了实用主义话语的增强，为今后将政治权宜置于原则和意识形态之上打开了大门。

2. 伊斯兰宪法

穆兄会在第二届议会民主制政府时期（1964~1969 年）政治实践的主要目标仍然是制定和通过伊斯兰宪法。它在制宪过程中发挥了与其组织规模不相称的重大影响。这在很大程度上要归功于它与乌玛党内的政治新星萨迪克·马赫迪（Al-Sadiq Al-Mahdi）之间的盟友关系。

萨迪克是乌玛党创始人阿卜杜-拉赫曼·马赫迪的孙子，在其父西迪克·马赫迪（Al-Siddiq Al-Mahdi）去世后成为乌玛党的领导人。他曾与哈桑·图拉比一起在英国留学，两人之间关系紧密，后者还迎娶了前者的妹妹。1958 年，萨迪克发表了一份声明，支持穆兄会推动伊斯兰宪法的制定。因此，穆兄会中的大多数人将萨迪克视为他们的同路人，对他予以支持。

1966 年 7 月，经过党内斗争，萨迪克取代穆罕默德·艾哈迈德·马哈古卜（Mohammad Ahmad Mahgoub）成为政府总理。萨迪克上台后推行了一些穆兄会要求的伊斯兰化措施。而对穆兄会来说获益最大的举措是由 44 人组成的全国宪法委员会的成立，该委员会负责起草宪法。虽然伊斯兰宪章阵线在其中只有 3 名代表，但发挥了远超过其代表比例的作用。这部分归因于哈桑·图拉比在该委员会的分委员会——宪法研究技术委员会（Technical Committee for Constitutional Studies）中的主导作用。[②]

---

① Abdel Salam Sidahmed, "Sudan: Ideology and Pragmatism," *Islamic Fundamentalism,* edited by Abdel Salam Sidahmed and Anoushiravan Ehteshami , Boulder: Westview Press, 1996, p.187.

② Abelwahab El-Affendi, *Turabi's Revolution—Islam and Power in Sudan,* London: Grey Seal, p.80.

穆兄会的大部分主张都得到了委员会的支持，包括将伊斯兰教定为官方宗教，将阿拉伯语定为官方语言，沙里亚法成为立法的主要来源，这在很大程度上要归功于它利用大众宗教情感的策略。在起草宪法的过程中，当有代表反对其提出的提案时，穆兄会便在媒体上抛出相关议题，调动公共舆论向该代表施压。

这一时期，穆兄会的政治活动产生了两方面的效果。一方面，穆兄会对伊斯兰化和伊斯兰宪法的宣传和推动促使教派政党向其立场靠拢。教派政党对伊斯兰宪法的支持比起独立初期明显增加，两大教派政党一度同时支持伊斯兰宪法；另一方面，穆兄会的政治活动将苏丹政治推向更加极化的方向。穆兄会的伊斯兰主义主张虽然获得了相当程度的支持，但也招致了相当一部分人——主要是左翼人士的强烈反对。穆兄会推动制宪会议通过对共产党的禁令，更加深了政治裂痕。大多数受教育阶层的苏丹人反对这一禁令，大多数媒体和专业组织都认为这一禁令是非民主的。[①] 这一禁令还造成国家机构之间的公开冲突，最高法院裁决这一禁令违宪，部长委员会和制宪会议则拒绝这一裁决。政治极化严重削弱了议会民主政治的运转效率，禁止某一特定政党活动的法令更是损害了议会民主制的合法性。

三　经济社会变迁与全国伊斯兰阵线的崛起

1969 年 5 月，以加法尔·尼迈里（Ja'afar Numeiri）为首的"自由军官"发动政变，再一次中止了议会民主政治。此后直到 1985 年尼迈里政权被推翻，苏丹只存在一个合法政党——苏丹社会主义联盟（Sudan Socialist Union）。1985 年 4 月 6 日，面对汹涌的反政府抗议浪潮，苏丹军队发动政变，推翻了尼迈里政权，各政党和政治团体恢复活动。在尼迈里统治的 16 年期间，苏丹的经济和社会状况发生重大变化，这些变化影响了各政治势力之间的力量对比。穆兄会充分顺应和利用这一时期的社会和政治变迁，扩大了自己的社会基础，在议会民主制恢复后崛起为一支重要的政治力量。

---

① Abelwahab El-Affendi, *Turabi's Revolution—Islam and Power in Sudan*, London: Grey Seal, p.84.

1. 尼迈里时期的经济社会变迁与穆兄会的社会基础

穆兄会的政治影响受制于自身的社会基础。穆兄会的产生是伴随着现代教育的兴起和学生运动的壮大而出现的，其骨干成员大多为受过现代教育的人。然而，到独立时，苏丹的现代教育仅仅局限于一小部分人，而占人口大多数的农村人口处于苏菲教团的控制和影响之下，穆兄会缺乏影响他们的手段和渠道。与埃及穆兄会不同，苏丹穆兄会没能建立起一个广泛的组织网络，它的成员局限于受教育的阶层。

尼迈里上台后，苏丹的经济和社会结构发生了重大变化。穆兄会成功顺应和利用这些变化，扩大了自己的社会基础。尼迈里执政前期（1969~1977 年），政府为了推进现代化和其"社会主义"改造计划，在行政、经济和社会领域推出了一系列改革政策和举措。这些措施为苏丹社会带来了重大变化。最显著的变化之一是教育的普及，体现在中小学生和大学生人数的大幅增长上。[①] 政府还为推进经济发展制订了一系列计划，引进大量投资。

经济发展加快了城市化的进度。同时，由于农村经济的恶化，越来越多的农村居民迫于生计不得不向城市迁移。城市人口的快速增长加大了本已负担沉重的城市基础设施和公共服务的压力，[②] 大量迁居城市的人口享受不到城市生活理应带来的生活质量和公共服务。

到了尼迈里执政后期，苏丹的经济形势开始恶化。为了改善生活处境，越来越多的苏丹人选择向海外移民。20 世纪 70 年代，油价的上涨给海湾富油国带来了巨大的财富，这些国家对人才和劳工的需求大幅增长。大量有技能的苏丹劳动力选择去海湾国家务工。到 20 世纪 80 年代中期，预计有2/3 有技能的苏丹劳工在国外就业。[③]

大量劳动力的流失给经济发展造成了负面影响。苏丹面临技能劳动力的短缺。为了留住人才，政府不得不上涨工资，从而增加了通胀压力。[④] 虽然侨汇给苏丹带来了一些外汇收入，但侨汇本身也给经济造成了压力，[⑤] 它

---

① Abdel Salam Sidahmed, *Politics and Islam in Contemporary Sudan*, Surrey: Curzon Press, 1997, p.193.

② Abdel Salam Sidahmed, *Politics and Islam in Contemporary Sudan,* London: Grey Seal, p.194.

③ Abdel Salam Sidahmed, *Politics and Islam in Contemporary Sudan,* London: Grey Seal, p.195.

④ Tim Niblock, *Class and Power in Sudan: The Dynamics of Sudanese Politics,* 1898-1985, Hampshire: Macmillan Press, 1987, p.286.

⑤ Tim Niblock, *Class and Power in Sudan: The Dynamics of Sudanese Politics,* 1898-1985, p.286.

增加了对进口汽车和消费品的需求，进口更多的汽车和消费品又增加了对燃油和电的需求，这使得本已短缺的外汇更加紧缺。

快速城市化和移民海外潮加剧了苏丹社会的分化。那些侨居国外的人实现了向上流动，而那些没有能力移民国外的人则不得不忍受更高的物价和更加恶劣的生活条件。从农村移居城市的人的生活状况最为恶劣，他们不得不生活在贫民区中，享受不到公共服务。另外，他们脱离了原来的社会环境，失去了家庭、氏族和部落的保护，沦为城市中最为脆弱的底层。

总而言之，在尼迈里时代苏丹发生了深刻的变化，旧的政治和社会秩序逐渐瓦解。苏丹社会中传统的精英阶层——部落领导人、商人阶层日益衰弱，侨民阶层和他们的侨汇所催生的新商业阶层开始崛起。[①] 同时，大部分人口不得不忍受社会失范和物质生活艰难的局面。

穆兄会充分顺应和利用这一时期的社会变化，在新出现的社会阶层和群体中培植自己的影响力。通过其控制的伊斯兰慈善组织，穆兄会得以在城市贫民中拓展影响力。在快速增加的海外侨民群体中，穆兄会发展成为苏丹最大的政治力量。由于与海湾国家的紧密关系，穆兄会是唯一在这些国家的苏丹侨民中享有行动自由的苏丹政治势力。[②] 因此，穆兄会得以与侨民中的支持者和同情者建立并保持联系，甚至在其中招募新成员。相对富裕的侨民阶层的支持为穆兄会带来了丰厚的经济回报。

侨汇的流入和伊斯兰银行体系的建立为穆兄会将影响力扩大到经济领域提供了机会。在银行业改革和伊斯兰话语兴盛的背景下，苏丹在 20 世纪 70 年代后期建立起了伊斯兰银行体系，许多伊斯兰银行被海湾资本所控制。穆兄会的意识形态立场及成员与海湾投资人的紧密关系，他们得以作为伊斯兰银行的管理人员和职员控制这些机构，使穆兄会成员和支持者优先得到贷款。凭借这一新的资金来源，原先缺乏资本的穆兄会成员得以建立起自己的商业。此外，伊斯兰银行还享有不受外汇交易管制的特权，这使它们成为侨民向苏丹国内汇款的首选渠道，为它们带来了巨额外汇来源。这一丰厚的外汇来源为黑市经济提供了基础，一个新崛起的商人阶层（包括许多穆兄会成员）从稀缺消费品的进口中赚取了大量利润。伊斯兰银行和

① Abdel Salam Sidahmed, *Politics and Islam in Contemporary Sudan,* London: Grey Seal, p.200.
② Abdel Salam Sidahmed, *Politics and Islam in Contemporary Sudan,* London: Grey Seal, pp.206–207.

大量侨汇的流入共同构建起了一个"伊斯兰经济",① 为穆兄会的崛起提供了物质基础。

2. 尼迈里时期的政治环境与穆兄会的政治实践

在尼迈里执政前期,穆兄会与其他政党一道被禁止活动,其领导人被拘禁。穆兄会在国内的活动空间所剩无几,部分活动分子流亡海外组织反政府活动。1976 年,穆兄会与其他反对党一起组织了一场政变,但没有成功。

然而,这场政变使尼迈里意识到有必要与反对派和解。在尼迈里开启和解进程后,穆兄会领导人决定与政府谈判,双方达成的和解为穆兄会恢复和扩大势力提供了机会。穆兄会领导人被吸收进政府和苏丹社会主义联盟,这使得他们得以积累行政经验,并为穆兄会渗透进国家机构提供机会。穆兄会在这一时期得以在军队中建立它的第一个小组。②

尼迈里推行的伊斯兰化政策也为穆兄会扩大影响力提供了机会。尼迈里在执政后期,由于经济和社会形势的恶化,统治合法性受到动摇。为了增强其统治合法性,尼迈里推行伊斯兰化政策,其标志是 1983 年 9 月颁布的包含伊斯兰"固定刑"(al-Hudud)③ 的刑法典。穆兄会全力支持和配合尼迈里的伊斯兰化,借此扩大其社会影响力,它联合支持实行沙里亚法(al-Shariáh)④ 的个人和团体,建立了一个"沙里亚法同盟",⑤ 这个同盟成为日后穆兄会组建全国伊斯兰阵线(National Islamic Front)的基础。

3. 全国伊斯兰阵线的崛起

穆兄会是尼迈里在执政末期唯一与其合作的政治势力。尼迈里政权垮台后,穆兄会面临非常不利的境地。面对政治对手的施压,穆兄会与接管政权的过渡军事委员会(Transitional Military Council)结成同盟。后者向前者提供了急需的庇护,同时也借助前者的力量来对抗领导"四月起义"的

---

① Abdel Salam Sidahmed, *Politics and Islam in Contemporary Sudan,* London: Grey Seal, pp.207–210.
② Abdel Salam Sidahmed, *Politics and Islam in Contemporary Sudan,* p.202.
③ 指伊斯兰教法中对通奸、抢劫、偷盗等罪行规定的刑罚。
④ 阿拉伯语的"沙里亚"原意为"道路",在宗教上指"真主的正道",即伊斯兰教指导穆斯林生活各方面的一系列规定,其含义一般等同于"伊斯兰教法"。
⑤ Abdel Salam Sidahmed, *Politics and Islam in Contemporary Sudan,* p.202.

工会组织和党派。①

与军方结盟使穆兄会得以在过渡时期集结力量,成立新政党,即全国伊斯兰阵线,并为过渡期后的选举做准备。建立全国伊斯兰阵线是对图拉比政治路线的延续和新发展。这个新的阵线不仅包括穆兄会成员,还将一些苏菲教团、萨拉菲主义者和一些前政权的支持者吸纳进来。同时,这个新政党的成立也造成穆兄会的分裂,不赞成成立政党的教育路线派分离出来并保留了"穆斯林兄弟会"这一名称。

在 1986 年选举中,全国伊斯兰阵线获得 51 个席位,② 仅次于两大教派政党。这一数字与伊斯兰宪章阵线在 1968 年选举中获得的席位数相比有很大提高,这标志着穆兄会从一个边缘政治派别发展为主流"政治力量"之一。选举后,议会第一大党乌玛党与第二大党民主联合党联合组阁,而全国伊斯兰阵线成为最大的反对党。

民选政府面对尼迈里政权遗留下来的严峻问题主要是经济危机,内战带来的影响可谓雪上加霜。反政府武装苏丹人民解放军(Sudan People's Liberation Army)攻势凌厉,政府军在南方只能守住几个重要城镇。全国伊斯兰阵线以此猛烈抨击政府,充分利用民众对南方叛军的敌意捞取政治资本。

除了经济和南方问题,制宪也是这一时期苏丹政治的核心问题之一。全国伊斯兰阵线将实施沙里亚法作为其最高政治纲领。在它看来,穆斯林是苏丹的主体,因此他们有权以他们的宗教来规范个人和社会生活,以伊斯兰教法作为国家法律的渊源是理所当然的。因此,它坚决主张保留包含伊斯兰"固定刑"的刑法典,打出"真主的沙里亚不可替代"的口号③,并在这一问题上向两大教派政党——乌玛党和民主联合党施压。两党一度共同赞成实施相关法律,但这也并不完全是全国伊斯兰阵线施压的结果,萨迪克·马赫迪本人也认为伊斯兰教应该成为苏丹国家认同的基础,尽管他的观点与穆兄会不完全一致。

1988 年 5 月,全国伊斯兰阵线加入了乌玛党与民主联合党的联合政府。后两者同意了前者的先决条件,即在两个月的时限内颁布新的刑法以替代

---

① Abdel Salam Sidahmed, *Politics and Islam in Contemporary Sudan,* p.147.

② P.M. Holt, M.W. Daly, *A History of the Sudan: From the Coming of Islam to the Present Day*, Harlow: Pearson Education Limited, 2011, p.144.

③ Abdel Salam Sidahmed, *Politics and Islam in Contemporary Sudan,* London: Grey Seal, p.176.

尼迈里颁布的法律。[①] 全国伊斯兰阵线主席哈桑·图拉比出任总检察长和司法部长。由全国伊斯兰阵线提交的法案最终被政府采纳,并提交给制宪会议讨论。这份 1988 年刑法案（Criminal Bill, 1988）保留了大部分"固定刑",包括对叛教的惩罚、对已婚通奸者的石刑等。[②] 这些刑罚的实施正是尼迈里的刑法典饱受争议和批评的原因,而这份刑法案的规定甚至比尼迈里刑法典还要严苛。该法案推出后立即引发了争议和批评。

沙里亚刑法典是引发内战的诱因之一。苏丹人民解放军的政治派别苏丹人民解放运动（Sudan People's Liberation Movement,以下简称"苏人运"）将废除包含"固定刑"条款的法律列为与政府谈判的先决条件之一。与此同时,政治形势和公众意见正在发生变化。苏丹受内战的拖累,经济形势越发恶化,战火甚至燃烧到北方,社会的主流意见逐渐转向支持政治解决南方问题。在这一背景下,民主联合党与苏人运联合发起了《苏丹和平倡议》（Sudan Peace Initiative）。双方同意,在达成以下条件的情况下召开全国制宪会议:

①"冻结'固定刑'和有关条款,并且不制定任何包含此类条款的法律",直到在制宪会议上就替代法律达成一致。

②废除苏丹与其他国家缔结的军事条约。

③取消紧急状态。

④停火。[③]

这一和平倡议遭到了全国伊斯兰阵线和乌玛党的反对,联合政府拒绝接受这一和平倡议中达成的原则。为此,民主联合党退出了联合政府。乌玛党和全国伊斯兰阵线新组建的联合政府在坚持了一段时间后,也迫于越来越大的压力解散。萨迪克在 1989 年 3 月组建了一个包含几乎所有政治派别在内的政府,唯一没有加入的是全国伊斯兰阵线。全国伊斯兰阵线仍然反对与苏人运谈判,尤其反对冻结包含"固定刑"的法律。在它看来,1988 年的刑法案已经豁免南方执行"固定刑",因此已经包含了对南方非穆斯林的足够让步。它的这一立场使它孤立于所有其他北方政治势力之外。全国伊斯兰阵线已经无法通过议会民主政治的手段来阻止实施《苏丹和平

① Abdel Salam Sidahmed, *Politics and Islam in Contemporary Sudan,* London: Grey Seal, p.151.

② Abdel Salam Sidahmed, *Politics and Islam in Contemporary Sudan,* London: Grey Seal, p.180.

③ Abdel Salam Sidahmed, *Politics and Islam in Contemporary Sudan,* London: Grey Seal, p.168.

倡议》的条款了。

1989 年 6 月 30 日，一场不流血政变推翻了萨迪克政府，终结了议会民主制与和平进程。领导政变的是一位叫奥马尔·哈桑·艾哈迈德·巴希尔（Umar Hasan Ahmad al-Bashir）的准将，而政变的幕后策划者正是全国伊斯兰阵线。

四 政变与"伊斯兰国家"实验

号称"救国革命"的 1989 年政变和苏丹历史上的历次政变一样，其背后也有政党势力的背景。全国伊斯兰阵线策划了这一政变的整个过程，由于它无法通过议会民主政治实现自己的政治目的，于是借助军中同情和支持伊斯兰主义的将领发动政变夺取政权，以实现其建立"伊斯兰国家"的目的。政变后，图拉比和他的伊斯兰主义运动站到了权力顶峰，然而伊斯兰主义运动本身也成了这场政变的牺牲品。

1. 实用主义与政变

从成立伊斯兰宪章阵线开始，图拉比领导下的穆兄会越来越将实用主义作为政治实践的指导原则。穆兄会与尼迈里政权的和解便是实用主义政治策略的产物。穆兄会放弃了反对专制政府的一贯立场，与意识形态上的敌人握手言和，以换取政治行动空间和分享权力。此后，穆兄会所有的行动都以扩大组织规模和增强影响力为目标。这一实用主义策略为穆兄会带来了回报，而其为此付出的代价是意识形态的弱化和模糊化。由于依靠政治权宜而不是意识形态来指导组织的行动，穆兄会领导人往往在做出决定后才为其决定寻找理论依据。[①] 在后尼迈里时代，这种实用主义继续主导穆兄会的政治行动，特别是在参与政府还是成为反对派的问题上，其所有决定都是为了政治利益的最大化。

1989 年 6 月的政变也是采取实用主义路线的结果。即使图拉比本人一再主张伊斯兰国家应是伊斯兰社会的产物："你不可能拥有一个伊斯兰国家，除非你拥有一个伊斯兰社会。任何为了建立一个真正的伊斯兰社会而建立一个政治秩序的企图是把法律强加给一个不愿接受的社会。这不符合宗教

---

① Abelwahab El-Affendi, *Turabi's Revolution—Islam and Power in Sudan,* London: Grey Seal, p.180.

的本质；宗教是基于真诚的信奉和自愿的遵守。"[1] 然而，图拉比和穆兄会领导层中的大多数人都没有耐心等待伊斯兰社会过渡的完成，他们不想错过一次不可复得的机会，即通过一次政变执掌国家大权，即使政治权宜被置于意识形态之上。

2. 全国伊斯兰阵线的解散与全国大会

图拉比的实用主义最后葬送了全国伊斯兰阵线。为了掩盖政变的本质，政变后全国伊斯兰阵线也和其他政党一起遭到解散。然而，讽刺的是全国伊斯兰阵线是唯一真正被解散的政党，其他政党虽然被迫转入地下，但仍然以这样或那样的方式维持着它们的活动。[2] 而全国伊斯兰阵线作为一个政党停止了活动，因为在图拉比看来，伊斯兰主义运动已经夺取了政权，其政党的任务已经完成，没有继续存在的必要。

全国伊斯兰阵线解散后，一部分高层成员与政变将领一起组成伊斯兰主义政权的最高领导层。这个领导集团被称为"领导办公室"（Al-Maktab al-Qiyadi），以图拉比和巴希尔为核心。他们在幕后执掌最高权力，就伊斯兰主义运动和政权的方针政策做出决定。然而，伊斯兰主义者个人的权力并不等于伊斯兰主义运动的权力。有组织的伊斯兰主义运动被牺牲了，伊斯兰主义运动内部的协商机制被取消。[3] 图拉比通过解散全国伊斯兰阵线和协商委员会，将一批资历与其相仿的老一代伊斯兰主义者边缘化。参与政变的将领和 20 世纪 70 年代成长起来的新一代伊斯兰主义者成为政权的核心，后者的代表人物是阿里·奥斯曼·塔哈（Ali Othman Taha）。

全国伊斯兰阵线的领导人依靠军官夺取权力，因此不得不与之分享权力，这些军官虽然支持伊斯兰主义，但并非全国伊斯兰阵线的成员。政变后，政变军官组成了革命指挥委员会以正式领导国家。图拉比公开表示，革命指挥委员会在完成其使命后应该解散。按照他的设想，伊斯兰主义运动将逐步走向前台，在正式的制度架构下领导政权。

---

[1] Hasan Al-Turabi, "The Islamic State," *Princeton Readings in Islamist Thought,* edit. by Roxanne L. Euben and Mohammad Qasim Zaman，Princeton: Princeton University Press, p.213.

[2] Alsir Sidahmed, "Sudan: End of the Game, Allafrica"，https://allafrica.com/stories/201711050070. html，最后访问日期：2019 年 5 月 20 日。

[3] W. J. Berridge, *Hasan al-Turabi: Islamist Politics and Democracy in Sudan*，New York: Cambridge University Press, 2017, p.85.

　　为了将新政权建立在制度化的基础上，一套名为"大会制度"的民主协商体制被建立了起来。在这一体制中，每一个地区都将成立自己的人民大会，其成员包括该地区所有的成年公民，定期举行会议。这些大会将选出自己的代表参加上一级行政区域的大会，后者按照同样的方式选出代表组成全国大会（Al-Mu'tamar al-Watani）。

　　从理论上说，这套体制将为苏丹民众提供政治参与的渠道，从而创造公共意见表达和民主协商的空间。伊斯兰主义者创建这一制度还有另一层考虑，他们试图通过建立一个无党派的民主协商制度来吸收教派政党的支持者，[①]从而将所有支持伊斯兰化议程的社会集团团结起来，建立一个没有党派分歧的"伊斯兰国家"。

　　然而，这个大会制度并没有发挥理论上应起的作用。它既没能实现一种广泛和直接的公民政治参与，也没能吸收教派政党的群众基础。从理论上来说，各级大会是自下而上产生的，然而，这个制度的建立实际上更多的是自上而下的过程，主导各级大会的主要是伊斯兰主义者。此外，各级大会做出的决定对政府的约束力也很有限，真正的决策机关仍是领导办公室和各省的行政长官。

　　图拉比创建这些机构的主要目的是动员和拉拢政权的支持者。这些大会的参加者也主要是政权的支持者，其中包括伊斯兰主义者，前尼迈里政权的成员，安全机构的军官，被政权拉拢的前反对派和萨拉菲主义者等。在全国大会的 400 人协商委员会中，原伊斯兰主义运动的成员在其中只占 40% 左右。[②]这仍然反映了图拉比的理念，即与支持伊斯兰主义的各个社会集团组成联盟。在掌握了权力后，伊斯兰主义者有足够的资源拉拢垂涎权力和财富的个人和团体。穆兄会之前组建的联盟是为了实施伊斯兰宪法和沙里亚法的"伊斯兰"联盟，而这个新组建的联盟是为了瓜分权力与利益的权力联盟。伊斯兰对这个权力联盟来说最多只具有象征价值。他们以伊斯兰的名义进行统治，而他们对权力和利益的瓜分和争夺却与伊斯兰价值相去甚远。

---

①　Abulwahab El-Affendi, *Al-Thawrah wa'l-Islah al-Siyasi fi al-Sudan*, London: Ibn Rushd Forum, 1995, pp.57-58.

②　W. J. Berridge, *Hasan al-Turabi: Islamist Politics and Democracy in Sudan*, p.87.

结　语

苏丹穆兄会的政治实践大致可以分为四个阶段。第一个阶段是从成立到 1958 年，这一阶段穆兄会政治实践的目的和程度都相对有限，其政治活动主要是为了推行伊斯兰宪法方案，并且主要通过宗教教育、宣传和社会活动的方式来达到这一目的，没有以政党的身份参与国家的政治生活。

第二个阶段是从 1958 年到 1969 年。穆兄会在这一阶段扩大了政治参与的规模，政治活动的方式也更加多样。它成立了自己的政党，参与议会选举，继续推动制定伊斯兰宪法，并且通过各种政治运作打压左翼势力。穆兄会政治实践取得了一定的成功，但仍无法完全达到其目的。

1969 年到 1977 年是第三个阶段，这一阶段是穆兄会历史上最艰难的时期，它受到当局的严厉打压。从 1977 年开始，穆兄会的政治实践进入一个新阶段。为了获得行动空间以恢复影响力，穆兄会与政府和解，此后其所有政治行动都是为了增强自己的实力，以便有朝一日能够夺取政权。其中最重要的一个策略便是向军队渗透，通过将伊斯兰主义者送入军校就读和在军中招募同情者，穆兄会在军中建立了自己的支持者网络。正是依靠这一力量，全国伊斯兰阵线得以在 1989 年 6 月发动政变夺取政权。

夺得政权后，伊斯兰主义运动的政治实践进入了一个与之前完全不同的新阶段。它面临的问题是如何执行改革苏丹社会的宏大愿景，如何建立它所设想的"伊斯兰国家"。它的设想和愿景在很大程度上没有实现，其中的重要原因之一是，它在作为社会运动时驾轻就熟的一些政治策略在掌权后不足以实现它所追求的宏大目标。

纵观穆兄会政治实践的历程，可以发现它顺应现实环境变化的高超能力。为了适应政治和社会现实的演变，穆兄会能够不断调整自己的意识形态，改变政治行动的方式和策略，以达到政治利益的最大化。然而，将政治利益置于意识形态之上的后果是意识形态的模糊化和工具化，意识形态成了政治行动合理化的工具。

在意识形态与现实环境的互动中，穆兄会从一个边缘的宗教－政治组织发展为苏丹权力最大的政治势力。在这一过程中，宗教的理想与使命逐渐让位于政治的权宜和操作。

伊拉克库尔德问题的演变

李睿恒[*]

【内容提要】伊拉克库尔德问题自 1926 年正式确立后，大致经历了五个时期
　　　　　的发展。与其他三国的库尔德人相比，伊拉克库尔德人从一开始就获
　　　　　得了更多的权利和较为宽松的活动空间，这也使得伊拉克库尔德问题
　　　　　的历史演进延续性最长，且最为激烈。演变至今，伊拉克库尔德人已
　　　　　获得高度的自治地位，但这并不意味着伊拉克库尔德问题得到了彻底
　　　　　有效的解决，伊拉克国家建构的失效与库尔德民族主义间的张力，在
　　　　　地区局势的剧烈演变下，依旧使得该问题充满不确定性。
【关键词】伊拉克　库尔德问题　库尔德民主党　库尔德爱国联盟　教派政治

　　长期以来，伊拉克库尔德问题在伊拉克国内、中东地区乃至国际层面都占据着重要的位置。这既是基于伊拉克库尔德地区（下文简称库区）连接伊拉克中央政府、土耳其、叙利亚和伊朗四方的地缘战略优势，也是基于中东现代民族国家体系建立以来，伊拉克库尔德人特殊的发展轨迹。目前，伊拉克库区在四国库区中地位最高，其发展态势对整个中东地区的库尔德问题有着极强的穿透力，发挥着风向标的作用。本文尝试对伊拉克库尔德问题的演变过程做一个历史性的梳理，以助于国内学界更好地对该问题有宏观性的把握。

---

　　*　李睿恒，北京大学外国语学院阿拉伯语系 2017 级博士研究生。

一 哈希姆王朝时期（1921～1958 年）

讨论伊拉克库尔德问题，首先离不开该表述所内化了的伊拉克的基本框架，即 1921 年成立的伊拉克现代国家。但现代伊拉克的建立并不当然地意味着伊拉克库尔德问题的正式产生。虽然现今伊拉克库尔德人地理上所处的伊拉克库区早在 1919 年 5 月就第一次爆发了由谢赫·马哈茂德·巴尔金吉（Shaikh Mahmud Barzinji）领导的反英起义，且英国政府对该地区所处的原奥斯曼帝国行省摩苏尔省已进行了实际的控制，将其纳入到伊拉克的框架内来管理，但摩苏尔省的归属问题，一直悬至 1925 年 12 月才得到解决，[①] 国联裁决将摩苏尔省划入伊拉克，条件是伊拉克中央政府需要保障本国库尔德人的语言、教育等少数族群的权利。1926 年 6 月，英国、伊拉克和土耳其三方签署《安卡拉条约》，土方放弃对摩苏尔省的主权要求，同意该省正式成为现代伊拉克的一部分，接受英国的国际托管。因此，严格法理意义上的伊拉克库尔德问题，应该从 1926 年 6 月算起，此时的库尔德问题才真正由一个国际性问题转变为伊拉克的一个国内问题。

根据国联的要求，伊拉克政府 1926 年颁布了《地方语言法》，允许苏莱曼尼亚和埃尔比勒部分地区使用库尔德语开展小学教育和出版工作，同时还任命了库尔德人出任部分部长职位。此一对库尔德人文化身份乃至政治权利的认可，也被随后的历届伊拉克政府所继承（至少在理论或法律层面），这使得伊拉克库尔德问题由此走上了与土耳其和伊朗库尔德问题截然不同的演变轨迹。尽管需要指出的是，费萨尔国王更多的是希望通过这些政策提升伊拉克的国际形象，尽早加入国联。事实上，早在伊拉克 1921 年建国前夕，库尔德人就获得了较为宽松的政治与文化环境，一方面，英国为了在摩苏尔省归属问题上制衡土耳其，采取分而治之的政策，对谢赫马哈茂德招募，任命其为苏莱曼尼亚总督，以打压土耳其支持的库尔德部落叛乱；另一方面，费萨尔国王为巩固自己在伊拉克的统治基础，也积极拉拢库尔德人，以图推动将摩苏尔省并入伊拉克，增加逊尼派人口数量，制

---

① 细节可参见李秉忠《土耳其民族国家建设和库尔德问题的演进》，社会科学文献出版社，2017，第 160～168 页。

衡人口占主体的什叶派力量。[①]

在英国还未就第一次世界大战后如何管理美索不达米亚形成定论时，谢赫马哈茂德曾寄希望于借助英国的庇护建立库尔德国，因而采取了摇摆的态度，在反土问题上与英国既有配合，也在库尔德人独立问题上与其斗争拉锯。但当摩苏尔省问题得到解决后，谢赫马哈茂德意识到建国无望，1926 年年底，他再次发动反抗运动，但最终失败，于 1927 年夏遭到逮捕和软禁。英国和费萨尔国王随后通过收买部落、分而治之和武力镇压的策略，基本维护了伊拉克库区的秩序稳定。1928 年，伊拉克政府评估认为，库尔德问题已基本得到解决。[②]

1930 年，伊拉克和英国签订新的《英伊条约》，结束英国的国际托管，伊拉克获得独立。相应的，英国对原摩苏尔省的托管权也被移交至伊拉克政府，中央政府的权力集中引发了库尔德人的担忧，导致双方关系再度恶化。一方面，费萨尔国王试图树立中央权威，推动在库尔德偏远地区建立警察系统并征收赋税，威胁到了当地库尔德部落的既得利益；另一方面，20 世纪 30 年代，泛阿拉伯民族主义（Pan-Arab Nationalism）思潮风靡伊拉克军政两界，[③] 伊拉克库尔德人担心英国托管结束后，伊拉克会与其他阿拉伯国家合并，加剧其少数派地位，因此其认为，任何泛阿拉伯化的政策，都"有必要产生一个分化的库尔德实体，无论是在这个阿拉伯上层建筑的框架内或外"。[④] 在这个意义上来看，伊拉克国家方案对于伊拉克库尔德人而言并非是最差或最不可接受的选项，这也说明，库尔德人民族意识上升的同时，也在一定程度上开始受到第一次世界大战后中东民族国家体系的影响。

1930 年 9 月，谢赫马哈茂德逃离软禁，联合利益受损的部落再次诉诸武力，苏莱曼尼亚也相应地爆发了罢工、罢课和游行示威，示威群体囊括了商人、学生和工人。该运动被伊拉克军队和英军强力镇压，谢赫马哈茂德最终投降，接受软禁至 1956 年去世。很多库尔德历史学家认为，1930 年起义是库尔德民族主义运动史上的一个转折点，城市群体的加入扩大了库

---

① Aram Rafaat, *The Kurds in Post Invasion Iraq: The Myth of Rebuilding the Iraqi State* (Saarbrücken: Lap Lambert Academic Publishing, 2012), p. 16.

② 唐志超:《中东库尔德民族问题透视》, 社会科学文献出版社, 2013, 第 128 页。

③ 细节参看 Charles Tripp, *A History of Iraq* (Cambridge: Cambridge University Press, 2007), pp. 91-97。

④ Majid Khadurri, *Republican Iraq* (London: Oxford University Press, 1969), pp. 1-10.

尔德民族主义的外延与内涵。[①] 贾拉勒·塔拉巴尼（Jalal Talabani）进一步认为，库尔德民族主义运动的政治基础已由乡村转向城市，领导层从宗教和部落首领向城市小资产阶级转移。[②] 诚然，知识分子与城市居民的确发挥了重要的作用，但这并没有改变伊拉克库尔德民族主义运动所依托的社会基础，而只是改变和丰富了该运动的发展图景而已。基于伊拉克库区当时以农业占主导的经济结构，部落依旧是有效进行政治动员与资源整合的社会组织形态，因此该时期的库尔德反抗运动"表面上看是民族主义的，但本质上却是部落的和宗教性的"[③]。

谢赫马哈茂德陨落后，来自库区较为偏远的巴尔赞地区（Barzan）的巴尔扎尼部落崛起。对土地资源的控制、强大的作战能力和领导人纳克沙班迪耶（Naqshabandiyyah）苏菲谢赫的身份，赋予了该部落世俗与精神的双重领导力。在谢赫马哈茂德发起运动的同时，巴尔扎尼部落也在谢赫艾哈迈德·巴尔扎尼（Shaikh Ahmed Barzani）和其弟毛拉穆斯塔法·巴尔扎尼（Mulla Mustafa Barzani）的带领下起事，借机拓展势力，成为库区最重要的一支政治军事力量。1932年，伊拉克政府和英国扶植沙尔瓦尼部落的谢赫拉希德打击巴尔扎尼部落，试图推动对巴尔赞地区的控制，随之引发了巴尔扎尼部落的武装反抗。但这并没有逃脱与谢赫马哈茂德相同的下场，谢赫艾哈迈德和毛拉穆斯塔法都遭到了软禁。直至第二次世界大战期间，毛拉穆斯塔法借形势动荡出逃，于1943年6月和1945年8月两度发起反抗运动。

与以往不同的是，1943年反抗运动被认为是巴尔扎尼部落第一次鲜明地打出民族主义口号的发起反抗运动。[④] 这主要缘于毛拉穆斯塔法在苏莱曼尼亚软禁期间，与"青年"（Komala-I Liwen）、"伐木工人"（Darkar）和"希望"（Hiwa）等库尔德早期政治组织建立了联系。这些组织主要由受过世俗教育的库尔德城市军官、官员和教师组成，信奉共产主义，与伊拉克共产党（Iraqi Communist Party）联系密切，并参与到两次反抗运动中。受此

① عبد الرحمن قاسملو، كردستان والأكراد: دراسة سياسية واقتصادية، بيروت: المؤسسة اللبنانية للنشر، ١٩٧٠، ص. ٥٩.

② جلال طالباني، كردستان والحركة القومية الكردية، بيروت: دار الطليعة، ١٩٧١، ص. ٢١١-٤١١.

③ Edmund Ghareeb, *The Kurdish Question in Iraq* (New York: Syracuse University Press, 1981), p. 31.

④ إدمون غريب، الحركة القومية الكردية، بيروت: دار النهار للنشر، ١٩٧٣، ص. ١٠.

影响，1945 年反抗运动前夕，毛拉穆斯塔法还通过"希望"党会见苏联官员，以寻求支持。运动失败后，1945 年 10 月，毛拉穆斯塔法流亡至伊朗库尔德地区。马哈巴德共和国（Mahabad Republic，1946 年 1~12 月）及伊朗库尔德民主党（KDP-Iran）的成立让毛拉穆斯塔法意识到，起义的成功需要部落与受教育的城市政党结盟。[①]1946 年 8 月 16 日，毛拉穆斯塔法联合多个政治组织成立伊拉克库尔德民主党（Kurdistan Democratic Party，以下简称"库民党"）。同日，第一次党代表大会在巴格达秘密举行，推举流亡中的毛拉穆斯塔法为党主席。根据党纲，库民党以马克思列宁主义为政治意识形态，强调联合库尔德人与阿拉伯人，共同推翻伊拉克的王朝统治，结束帝国主义对伊拉克的控制。[②]

库民党的建立，首先第一次为伊拉克库尔德民族主义运动设立了政党化的框架；其次还是库尔德民族主义第一次明确提出按国别独立建党，进一步表明了伊拉克民族国家体系对库尔德人发挥的作用。但有必要明晰的是，尽管库民党党纲中表现出了明显的左翼倾向，但其本质上是占少数的城市左翼力量与农村部落力量的权宜联姻。[③]巴尔扎尼部落扮演着主导性的角色，左翼力量提供政治意识形态和政治行动框架，二者缺乏互信，相互利用，毛拉穆斯塔法在其中发挥着关键性的纽带作用。两股力量间的竞合，具体地呈现在毛拉穆斯塔法领导的巴尔扎尼部落和库民党中央委员会，同易卜拉欣·艾哈迈德（Ibrahim Ahmed）与贾拉勒·塔拉巴尼主导的库民党政治局之间。这既构成了伊拉克库尔德民族运动前进的动力，同时也是伊拉克库尔德内部政治演化的一条核心主线。

马哈巴德共和国失败后，毛拉穆斯塔法辗转伊拉克最终进入苏联，开启了长达 12 年（1947~1958 年）的政治流亡生涯。左翼力量主导的库民党政治局依旧在伊拉克境内活动，但在缺少部落力量的配合下无力产生大的影响，且 20 世纪 50 年代库民党与伊拉克共产党联系紧密，互为对方党员，此时库民党的政治话语更多地强调阶级斗争和反帝反封建，淡化了民族主

---

① Gareth R. V. Stansfield, *Iraqi Kurdistan: Political Development and Emergent Democracy* (London and New York: Routledge, 2003), p. 65.

② حامد محمود عيسى، القضية الكردية في العراق: من الاحتلال البريطاني إلى الغزو الأمريكي (٤١٩١-٢٠٠٤)، القاهرة: مكتبة مدبولي، ٢٠٠٥، ص. ٩٤١.

③ Edmund Ghareeb, *The Kurdish Question in Iraq*, p. 39.

义思想的成分；在意识到大国无意变革中东国家体系后，伊拉克库尔德人开始逐步将其民族诉求从独立建国缩小为获得区域自治的权利。[1] 到 1958 年 7 月革命爆发前，库尔德问题在伊拉克总体保持平静：对内，伊拉克政府主要诉诸于收买库尔德部落、打压库尔德政治活动和改善公共服务等手段；对外，巴格达条约组织建立后，伊拉克、伊朗和土耳其形成防务配合，阻断了三国库尔德人间的串联，也防止苏联通过支持左翼库尔德力量在中东发力。[2]

二 七月革命至 1975 年库尔德反抗运动时期（1958~1975 年）

1958 年哈希姆王朝被推翻，七月革命胜利。以阿卜杜·凯里木·卡塞姆（Abd al-Karim Qasim）为首的政府中就阿拉伯统一问题，形成了复兴党与纳赛尔主义者为一方的阵营；和卡塞姆、伊拉克共产党与民族民主党为另一方的阵营。为了抗衡复兴党与纳赛尔主义者，卡塞姆选择联合库尔德人。在同年 7 月 26 日颁布的《临时宪法》中，卡塞姆政府声明："阿拉伯人和库尔德人是这个国家的伙伴。宪法保障他们在伊拉克共和国框架内的权利。"[3] 这是伊拉克宪法首次承认库尔德人的民族权利，当然其前提是维护伊拉克共和国的完整。卡塞姆予以很多库尔德人高职，还把流亡中的毛拉穆斯塔法邀请回国参政。相应的，毛拉穆斯塔法也配合卡塞姆政府打压其对手。回国后，毛拉穆斯塔不满于左翼力量对库民党的控制，但其他部落力量担忧巴尔扎尼部落的强大会导致其失去土地，不愿给予支持。为重塑领导地位，毛拉穆斯塔法借助相对宽松的国内政治环境，大力拓展了巴尔扎尼部落的民兵武装力量"佩什梅伽"（Peshmerga）。[4]

毛拉穆斯塔法力量的复苏，引起了卡塞姆的担忧。随着权力根基渐稳，卡塞姆开始推行土地改革，试图加大对权力的控制，却将库尔德部落推至

① Alex Danilovich, eds., *Iraqi Kurdistan in Middle Eastern Politics* (London and New York: Routledge, 2017), p.17.

② Marianna Charountaki, *The Kurds and US Foreign Policy: International Relations in the Middle East since 1945* (London and New York: Routledge, 2010), p. 118.

③ Edmund Ghareeb, *The Kurdish Question in Iraq*, p. 38.

④ Marianna Charountaki, *The Kurds and US Foreign Policy: International Relations in the Middle East since 1945*, p. 132.

反面，毛拉穆斯塔法重新获得部落的支持。同时，由于卡塞姆亲苏的外交政策，苏联减少了对库民党的投入，党内左翼力量进一步弱化，毛拉穆斯塔法重新获得对库民党的控制。1961 年 7 月，毛拉穆斯塔法要求伊拉克政府给予库尔德人实质性的自治权，遭到了拒绝。9 月，双方发生武装冲突关系破裂，毛拉穆斯塔法起事，"第一次伊拉克库尔德战争"（1961 年 9 月至 1970 年 3 月）爆发。其间，伊拉克库尔德人经历了复兴党、阿里夫兄弟和复兴党再次上台的历届政权，双方一直处于持续的军事对抗和断断续续的谈判之中。库民党左翼派系基于自身弱势的现实与毛拉穆斯塔法保持着脆弱的联盟，难以统一立场一致对外。两个派系在反对中央政府上有所合作的同时，也在相互牵制，争夺运动的最高领导权。

战争的长期消耗、作战双方的非对称性和内部政治斗争，使库尔德人试图寻求外部力量的介入。虽然在卡塞姆对伊拉克共产党实施打压后，苏联再度对库民党给予支持，但主要还是针对左翼派系，且并不稳定，毛拉穆斯塔法从 1962 年 9 月起开始转而向美国寻求帮助。对此，美国起初予以了拒绝，但伊拉克多次政变对局势造成的不确定性，让美国意识到保持和库尔德人接触的必要性，中情局（CIA）同年开始采取秘密行动，鼓励伊朗和以色列向伊拉克库尔德人提供支持。[1] 伊朗和以色列都将伊拉克库尔德人视为平衡和遏制巴格达的战略资产，1964 年起，两国通过各自的情报机构"萨瓦克"（SAVAK）和"摩萨德"（MOSSAD）向库民党提供后勤物资和武器装备。在 1967 年中东战争前夕，以色列加大对库民党的武器支持，有效阻止了伊拉克将主要兵力投放在西线对抗以色列。[2]

1968 年 7 月，复兴党通过政变二次上台。经过近两年的战事和谈判后，复兴党政权与库民党于 1970 年 3 月达成《三月协议》（*March Accord*），承诺予以库尔德人自治权，毛拉穆斯塔法随之切断外部的支持，这引发了伊朗和以色列的担忧。[3] 12 月，复兴党暗杀毛拉穆斯塔法计划失败，双方关系再度恶化，加之复兴党凭借丰厚的石油收入施行国家主义的经济政策，

---

① DOS to Embassy in Iraq, 5 June 1972, in *Foreign Relations of the United States* (*FRUS*), 1964–1968, Vol. XXI, Doc. 165, available at: https://history.state.gov/historicaldocuments/frus1964–68v21/d165.

② Douglas Little, "The United States and the Kurds: A Cold War Story," *Journal of Cold War Studies*, Vol. 12, No. 4, Fall 2010, p. 73.

③ Charles Tripp, *A History of Iraq*, pp.203–206.

推动土地改革和城市化发展，以打破部落的社会经济基础，并改变库区人口分布状况以获得对基尔库克等地石油的控制，[①] 因此《三月协议》虽然维持了在拉锯中推动落实，但已实质上破裂。毛拉穆斯塔法秘密恢复了同伊朗和以色列的联盟关系。

1971 年年底，英国撤出海湾地区，苏联为弥补在埃及的损失，同年加大对伊拉克的投入。[②] 1972 年 4 月，苏联与伊拉克签署《苏伊友好合作条约》，美国在海湾地区的压力上升。20 世纪 70 年代，尼克松政府形成"双支柱"战略（Two Pillars Strategy），将伊朗和沙特作为拱卫海湾地区的支点，重点依靠"海湾警察"伊朗，遏制苏联南下中东的态势。苏联意识到只有实现库尔德人和中央政府的和解才能保障伊拉克的稳定和发挥伊拉克的战略作用，为此苏联向二者施压，倡议建立"民族阵线"（National Front），统合伊拉克各派势力。[③] 美国、以色列和伊朗担心，一旦库尔德人加入"民族阵线"，会造成"重大的地缘政治影响"，意味着伊拉克军队将得以抽身进入海湾地区或打击以色列。[④] 伊拉克库尔德问题由此凸显，成为影响冷战在海湾地区走向的一个重要因素。

地区局势的演变和以色列、伊朗的游说，已让美国意识到支持库尔德人所具有的战略意义。但美国只是加强与库民党的沟通，并未提供实质的支持。1972 年 7 月 18 日，埃及总统萨达特宣布驱逐苏联专家。基辛格认为，萨达特的决定打破了冷战在中东的平衡，会强化伊拉克在苏联中东战略中的地位。[⑤] 8 月，美国总统尼克松批准了一项支持伊拉克库尔德人的隐蔽行动（Covert Action），正式决定从政策上支持库民党抗衡复兴党政权。库民党要求美国从防守、进攻与革命三个层次提供支持，直至推翻复兴党政权。[⑥] 但美国最终只在有限程度上回应了库尔德人的第一层诉求。1973 年 10 月，

---

① Denise Natali, *The Kurds and the State: Evolving National Identity in Iraq, Turkey and Iran* (New York: Syracuse University Press, 2005), p. 58.

② Bryan R. Gibson, *Sold Out? US Foreign Policy, Iraq, the Kurds, and the Cold War* (New York: Palgrave Macmillan, 2015), pp. 129–130.

③ Charles Tripp, *A History of Iraq*, p. 202.

④ Harold Saunders to National Security Council (NSC), 27 March 1972, in *FRUS, 1969–1976*, Vol. E–4, Doc. 301, available at: https://history.state.gov/historicaldocuments/frus1969–76ve04/d301.

⑤ Douglas Little, "The United States and the Kurds: A Cold War Story," p. 77.

⑥ Alexander Haig to Henry Kissinger,28 July 1972, in *FRUS, 1969–1976*, Vol. E–4, Doc. 321, available at: https://history.state.gov/historicaldocuments/frus1969–76ve04/d321.

第四次中东战争爆发，"尼克松对库尔德人事件的决定仅一年多时间就看出好处来了"，"伊拉克只派出了一个师参战"。[①]

美国的支持和库尔德人发挥的作用，极大地提振了毛拉穆斯塔法的信心及巩固他在党内的地位。毛拉穆斯塔法坚持对复兴党采取强硬立场，1974 年 4 月 22 日，双方就《三月协议》落实分歧不断，最终失去克制，爆发战事。但第四次中东战争结束后，伊拉克与苏联的关系逐渐趋于冷淡，伊拉克复兴党内部开始主张缓和与西方国家的关系。随着 1974 年 10 月萨达姆·侯赛因（Saddam Hussein）权力的集中，伊拉克军队聚焦于北线作战，加之当年暖冬的气候条件，库尔德武装在战场上逐渐失去优势，伊朗沙阿穆罕默德·礼萨·巴列维（Shah Mohammad Reza Pahlavi）降低了对库尔德人的期待。此外，约旦国王侯赛因在注意到伊拉克内部的变化后，开始联合埃及和法国在两伊间斡旋，积极劝说巴列维国王相信复兴党人只是民族主义者，而非苏联的代理人。[②] 最终，国王巴列维于 1975 年 3 月 3 日和萨达姆在欧佩克阿尔及尔会议期间展开会谈；3 月 6 日，两伊签署《阿尔及尔协议》（Algiers Agreement），伊拉克在阿拉伯河问题上做出让步，伊朗从东线撤兵，并关闭了秘密支持的通道，库尔德人遭遇惨败。

战事的失败最终导致库民党分裂，贾拉勒·塔拉巴尼正式出走，在大马士革宣布成立库尔德爱国联盟（Patriotic Union of Kurdistan，以下简称"库爱盟"）。毛拉穆斯塔法流亡伊朗，随后赴美国接受治疗，1979 年 3 月在华盛顿病逝，其子马苏德·巴尔扎尼（Masoud Barzani）出任库民党主席。此外，库民党分裂的内部原因还在于政党性质、意识形态、斗争路线等议题。因复兴党阿拉伯化的政策，大量库尔德农村人口从衰败的村落涌入城市谋生，部落结构遭到冲击，左翼力量认为毛拉穆斯塔法代表的部落是反动落后的封建阶级，库尔德民族独立运动的基础已转到城市，依托于部落的斗争策略应该遭到摒弃，而 1975 年战争的失败，恰恰佐证了这一论断。库爱盟将自身定义为一个社会主义民主政党，代表伊拉克库尔德工人、农民与城市中产阶级的利益，主张社会改革等，而此前为了团结巴尔扎尼部落，

---

① ［美］亨利·基辛格：《白宫岁月：基辛格回忆录》，范益世、殷汶祖译，上海译文出版社，2016，第 1561 页。

② حامد محمود عيسى، القضية الكردية في العراق: من الاحتلال البريطاني إلى الغزو الأمريكي (١٩١٤-٢٠٠٤)، ص. ٣٢٤.

这些原则都被左翼力量排除在外了。①

　　1975 年是伊拉克库尔德民族主义运动发展的一个重要分水岭，是 1991 年海湾战争前伊拉克库尔德运动发展的新节点。两党并立一定程度上反映了伊拉克库尔德社会的新变化，即传统部落和城市群体力量对比的此消彼长，这奠定了未来伊拉克库尔德人内部政治演变的基础。但需要注意的是，伊朗一旦停止支持，库尔德起义就遭遇失败，或许可以证明库尔德民族主义运动薄弱的民间基础，② 换言之，在当时的伊拉克库尔德社会中，并未真正意义上形成精英和底层所共同想象的民族主义。

三　1975 年至海湾战争时期（1975~1991 年）

　　1975 年后，复兴党政权继续推进土地改革和阿拉伯化政策，强制把库尔德农村人口迁入城市聚居区（Mujamma't），但伊拉克库区极速的城市化进程并没有天然地带来库尔德左翼力量的增强，因为该进程本质上是伊拉克国家政策的产物。"新兴城市"中单一的石油工业基础，意味着有限的吸纳就业能力，大量库尔德移居人口成为无业游民，只能选择向政府庇护下幸存的库尔德部落寻求生计与安全保障。在某种意义上，这些政策并非把农村城市化了，而是把城市农村化了。③ 这一过程被荷兰学者米歇尔·李赞伯格（Michiel Leezenberg）形象地描述为"部落结构在城市化背景下得到了新生"。④ 直到 1977 年，农村人口依旧占据着伊拉克库区总人口的 51%。⑤ 伊拉克政府通过建立上述庇护网络，来实现对库尔德底层的控制，并由此在库区建立了亲中央政府的自治政府，维持了名义上的库尔德自治。由于当时库民党与库爱盟主要领导人都流亡海外，伊拉克库尔德地区反抗活动基本停止，只有部分库尔德游击队会制造零星的小规模袭击。

---

① Edmund Ghareeb, *The Kurdish Question in Iraq*, p. 36.

② Lisa Blaydes, *State of Repression: Iraq under Saddam Hussein*（Princeton: Princeton university Press, 2018）, p. 142.

③ واثق السعدون، الأدوار السياسية للعشائر العربية في العراق، تحليل من مركز دراسات الشرق الأوسط (تركيا)، العدد ١٢٢، أكتوبر ٢٠١٨، ص. ٣١.

④ Faleh A. Jabar and Hosham Dawod, eds., *The Kurds: Nationalism and Politics*（London: Saqi Books, 2006）, p. 7.

⑤ Phebe Marr, *The Modern History of Iraq*（Boulder: Westview Press, 1985）, p. 285.

两伊战争期间（1980~1988 年），库尔德地区成为双方争夺的重要战场之一。库民党与库爱盟接受伊朗的支援，积极利用乱局反对萨达姆政府。但这种配合只是短暂性的，无法超越两党长久以来固化的分歧与矛盾。萨达姆政府对此加以利用，允诺库爱盟愿意赋予库尔德人自治权，库爱盟也希望借机打压库民党，提高自身力量，二者达成和解，联手反击库民党与伊朗。在意识到萨达姆政府无意真正履行诺言后，双方关系破裂后，库爱盟再次转向库民党和伊朗，共同反对萨达姆政府。由此可见，伊拉克库尔德民族主义运动的发展，既受制于历史遗留矛盾，也受制于共同的伊拉克库尔德民族主义的理念，两者间的张力为外部力量的介入提供了空间，决定了库民党与库爱盟两党间这种伙伴兼对手的复杂关系。

从该时期的库区社会内部来看，伊拉克政府为弥补战争带来的财政亏空，于 1983 年放松了对经济的控制，推行私有化，向私企和个人租赁和买卖土地。大量与政府保持亲密关系的库尔德部落首领重新获得土地并进入商业领域，转变为土地主与商人，跻身中央政府庇护下的城市暴富阶层。埃尔比勒北部哈里里平原的苏尔齐部落（Surchi）就是其中的典型代表。[1]部落的强化还表现在军事安全层面。为对抗伊朗和库尔德民族主义运动，大量库尔德部落在伊拉克政府的支持下组建起非常规军。两伊战争后期，伊拉克国内食品价格大幅上涨，政府出于对粮食的迫切需求，继续将更多的土地租售给亲政府的库尔德部落来发展农业。伊库区随之出现逆城市化现象，大量库尔德城市无业游民重新返回农村，进一步夯实了部落在库尔德社会中的基础。

随着两伊战争进入末尾，库尔德武装的壮大和农村的复苏引起了伊拉克复兴党政权的警惕。但限于财政拮据和官僚能力薄弱，从 1986~1988 年，萨达姆开始下令展开"安法尔行动"（Anfal Campaign），对库尔德人进行了无差别的集体性惩罚，包括与复兴党政府合作的库尔德顾问也未能幸免。[2]3000~5000 个库尔德村庄连同农田遭到毁坏，150 万人流离失所或被强制迁入城市，受政府的集中控制与管理。[3] "安法尔行动"给伊拉克库区

---

[1]　Faleh A. Jabar and Hosham Dawod, eds., *The Kurds: Nationalism and Politics*, p. 8.

[2]　Joost Hilterman, *A Poisonous Affair: America, Iraq and the Gassing of Halabja* (New York: Cambridge University Press, 2007), p. 95.

[3]　Kerim Yildiz, *The Kurds in Iraq: The Past, Present and Future* (London: Pluto Press, 2004), p. 25.

的农业经济造成了致命性的打击，伊拉克库区"变成一块破碎的土地，社会发展快速地失去经济基础，政党力量弱化，士气低落，库尔德人疲惫涣散"。[①]

尽管如此，这些政策并没有带来显著的效果，"佩什梅伽"武装与伊拉克军队的战斗仍在继续。正是这种无差别的集体性惩罚，刺激了伊拉克库尔德人共同的身份意识，让本已虚弱的库尔德民族主义运动能够继续获得民间的支持来战斗。[②]更重要的是，库尔德内部的政治力量因此得到了整合。1988 年 5 月，库民党和库爱盟放弃对抗，强调民族团结，并联合其他政党宣布成立伊拉克库尔德阵线（Iraqi Kurdistan Front），库民党主席马苏德·巴尔扎尼和库爱盟主席贾拉勒·塔拉巴尼共同担任阵线领导人，宣布一致对抗复兴党政权。"安法尔行动"因此被认为是伊拉克库尔德问题发展的一个重要转折点，它标志着伊拉克库尔德人共同民族意识的诞生。[③]但整体上看，伊拉克库尔德力量此时处于一个积弱的局面，这种状况一直到 1991 年海湾战争才得到实质性的改变。

四 海湾战争至伊拉克战争时期（1991~2003 年）

1990 年 8 月 2 日，伊拉克入侵科威特，1991 年 1 月美国发动"沙漠风暴"行动，海湾战争爆发。美国总统布什于 1991 年 2 月 15 日呼吁伊拉克人推翻萨达姆政权。在随后的三周内，什叶派起义控制了巴士拉和南部多处沼泽地带，库尔德"佩什梅伽"武装占领埃尔比勒、基尔库克及周边多处油田，控制了库区近 3/4 的领土。3 月中旬起，伊拉克军队开始转入反攻，3 月 27 日，萨达姆派出共和国卫队的精锐部队向北部发动空袭和地面推进，短时间内夺回相关领土，致使库尔德武装损失 2 万余人，250 多万库尔德难民涌向土耳其和伊朗边境，引发大规模人道主义危机。[④]美国虽然号召伊拉克人反抗萨达姆，但并没有提供任何实质的帮助。以 1991 年 3 月后土耳

---

① Gareth R. V. Stansfield, *Iraqi Kurdistan: Political Development and Emergent Democracy*, p. 47.

② Nida Alahmad, *State Power in Iraq, 1988–2005*, Doctoral dissertation, New School for Social Research, 2009, pp. 68–69.

③ John Bulloch and Harvey Morris, *No Friends but the Mountains: The Tragic History of the Kurds*（London: Viking, 1992）, p. 142.

④ فؤاد مطر، الكرد المخذول: رواية الدولة السراب في الوطن المستحيل، بيروت: الدار العربية للعلوم ناشرون، ۸۱۰۲، ص. ۷۹.

其与伊拉克库尔德人关系的改善为必要前提，[①] 在巨大的国际压力下，美国以联合国维和部队形式通过土耳其因吉尔利克空军基地向伊拉克库区派出 3200 名士兵，开展"提供舒适行动"（Operation Provide Comfort），在伊拉克北纬 36 度以北建立禁飞区。这为伊拉克库尔德人的自治提供了前所未有的历史机遇。[②] 1992 年 5 月，库区举行地方议会选举，库民党与库爱盟分别获得 51 和 49 个席位（总计 105 个席位），组成库尔德地区政府（Kurdistan Regional Government，以下简称"库区政府"），形成了两党主导的地区权力格局。[③]

1991 年禁飞区设立后，伊拉克政府对库区实行经济封锁，实际上使库区面临国际与国内的双重制裁。伊拉克政府无力继续维持福利国家的政策，不断缩减对伊库区的财政预算和粮食补给，这导致其与亲政府部落间的庇护关系破裂，大多数部落加入库尔德阵线，反对复兴党政权。国际援助与边境贸易是该时期伊库区的主要经济来源，两党作为库区政府代表对外成为"寻租政府"，对内进行经济资源的分配与管理，取代原有的亲政府部落成为伊库区内部新的庇护者。非生产性的经济结构决定了伊拉克库尔德社会无法有效制约作为资源分配者的库民党和库爱盟。由于经济上的双重制裁和内战期间不稳定的安全局势，伊拉克长期以来的政治腐败和经济依赖等问题在伊库区不断加剧。尽管国际援助使许多库尔德村庄得以重建，但"安法尔行动"的化学毒气对农田造成了持久破坏，1996 年联合国"石油换食品计划"进一步限制了该地区的农业复苏。上述因素共同决定了库民党与库爱盟两党主导下的地区权力格局和库区"强政党，弱社会"的本质。[④] 两党通过掌控伊拉克库区经济命脉、提供政治与安全庇护，建立起广泛的社会关系网络，将作为统治阶级的政党和社会各阶层联系起来，确立了深厚的社会基础，牢牢地控制着整个伊拉克库尔德地区。

但需要指出的是，库区政府的成立，并非当然地意味着库区的有序，

---

① Michael M. Gunter, "The Foreign Policy of the Iraqi Kurds," *Journal of South Asian and Middle Eastern Studies*, Spring 1997, pp. 7–12; Hannes Černy, *Iraqi Kurdistan, the PKK and IR Theory and Ethnic Conflict* (London and New York: Routledge, 2018), pp. 170–175.

② فؤاد مطر، الكرد المخذول: رواية الدولة السراب في الوطن المستحيل، ص. ٩٩.

③ Gareth R. V. Stansfield, *Iraqi Kurdistan: Political Development and Emergent Democracy*, p. 147.

④ Denise Natali, *The Kurdish Quasi-State: Development and Dependency in Post-Gulf War Iraq* (New York: Syracuse University Press, 2010), p. 115.

库尔德阵线所暂时弥合的两党间隙，因权力、国际援助分配和地盘争夺再次被激化，从小规模冲突，最终演变为两个政府并立和1994年5月爆发的库尔德内战。海湾战争后，克林顿政府将伊拉克北部及南部建立的禁飞区作为遏制伊拉克的一个重要平台，海湾流亡反对派在此避难，谋求推翻萨达姆集团的军事政变。① 因此，两党内战有悖于美国的利益，美国多次居中调停，但战事依旧时断时续。② 1996年8月，新一轮战事再次爆发，马苏德·巴尔扎尼因库民党在战场上处于劣势向萨达姆求援。伊拉克军队利用此次机会进入库区，短时间内逮捕并处决了96名参与1996年6月政变失败后逃至伊库区的相关人员。

1994年美国中期选举后共和党人在国会中逐渐占据优势，新保守主义者要求对中东采取强硬措施，主张推动伊拉克的政权更迭。1998年10月，美国通过《解放伊拉克法案》，并决定向伊拉克反对派拨款9700万美元。③ 库尔德两党4年内战给美国在伊拉克行动产生消极影响的历史表明，要整合伊拉克反对派和发挥库区在推翻萨达姆政权过程中的支点作用，就必须实现两党间的停火和库区内部局势的稳定，这同时还和土耳其有效打击库尔德工人党（PKK）的利益联系在一起。1998年9月17日，在美国的强力斡旋下，马苏德·巴尔扎尼和贾拉勒·塔拉巴尼达成《华盛顿协议》（Washington Accord），宣布两党实现停火，承诺将组建联合政府，实现库区的和平稳定，库爱盟放弃对土耳其库工党的支持，保障了土耳其南部边境的安全。该协议被认为是美国和伊拉克库尔德人的关系发展中的一个重要里程碑，为库尔德人在2003年伊拉克战后政治地位奠定了基础。

"9·11"事件后，小布什政府开始推动对伊拉克发动战争，推翻萨达姆政权，美国进一步加大对伊拉克反对派的支持。具体到伊拉克库尔德人，美国一方面将库尔德人受化武袭击的历史遭遇和对萨达姆政权拥有大规模杀伤性武器的指控联系在一起；另一方面积极宣传非萨达姆治下伊拉克库区良好的生存状况，从道义上孤立伊拉克，塑造美国解放者的形象。同时，

---

① 详见 Peter L. Hahn, *Missions Accomplished? The United States and Iraq since World War I*（New York and Oxford: Oxford University Press, 2012）, pp. 120–126。

② Michael M. Gunter, "The Foreign Policy of the Iraqi Kurds," pp. 13–14.

③ Peter L. Hahn, *Missions Accomplished? The United States and Iraq since World War I*, pp. 127–131.

由于土耳其拒绝为美国在战争中提供过境通道，伊拉克库区成为美国北向进入伊拉克的唯一门户，战略地位进一步上升。但 1975 年美国人的背叛和 1991 年美国号召反对派起义后的冷漠立场，让库尔德人担心推翻萨达姆后自己会再度遭到抛弃。库民党和库爱盟两党领导层坚持只有得到美国对库尔德人战后安全与政治权利的保证，两党才愿意和美国合作。[①] 为此，美国既需要维护伊库区的安全局势，也需要建立同库尔德人间的政治互信，保证后者全力配合美国的行动。

在伊拉克战争后库尔德人的政治安排问题上，美国需要同时考虑土耳其和库尔德人的因素，前者是美国的北约盟友和倒萨的大后方，后者是美国倒萨的重要依托对象。2002 年 7 月，美国国防部前副部长保罗·沃尔福威茨（Paul Wolfowitz）访问土耳其，承诺伊拉克战争不会带来库尔德人的独立。12 月，沃尔福威茨再次访土时承诺库尔德人不会进入基尔库克和摩苏尔，土耳其同意美国使用其军事和空军基地。此外，美国于同年秋告知库尔德人，只要发挥作用得当，在民族主义事业上保持沉默，配合美国的行动不制造麻烦，库尔德人"就可以继续保持目前所拥有的一切"，表明美国愿意维护伊拉克库尔德人在伊拉克战争后的自治地位。[②] 2002 年 12 月，在美国的推动下，伊拉克反对派在伦敦举行大会，商讨战前准备和战后的政治安排事宜，确立了包括库尔德人在内的联邦制原则。2003 年 3 月 6 日，小布什发布声明称："伊拉克会提供一个人们可以见证什叶派、逊尼派和库尔德人在一个联邦制下共存的场所。伊拉克将成为积极改变的催化剂。"[③] 3 月 19 日，美国开展"伊拉克自由行动"（Operation Iraq Freedom），正式发动伊拉克战争。4 月 15 日，美军宣布结束在伊拉克的主要军事行动，复兴党政权被推翻。

五　伊拉克战争以来（2003 年至今）

2003 年伊拉克战争后，伊拉克库尔德人的地位得到了显著的提高。

[①]　Kerim Yildiz, *The Kurds in Iraq: The Past, Present and Future*, p. 103.

[②]　Mohammed Shareef, *The United States, Iraq and the Kurds: Shock, awe and aftermath*（London and New York: Routledge, 2014）, p. 157.

[③]　Mohammed Shareef, *The United States, Iraq and the Kurds: Shock, Awe and Aftermath*, p. 66.

2004 年 3 月 8 日，伊拉克颁布《过渡行政法》，规定库尔德语为伊拉克的两个官方语言之一，承认库尔德人的自治权利和库区政府作为库区三省合法政府的地位，"佩什梅伽"武装得到保留。同时，该法还规定，如果伊拉克有任何三个省 2/3 的人口反对，可否决宪法。这实际上赋予了库尔德人否决宪法的权力，因为库区就由埃尔比勒、苏莱曼尼亚和杜胡克三省组成。[①] 库尔德人的这些特权，最终在 2005 年 10 月通过的《伊拉克永久宪法》中正式得到确立。此外，中央预算每年给库区 17% 的固定比例拨款，和伊拉克总统一职由库尔德人担任等非正式政治安排，都是伊拉克库尔德人 2003 年后政治地位上升的表现。经济上，国际制裁的解除和丰富的石油资源，推动了库区经济的飞速增长；安全上，相对稳定的局势与伊拉克其他地区形成巨大反差，使其在国际社会上收获"另一个伊拉克"的赞誉。[②] 相应的，文化和思想上，伊拉克库区政府的成功对他国的库尔德人形成示范效应，并让伊拉克库尔德人相信库尔德民族的独立将由自己来领导完成。[③]

这当然还反映在库区内部。库民党和库爱盟为了拱卫库尔德人战后的政治经济成果和两党在库区的主导地位，选择继续合作。2005 年 12 月，两党联合参选伊拉克过渡后的首次大选，获得 53 个席位（当时席位总数为 275 席），还结盟参选地区议会选举，赢得 104 个席位（席位总数增至 111 席）。2006 年 1 月，两党达成战略协议，划分各自在政府中的职位分配，并最终于同年 5 月完成政府合并，凭借对石油财富的垄断和政府职位便利强化了既有的权力格局。在 2009 年美国撤军前，库区借伊拉克中央政府的软弱和伊拉克动荡的安全形势，持续提升着自己的地位。

随着 2008 年伊拉克安全局势渐稳和 2009 年起美军逐步撤离伊拉克，伊拉克前总理努里·马利基（Nouri al-Maliki）开始打压逊尼派与库尔德力量，试图强化什叶派对权力的控制，库区与中央政府关系因此变得紧张。同时，库区单一的产业政策和受外部高度影响的经济结构，决定了库区的经济繁荣有着极强的不稳定性。受 2008 年国际金融危机的影响，伊库区国

---

① Alex Danilovich, *Iraqi Federalism and the Kurds: Learning to Live Together* (Surrey: Ashgate Publishing, 2014), p. 52.

② 可参看网站 http://www.theotheriraq.com。

③ Henri J. Barkey, "The Kurdish Awakening: Unity, Betrayal, and the Future of the Middle East," *Foreign Affairs*, Vol. 98, No. 2, March/April, 2019, p. 112.

际投资连年下降，库区政府加大对土耳其的石油输出力度，导致 2014 年年初马利基政府削减和缓发对库区的财政预算，同年下半年国际油价下跌，二者叠加使地区财政赤字问题恶化，引发 2015 年地区经济危机，库尔德力量因此遭到弱化。

但 2014 年 6 月极端组织"达伊什"（Islamic State of Iraq and al-Sham, ISIS / Daesh）的崛起，阻缓了库尔德力量的弱化态势。伊拉克军警部队的抵抗失效，让库尔德"佩什梅伽"武装成为打击"达伊什"组织的一支重要力量。伊拉克库尔德人因此成功抢占了基尔库克、迪亚里省，萨拉赫丁省和尼尼微省的大量地盘，控制区扩大近 40%，并获得了国际社会的赞誉，还以此有效地配合美国的政策从而使库美关系得以深化，伊拉克库尔德人的心理自信也进一步得到提升，并将美国当作其谋求独立的坚定后盾，希望借此进一步巩固和扩大既有的成果。随着 2016 年下半年打击"达伊什"组织取得突破，库区政府主席马苏德·巴尔扎尼提出举行库区独立公投。[①]2017 年 9 月 25 日，不顾各方的强烈反对，伊拉克库区正式举行独立公投，欲图进一步推动库尔德人自治乃至独立建国的进程。但高达 92.7% 的赞成票并没有换来实际的政治回报，[②]却相反引发了有关各方的剧烈反应，伊拉克库区随后在多个层面丧失既有优势，伊拉克中央政府从而实现局势的逆转。

第一，伊拉克库区在政治上遭到国内与国际的双重孤立。除以色列公开对独立公投表示支持外，包括美国在内的有关各方均对此予以反对和谴责。对各方而言，伊拉克的分裂会进一步加剧地区局势的动荡，不利于打击"达伊什"的反恐态势。具体来看，对伊拉克中央政府而言，库区独立意味着 1/5 的伊拉克领土及大量油气资源的流失，伊拉克"国将不国"；对伊朗和土耳其而言，其本国的库尔德问题将由此被激化，从而威胁其国家利益；对美国而言，2018 年 5 月伊拉克新一届大选临近，美国担心库尔德人的独立会改变伊拉克的政治走向，挫败总理海达尔·阿巴迪（Haider al-Abadi）对西方采取的温和路线，影响其在下届政府中连任，进一步加强马利

---

① 有关诱发公投的其他原因，可进一步参看 Aram Rafaat, *Kurdistan in Iraq: The Evolution of a Quasi-State*（London and New York: Routledge, 2018），pp. 199–204。

② "92.73% 'Yes' for Independence: Preliminary Official Results," *Rudaw*, September 27, 2017, http://www.rudaw.net/english/kurdistan/270920174。

基和"人民动员武装"(Popular Mobilization Forces, PMF)等亲伊朗强硬什叶派力量的地位，破坏美国遏制伊朗的战略。伊拉克中央政府、土耳其和伊朗随后还陆续实施"禁飞令"，终止所有与伊拉克库区的航班往来，并间歇性关闭双边贸易口岸。

第二，双重孤立给伊拉克库区造成军事与政治上的败退。2017年10月16日，伊拉克政府军向库尔德人发起攻击，在伊朗的施压下，库爱盟放弃抵抗，基尔库克被政府军于次日迅速收复。[①] 在随后的数天内，库尔德人通过2014年抗击"达伊什"控制的领土和在军事上形成的优势也被尽数收回。10月18日，马苏德·巴尔扎尼发表声明，表示愿意与中央政府展开谈判。25日，库区政府继续让步，表示愿意以"冻结"公投结果换取停火和对话，但伊拉克总理阿巴迪则坚持强硬立场，要求库区取消公投结果。29日，马苏德·巴尔扎尼迫于各方压力，宣布辞去伊拉克库区主席一职。[②] 此外，这种倒退还反映在库区内部，库民党与库爱盟因在危机中的立场差异而相互诘难并爆发小规模军事冲突，变革运动(Gorran)、库尔德伊斯兰团(Komal Islami)等反对派政党组织示威游行抗议两党，并于2017年12月20日宣布退出库区政府，导致库区内部政治进一步走向分裂。

第三，经济上的惩治措施加剧了伊拉克库区本已恶化的财政状况。尽管伊拉克库区2003年后依托于石油实现了大幅度的经济增长，但在其现行的经济结构中，占中央预算17%的财政拨款占到地区预算的90%，其余10%主要来自于地区自留的石油收入和国际投资。[③] 丢失基尔库克造成的直接影响，使库区的石油产量从2017年的每日生产53万桶跌至2018年每日生产32万桶。[④] 伊拉克中央政府更一度威胁库区要大幅减低针对库区的2018年财政预算拨款。2018年1月7日，强压之下的库区政府表示愿意以

① Fazel Hawramy, "How Iran Helped Baghdad Seize Back Kirkuk," *Al-Monitor*, October 16, 2017, https://www.al-monitor.com/pulse/originals/2017/10/iran-kirkuk-recapture-soleimani-quds-force-eqbalpour.html.
② 魏玉栋:《伊拉克库区主席巴尔扎尼宣布辞职》, 2017年10月30日, http://news.xinhuanet.com/2017-10/30/c_1121873645.htm。
③ World Bank Group, *Kurdistan Region of Iraq: Reforming the Economy for Shared Prosperity and Protecting the Vulnerable*, February 2015, p. 1, https://openknowledge.worldbank.org/handle/10986/21597.
④ Ahmed Mehdi, *Iraqi Oil: Industry Evolution and Short and Medium-term Prospects* (Oxford: Oxford Institute for Energy Studies, October 2018), p.14.

向中央政府恢复全面交付石油收入，换取 2018 年财政预算保持对库区 17%
的拨款。但身处弱势的库区最终还是难逃降至 12.67% 的惩罚性财政拨款。①
此外，因外交孤立导致的国际航班停运和边境口岸贸易受阻也进一步加深
着库区的财政拮据，库区政府开始采取紧缩的经济政策，公职人员薪资被
削减至 1/3。

从库区内部视角来看，马苏德·巴尔扎尼之所以执意推动此次公投，
还在于重塑其在库区中的绝对领导地位。前述的库尔德力量的弱化，实际
上还为库区内部力量的分化带来了空间。2009 年，库爱盟前副书记努奇尔
万·穆斯塔法（Nawshirwan Mustafa）带领一批党内中层人员退出库爱盟，
宣布成立变革运动，致力于"变革库爱盟一党主导下的苏莱曼尼亚政府和
库民党一党主导下的埃尔比勒和杜胡克政府"。②2009 年 7 月 25 日，变革
运动参加地区议会选举，获得选票总数的 23.72%，赢得 25 个席位。2011
年后，变革运动组织示威游行，号召消除腐败，进行政治和经济改革，打
破两党长期垄断的权力局面。在 2013 年的地区议会选举中，该党得票率超
过库爱盟，赢得 24 个席位，成为伊库区议会的第二大党（库民党 38 席，库
爱盟 18 席）。变革运动的兴起为两党庇护体系外的年轻一代创造了新的参
政空间，增强了地区反对派的总体力量，重塑了伊库区的政治版图。随着
原定于 2017 年 11 月的库区议会选举的临近，为应对变革运动与库爱盟结成
的选举联盟和寻求个人的连任，马苏德·巴尔扎尼不顾各方反对举行库区
独立公投，以增加选民支持。

公投危机导致了伊拉克库区与中央政府在政治、军事和经济上的优
势逆转，也在很大程度上导致了库区对外关系和库区内部政治的僵局。但
2018 年 5 月的伊拉克全国大选、9 月的库区地区选举和地区局势演变，则为
这种僵局的调整带来了新的政治活动空间。

在 2018 年 5 月的全国大选中，以什叶派、逊尼派与库尔德人划线参选
的三大派格局虽未发生改变，但派内的高度分化与斗争开始成为伊拉克选

① "Iraq Adopts 2018 Budget, Slashing Allocations for Kurds," *Middle East Eye*, March 3, 2018, https://www.middleeasteye.net/news/iraq-adopts-2018-budget-slashing-allocations-kurds.

② عمارة الزيدي ويوسف محمد صادق، المعارضة السياسية في إقليم كردستان – العراق (النشأة والمستقبل)، المركز العربي للأبحاث ودراسة السياسات، أبريل، ٢١٠٢، ص. ٠٢-١٢.

举政治的新特点。这在什叶派内部表现的尤为明显。[①] 什叶派的内部分化与派系斗争的日益公开和激烈，让什叶派"'斗而不破'的潜在政治默契正在被互不相让的零和博弈取代"。[②] 换言之，什叶派政治力量独立地或通过内部集体协调解决问题的能力正在逐渐丧失，这为公投危机后伊拉克库尔德人重要性的回归创造了客观的条件。"建设联盟"（Construction Coalition）[③] 与"改革与建设联盟"（Coalition of Reform and Construction）[④] 两大什叶派选团，都致力于拉拢库尔德力量，

伊拉克库区的外部空间因此而松动，并受地区局势的影响进一步得到扩展。两大选团竞争的背后，还有一个层次是美国同伊朗在地区的战略博弈。组阁前期，打击"达伊什"全球联盟前美国总统特使布雷特·麦格克（Brett McGurk）[⑤] 和伊朗革命卫队圣城旅指挥官卡西姆·苏莱曼尼（Qasem Soleimani）[⑥]，于2018年8月中旬先后访问伊拉克，对库尔德人进行积极拉拢，分别希望库尔德两党加入"改革与建设联盟"和"建设联盟"的组阁进程，并就阿巴迪连任事宜展开博弈。[⑦] 但对伊拉克库区的拉拢与争夺，除了硬性的外交或安全施压外，还需要考虑自身回应库区诉求的能力。在卡西姆·苏莱曼尼的安排下，2018年11月21日，马苏德·巴尔扎尼实现独

---

① 曾一度在伊拉克什叶派力量中占主导地位的伊斯兰宣教党（Islamic Dawa Party），裂变为马利基与阿巴迪各自领导的两支派系；萨德尔运动的领导人穆格泰达·萨德尔（Muqtada al-Sadr）因其反美与反腐的伊拉克民族主义立场，有着较高的民意支持，成为什叶派传统政党力量的挑战者；在大阿亚图拉西斯塔尼号召下成立的什叶派民兵"人民动员武装"，因打击"达伊什"组织而得到淬炼，赢得了广泛的民间支持，并在特定条件下通过制度化的途径具备了一定程度上的合法性，是有力的新兴参政力量。最终，伊斯兰宣教党上届92席的原有优势分散阿巴迪领导的"胜利联盟"（Nasr Alliance）赢得42个席位，马利基领导的"法制国家联盟"（State of Law Coalition）只赢得了25个席位；萨德尔领导的"行走者联盟"（Sairoon Alliance）与"人民动员武装"领导人哈迪·阿米里（Hadi al-Ameri）带领的"征服联盟"（Fatah Alliance），分别赢得54个与48个席位，分列议会一二大党团。

② 魏亮：《后"伊斯兰国"时代的伊拉克政治前景》，《当代世界》2018年第3期，第72页。

③ 主要由"征服联盟"和"法制国家联盟"联合而成。

④ 主要由"胜利联盟"、"行走者联盟"和奥马尔·哈基姆（Ammar al-Hakim）领导的"全国智慧运动"（National Wisdom Movement）联合组成。

⑤ مكفورك يبحث تشكيل الحكومة العراقية المقبلة مع سياسيين من التحالف السني، رودو، ١٦ أغسطس، ٢٠١٨، http://www.rudaw.net/arabic/middleeast/iraq/1608201819.

⑥ قاسم سليماني: زيارة جديدة إلى العراق، ماذا يفعل هنا؟ عربي ٢١، ١٨ أغسطس، ٢٠١٨، https://nav.browser.miui.com/safe-browsing/#url=https%3A%2F%2Fm.arabi21.com%2FStory%2F1116761.

⑦ Omar Sattar, "Kurds Put Conditions for Allying with Shiites to Form Government," *Al-Monitor*, August 24, 2018, https://www.al-monitor.com/pulse/originals/2018/08/iraq-kurdistan-baghdad-government.html.

立公投后对巴格达的首访，并实现了四点成果：1. 解决库区政府与中央政府的石油收入分成问题；2. 将对库区发放的财政拨款从 12.6% 提升至 14%；3. 重启库区通往土耳其的杰伊汉港（Ceyhan）输油管道；4. 将库尔德"佩什梅伽"武装的花销纳入伊拉克国防部的财政预算中。从伊拉克 2019 年的财政预算结果来看，马苏德·巴尔扎尼的访问成果得到了兑现。[1]

但需要指出的是，马苏德·巴尔扎尼所受到的特殊礼遇并不能被看作是库尔德人与中央政府关系本质性转圜的表现。在库尔德人看来，获得争议领土是库尔德人的合法权利，正是因为中央政府未有效落实《伊拉克永久宪法》中的第 140 条规定，才迫使库尔德人需要通过武力来造就既成事实、执行宪法。[2] 而 2017 年 10 月中央政府收回争议领土的军事行动表明，"后萨达姆"时代的伊拉克政府和现代伊拉克诞生以来的往届政府本质上无异，兵压埃尔比勒城门背后的"巨大的仇恨和敌意使得库尔德人或多或少地意识到，共同生存的选择是不存在的"。[3] 从中央政府的角度来看，是巴尔扎尼在库区内部实际的政治地位及其能为巴格达带来政治回报的能力，促成了这种礼遇，并且伊朗的居中斡旋发挥了关键性的作用。[4]

同时，伊拉克历届政府在库尔德问题上得到的教训表明，一个情况糟糕的库区，也无法带来一个稳定的伊拉克，因此过度压制库区也并不符合中央政府的利益。此外，伊拉克库区与美国间密切而复杂的关系，也成为掣肘其实现实质性外交战略转向的因素。但从另一个角度来看，土耳其和伊朗分别和库民党及库爱盟间良好的关系，也增加了美国在库尔德问题上发力的难度，除非美国全力投入支持库区的独立事业，否则伊拉克库尔德人也缺乏足够的动力配合美国的政策。就目前来看，全国大选过后的伊拉克库区已在很大程度上成功就公投危机进行了止损，与中央关系正逐步回归常态，但就上述成果的具体落实，双方还将展开一定胶着的拉锯战。

马苏德·巴尔扎尼通过访问巴格达所复苏的实力，还反映在了库区内

---

[1]　Salam Zidane, "Iraq's 2019 Budget Busts IMF Deal," *Al-Monitor*, February 7, 2019, https://www.al-monitor.com/pulse/originals/2019/01/iraq–2019–budget–monetary–fund.html.

[2]　لقاء مكي، كردستان العراق والمقاربة الجديدة في العلاقات الداخلية والإقليمية، مركز الجزيرة للدراسات، ٠٢ ديسمبر، ٢٠١٨، ص. ٤.

[3]　كفاح محمود كريم، سياسات الحكومات العراقية تجاه الكرد منذ إعلان الدولة العراقية حتى الاستفتاء، مركز الجزيرة للدراسات، ٢ سبتمبر، ٢٠١٨، ص. ٦.

[4]　لقاء مكي، كردستان العراق والمقاربة الجديدة في العلاقات الداخلية والإقليمية، ص. ٤.

部。2018 年 9 月 30 日的库区地区选举结果 ① 进一步表明,反对派政党的兴起虽然重塑了伊拉克库区的政治版图,但却并未打破库民党与库爱盟两党主导下的权力格局。两党维持权力格局的关键,一方面在于其对经济、能源、军事、安全、内政等核心部门牢固的掌控;另一方面,高度倚赖于石油的非生产性寻租经济决定了,库区难以产生可以转化为民主政治力量的经济基础和政治文化。

因此,库区反对派最大的挑战在于,如何在解构的同时建构一个不被旧有体制侵蚀的替代性发展模式和构想,重新确定利益分配格局。而在此过程中,有利的外部环境和库民党与库爱盟的改革意愿,将是成功打破两党格局的重要条件。在两党格局内部,随着变革运动成立和 2012 年贾拉勒·塔拉巴尼健康状况的恶化,两党间的力量天平不断地倾向库民党一边。2019 年新一届库区政府中,马苏德·巴尔扎尼侄子尼济尔凡·巴尔扎尼(Nechirvan Barzani)担任库区主席,其长子马斯鲁尔·巴尔扎尼(Masrour Barzani)担任新一届库区政府总理,"库爱盟走弱、库民党走强"的局面进一步加剧。但短期来看,二者在长期的竞争中还需保持适时的合作,来面对新兴反对派的不断出现和外部环境的变化,维持既有的利益格局。

结　语

以主要的事件标志和时间节点作为划分依据,伊拉克库尔德问题自 1926 年正式确立以降,大致经历了五个时期,分别是哈希姆王朝时期(1921~1958 年)、七月革命至库尔德反抗运动时期(1958~1975 年)、1975年至海湾战争时期(1975~1991 年)、海湾战争至伊拉克战争时期(1991~2003 年)、2003 年伊拉克战争以来的时期(2003 年至今)。

与其他三国的库尔德人相比,伊拉克库尔德人从一开始就获得了更多的权利和较为宽松的活动空间,这也使得伊拉克库尔德问题的历史演进延

---

① 在此次地区选举中,库民党居于首位,获得 111 总席中的 45 席,较上届选举上升 7 席;库爱盟位居第二位,获得 21 个席位,上升 3 席;变革运动由上一届的 24 席跌落至 12 席,位居第三位;新成立的反对派政党"新一代"运动(Naway)获得 8 席,位居第四位;伊斯兰团和伊斯兰联盟分别获得 7 席和 5 席,剩余的 13 个席位主要由库区土库曼人、亚述人和亚美尼亚人等少数族群政党获得。

续性最长，且最为激烈。2003 年后伊拉克库尔德人享有了合法的自治权和地位，这既是其长期斗争的结果，但更大程度上则是大国意志和地区局势演化的结果。目前，虽然该问题有所缓解，但并未得到长期有效的解决，依旧充满着不确定性，2017 年独立公投就是有力的例证。伊拉克库尔德问题深层次反映的是伊拉克国家能力的失效，和随之带来的畸形的伊拉克现代民族国家建构进程，及其同库尔德民族主义话语之间持久的张力。因此，如何建设强大稳定的国家能力，建构对多族群－教派社会特征具有包容性的伊拉克国家话语与制度安排，是伊拉克国家有效解决其库尔德问题的关键。同时，在激烈的大国博弈和中东地缘战略竞争中，伊拉克还应找到利益平衡点，避免本国的库尔德内政问题被利用，演化为地区或国际性问题。

CONTENTS

Historical and Cultural Studies

Linguistic and Literature Studies

Middle Eastern Studies

英文摘要

The *Futūḥ al-Shām* Ascribed to al−Wāqidī: A Comparative Analysis of its Content and Form with Two Parallel Narratives

Yoones Dehghani Farsani　Translated by Yu Diyang, Li Ruiheng

(Peking University)

Abstract: Historians of the Arab Muslim conquests of the Middle East in first/ seventh century have ignored for a long period the *Futūḥal-Shām* ascribed to al-Wāqidī (d. 207/822) as a potential source. This has been largely due to the question regarding the identity of this book, which is still at debate. This paper compares four passages from this work with parallel passages from the *Futūḥal-Shām* of al-Azdī (fl. second half of the 2nd/8[th]century) and the *Kitābal-futūḥ* of Ibn Aʿtham al-Kūfī (d. at the first quarter of the 4th/10[th]century), in order to gain a better understanding of the form and the content of this book. This study suggests that in terms of content, the narrative of the *Futūḥ al-Shām* ascribed to al-Wāqidīcontains more details, which are mostly of religious/eschatological nature. In terms of form, the narrative of this book tends to relate a more complete and self-contained and less interrupted narration of events than the other two parallel narratives.

Keywords: Futūḥ al-Shām Ascribed to al-Wāqidī; al-Azdī's Futūḥ al-Shām; Ibn Aʿtham'sKitāb al-futūḥ; textual criticism; Arab Muslim conquests

Jurjānī's Approach to Word Order

Yu Diyang（Peking University）

Abstract: Among medieval Arabic grammarians, Jurjānī is the first to advance a functional linguistic theory in studying Arabic based on the assumption that language is a communicative system designed to convey meaning and that meaning takes precedence over form. The meaning of a sentence is realized by constituting phrases into an orderly whole. Taking VSO as the basic word order in Classical Arabic, Jurjānī examines the changes of sentence elements related in word order in affirmative sentences, negative sentences and interrogative sentences from the perspectives of pragmatics and semantics. His functional approach to word order is manifested in his laying stress on situational context and linguistic context, meanwhile also he argues that the speaker's presupposition of the listener is crucial in the formation of utterance. Further, the degree of the relevance of a sentence element to that meaning and function of the sentence is a key factor in determining word order.

Keywords: Arabic; word order; Jurjānī; functional approach

Turnaround of Modern Arab Linguists' Stand on the Concept of "Semitic Languages"

Bai Ye（Peking University）

Abstract: In the beginning of the 20th Century, the concept of "Semitic languages" was introduced into the Arab world by European orientalists. And consequently, the comparative grammatical studies of Semitic languages, which had originated in

Europe, also came to the Middle East. Initially, Semitic language studies in the Arab world were led by European orientalists. Then, native Arab linguists began to accept this concept, and based on Arabic, their mother tongue, they study the relationships between Arabic language and other Semitic languages. Since the 1950s, during the Arab nationalism reached its climax, more and more Arab linguists began to question the accuracy of the concept of "Semitic languages" , thus they presented a series of alternatives, trying to replace "Semitic languages" with other names that better embody the Arab nationalism.

Keywords: linguistics; Arabic; Semitic languages

The Early Dramatic Art in the Context of Arab Social and Cultural Changes

Yu Yuping (University of International Business and Economics)

Abstract: The Arabic drama which grew up in the context of the Nahdah in the second half of the 19th century, featured the inherent consciousness of the cultural enlightenment and the edification of the masses. It was introduced by the early dramatists from al-Sham, who tried to spread the European modern culture and thought simultaneously. In the first half of the 20th century, Egypt became the centre for Arab theatre to make its continuous progress, due to the Egyptian dramatists who devoted themselves in producing works to reflect social realities. Tawfiq al-Hakim was an outstanding figure in the process of making the drama a regular genre in the arena of Arabic literature.

Keywords: the Arabic drama; enlightenment; al-Sham; Egypt; Tawfiq al-Hakim

Gibran's Biographical Writing and the Evolution of Arab Americans' Experience

Ma Zheng（Henan University）

Abstract: This article selects three masterpieces of Gibran's biographies, *Kahlil Gibran: A Biography, Khalil Gibran: His Life and World*, and *Kahlil Gibran: Man and Poet* as research objects, explores the relationship between biographers and biographical writing by applying the theory of biographical studies, and analyzes the evolution of ethnic experience reflected by biographical writing. We believe that there exists empathy between Nu 'aimah, author of *Kahlil Gibran: A Biography* and his biographical writing. The biographer portrays the inner world of Gibran that is close to his own soul, thus reflecting early Syrian immigrants' decadent psychology in the 1930s, which is an elegy to the experience of early Syrian immigrants; *His Life and World* was created in the early 1970s, a period of Arab Americans' awakening political consciousness and the beginning of Arab identity. The biographers and the hero's unique kinship and sense of identity have formed a relationship of understanding and identification between them, which enables the biographers to highlight the contradictions and struggles in the dual worlds when describing the image of Gibran; Suheil Bushrui, first author of *Man and Poet*, is a representative figure in the contemporary Arab and Western world of Gibran researches. In the biographical writing, his consistency with the biographer's religious and cultural concepts and his unique Lebanese exile status make him highlight the unified image of Gibran as a "world citizen" and a "patriot", and gives this "exile" intellectual image a positive constructive meaning.

Keywords: Gibran; Biographical Writing; Exile

Writing Female Characteristics from an "Androgyny" Perspective

The Autobiographical Novel *Nights of an Insomnia Woman* by Rachid Boujdra

Zou Lanfang（University of International Business and Economics）

Abstract: The autobiographical novel *"The Nights of an insomnia Woman"* by the leftist Algerian novelist and poet Rachid Boujdra has caused a shock from critics and readers due to the author's breakthroughing in both of creative and content technology. The points raised are centered on: Why does the male author write himself in the female narrator? To what extent does the female "I" narrator in the novel breakthroughs the Algerian women's creativity zone? I see that from the two theories "intertextuality" and "Androgyny", we can explain the two intentions of the writer in creating the novel: writing as a psychological therapy; writing the feminine self from an "Androgyny" perspective to build the diversity of the male author's subjectivity. However, the question is, to what extent does the female narration of the male author "I" breakthroug the Algerian feminist region of creativity? I see that when the male writer focuses his attention on the female body, there are two possibilities in the text: one is to help women free their bodies; the other is to go to the other doctrine, so that literary creativity becomes an obstacle that prevents women from expressing their true themselves. The latter is probably unexpected by the male author.

Keywords: Rachid Boujdra; Androgyny; female characteristics

Arab New Women Lost in the Wild: Sahar Khalifeh's Novels as an Example

Lin Zhe (University of International Business and Economics)

Abstract: Educated "new women" are a most remarkable group in Arab Women's Liberation Movement in the modern period, being ideal undertakers and leaders in this movement. However, caught between the conflict of their ideal with the reality, their course of empowerment is far from smooth. Palestinian novelist Sahar Khalifeh depicts in her work images of numerous educated "new women", and uncovers their complexed inner struggle and bewilderedness under the strong oppression imposed by the patriarchic order. The writer indicates that, even when consciously breaking away from the control of patriarchy marks a crucial step towards actual liberation for these "new women", it cannot effectively pave their way for a solid subjectivity.

Keywords: New Women; Patriarchy; Arab Women; Sahar Khalifeh

the Magical Narrative Style of the Novel "Frankenstein in Baghdad"

Xu Yue (Peking University Library)

Abstract: *Frankenstein in Baghdad*, a novel by the contemporary Iraqi writer Ahmed Saadawi, won the 2014 International Prize for Arabic Fiction. Taking Baghdad after the Iraq War as background, the novel describes a half-genuine and half-sham world, making itself a magical realism novel. Saadawi flexibly utilizes the narrative techniques of modern novels to serve the magical realism in the novel. In his "magical way to narrate", he constructs several narrative tracts that make the stories intricate and complicated and even unbelievable. In some sections of the novel, the first-person mechanism is used to rationalize the absurdity in the magical world. And the nonlinear narrative which jumps around in different spaces and times helps to create a half-genuine and half-sham world in this magical realism novel.

Keywords: Ahmed Saadawi; *Frankenstein in Baghdad*; the Magical Realism; the Narratology; Iraqi Novels

The Development of the Political Practice and Ideology of the Sudanese Muslim Brotherhood

Zhang Jin (Peking University)

Abstract: The Sudanese Muslim Brotherhood was highly influenced by the Egyptian Muslim Brotherhood since its forming time, but it kept its organizational independence. Because of great difference in surrounding political and social environments, the Sudanese Muslim Brotherhood has adopted a way of political practice which is very different from that of its Egyptian mother organization. It conducted its early political practice as a pressure group. In 1964, it formed its own party to attract as many supporters as possible to join it, changing the organizational way that overwhelmingly emphasized secrecy. From then on, pragmatism has gained more weights in the political practice of the Muslim Brotherhood. With the consciousness of pragmatism, the Muslim Brotherhood reconciled itself with its former rival Numeiri Regime, taking this chance to recover and enlarge its influence. It also adapted to the social change during Numeiri's rule, enlarging its social base. After the parliamentary democracy was restored, the National Islamic Front, the party formed by the Muslim Brotherhood, became the third largest party in the parliament, but it still failed to achieve its political aims. In this situation, it decided to take power by coup. The Muslim Brotherhood came into power by the pragmatist political strategy, which, however, failed to work when it strived to establish the "Islamic State".

Keywords: Muslim Brotherhood; parliamentary democracy; political parties; ideology

The Development of Iraq's Kurdish Question

Li Ruiheng (Peking University)

Abstract: The Kurdish Question in Iraq has generally experienced five periods since its formal inception in 1926. Compared with their counterparts in other three countries, the Iraqi Kurds gained more rights and a more flexible space for their movement, which made this question the most remarkable in terms of continuity and intensity. Up to now, the Iraqi Kurds have gained a high degree of autonomy. Nevertheless, this doesn't mean that this question has been solved completely and effectively. The tension between the failure of Iraq's nation building and the Kurdish nationalism, under the highly evolved regional changes, keeps making this question scattered with uncertainties.

Keywords: Iraq; Kurd; Kurdistan Democratic Party; Patriotic Union of Kurdistan; Sectarian Politics

阿拉伯文摘要

كتاب "فتوح الشام" المنسوب إلى الواقدي: تحليل مقارن لمحتواه وشكله مع روايتين متوازيتين

يونس دهغاني فارساني، ترجمة: يو دي يانغ، لي روي هنغ

الملخص: لقد تجاهل مؤرخو الفتوحات الإسلامية في القرن الأول الهجري/ القرن السابع الميلادي لوقت طويل كتاب فتوح الشام المنسوب إلى الواقدي (توفي عام 207 هجريًا/ عام 822 ميلاديًا) كمصدر لدراساتهم. ويرجع ذلك إلى حد كبير إلى السؤال المتعلق بهوية هذا الكتاب، والذي لا يزال قيد المناقشة. تقارن هذه الدراسة أربعة مقاطع من هذا الكتاب بمقاطع متوازية من كتاب "فتوح الشام" للأزدي (عاش في النصف الثاني من القرن الثاني الهجري/ القرن الثامن الميلادي) و "كتاب الفتوح" لابن أعثم الكوفي (توفي في الربع الأول من القرن الرابع الهجري/ القرن العاشر الميلادي)، من أجل الحصول على فهم أفضل لشكل ومحتوى هذا الكتاب. تشير هذه الدراسة إلى أنه فيما يتعلق بالمحتوى، فتحتوي رواية كتاب "فتوح الشام" المنسوبة إلى الواقدي على مزيد من التفاصيل، ومعظمها تفاصيل دينية وأخروية (eschatological). ومن حيث الشكل، يميل هذا الكتاب إلى رواية الأحداث بطريقة أكثر اكتمالا وقائمة بذاتها وأقل مقاطعة من الروايتين المتوازيتين الأخريين.

الكلمات المفتاحية: فتوح الشام المنسوب إلى الواقدي، فتوح الشام للأزدي، كتاب الفتوح لابن أعثم الكوفي، النقد النصي، الفتوحات الإسلامية العربية

منهج الإمام عبد القاهر الجرجاني في دراسة ترتيب الكلمات

جامعة بكين، يوي دي يانغ

الملخص: الجرجاني أول نحوي من بين نحاة اللغة العربية في العصور الوسطى يدرس اللغة العربية من ناحية النظرية اللغوية الوظيفية التي يدل عليها رأيه في أن اللغة نظام اتصال لنقل المعاني وأن الألفاظ تتبع المعاني. ويحقق معنى الكلام عن طريق تعلق الكلم بعضها ببعض ويبنى بعضها على بعض. يرى الجرجاني أن VSO ترتيب الكلمات الأساسي للعربية الفصحى التراثية وهو يحلل تغييرات ترتيب الكلمات لعناصر الجملة في الجمل الإيجابية والجمل السالبة والجمل الاستفهامية من وجهات نظر البراغماتية وعلم الدلالة. ويتجلى منهجه الوظيفي في دارسة ترتيب الكلمات في تأكيده على السياق الظرفي والسياق اللغوي. وفي الوقت نفسه، يذهب الجرجاني إلى أن افتراض المتحدث للمستمع عنصر مهم في تكوين الكلام. علاوة على ذلك ، فإن درجة علاقة عنصر الجملة بمعنى الجملة ووظيفتها عامل رئيسي في تحديد ترتيب الكلمات.

الكلمات المفتاحية: اللغة العربية؛ ترتيب الكلمات؛ الجرجاني؛ النظرية الوظيفية

تغير موقف اللغويين العرب المعاصرين نحو مفهوم "اللغات السامية"

باي يي (جامعة بكين)

الملخص: في أوائل القرن العشرين، تم إدخال مفهوم "اللغات السامية" إلى العالم العربي من قبل المستشرقين الأوروبيين، وتبع ذلك أيضًا إدخال الدراسات النحوية المقارنة للغات السامية التي نشأت في الغرب إلى العالم العربي. في بداية الأمر، هيمن المستشرقون الأوروبيون على الدراسات السامية في العالم العربي، ثم بدأ اللغويون العرب يتقبلون هذا المفهوم، وانطلاقا من اللغة العربية لغتهم الأم- قام اللغويون العرب بالبحث في العلاقات بين اللغة العربية واللغات السامية الأخرى. منذ خمسينات القرن العشرين، حينما وصلت أفكار القومية العربية إلى ذروتها، بدأ مزيد من اللغويين العرب يشككون في صحة مفهوم "اللغات السامية"، لذلك طرحوا عدة بدائل، في محاولة منهم لتبديل مسمى "اللغات السامية" بمسميات أخرى تبرز أفكار القومية العربية.

الكلمات المفتاحية: علم اللغة، اللغة العربية، اللغات السامية

تطور الفن المسرحي المبكر في سياق التحول الاجتماعي والثقافي العربي

يوي يوي بينغ (جامعة الاقتصاد والتجارة الدولية)

الملخص: تميز الفن المسرحي العربي الذي نشأ في سياق النهضة الثقافية العربية الحديثة في النصف الثاني من القرن التاسع عشر، بوعي تنوير الثقافة وتلقين الجمهور. تم إدخال هذا الفن الجديد على أيدي الكتاب والفنانين من بلاد الشام، الذين عملوا على نشر الثقافة الأوروبية الحديثة في نفس الوقت. أصبحت مصر في النصف الأول من القرن العشرين مركز المسرح العربي حتى شهد تقدما مستمرا بفضل أولئك الكتاب الذين نشطوا في إنتاج الأعمال المسرحية التي تعكس واقع المجتمع. من ضمنهم توفيق الحكيم الذي ساهم بإسهامات جليلة في عملية تطوير الفن المسرحي، ليصبح المسرح على يده فن رئيسي من فنون الأدب العربي.

الكلمات المفتاحية: المسرح العربي، التنوير، الشام، مصر، توفيق الحكيم

كتابة السيرة عن جبران خليل جبران وتطور تجربة الأمريكان من أصول عربية

ما تسانغ، جامعة خنان

الملخص: [الملخص]يختار هذا البحث أهم ثلاثة أعمال سيرة عن جبران خليل جبران، وهي «جبران خليل جبران»و «جبران خليل جبران: حياته وعالمه»و «خليل جبران: رجل وشاعر» كأهداف البحث ويقوم بتحليل تطور التجربة القومية التي تتجلى في كتابة السيرة من خلال التحقيق في العلاقة بين كاتب السيرة وكتابة السيرة باستخدام نظرية بحوث السيرة. ويعتقد هذا البحث أن العلاقة بين ميخائيل نعيمة كاتب «جبران خليل جبران» وكتابة السيرة هي نوع من التعاطف حيث صور الكاتب عالم البطل الداخلي الذي يقترب روحه منه مما يعكس العقلية المنحلة لأوائل المهاجرين السوريين في ثلاثينيات القرن العشرين ويعتبر مرئاة عن تجربة الهجرة السورية في وقت مبكر؛ أما «جبران خليل جبران: حياته وعالمه»، فبدأت كتابته في أوائل سبعينيات القرن العشرين، التي كانت فترة يقظة سياسية للأمريكان من أصول عربية، وكذلك هي المرحلة الأولى من الهوية القومية العربية، وساهمت القرابة الفريدة والشعور بالهوية بين كاتبي السيرة وبطلها في تكوين علاقة التفاهم والانتماء بينهم حتى يدفع الكاتبين تسليط الضوء على التناقضات والصراعات في داخل شخصية جبران الذي كان يعيش في العالم المزدوج؛ ويعتبر سهيل بشروئي

المؤلف الأول لكتاب«خليل جبران:رجل وشاعر» من أبرز الشخصيات في أوساط البحث المعاصر لجبران في العالمين العربي والغربي، وهو يتفق مع جبران في مفهومه الديني والثقافي ويتمتع بهوية الشخص النفي الفريدة، الأمر الذي جعله يبرز في كتابته صورةَ جبران التي تجمع بين "المواطن العالمي"و "الوطني" حتى يقدم معنى من البناء الإيجابي لصورة المثقف في المنفى.

الكلمات المفتاحية: جبران؛ كتابة السيرة ؛ النفي من الوطن

كتابة الخصائص الأنثوية من منظور "ثنائية الجنس"
---- رواية السيرة الذاتية ((ليليات إمرأة آرق)) لرشيد بوجدرة

أ.د. تسو لانفانغ (هادية) (من جامعة الاقتصاد والتجارة الدولية)

الملخص: أثارت رواية السيرة الذاتية "ليليات إمرأة آرق" للروائي والشاعر الجزائري اليساري رشيد بوجدرة هزة في أوساط النقاد والقراء بسبب اختراق المؤلف في التقنية الإبداعية والمضمونية. وترتكز النقاط المثارة في: لماذا يكتب المؤلف الرجل نفسه بصيغة المتكلم المؤنث؟ إلى أي مدى تخترق المتكلم "أنا" المؤنث في الرواية منطقة الإبداع النسائي الجزائري؟ في رأي الكاتب أنه من خلال نظريتي "التناص" و"ثنائية الجنس"، يمكننا تفسير نيّتَي الكاتب في إبداع الرواية كالتالي: الكتابة كعلاج نفسي؛ وكتابة الذات الأنثوية من منظور" ثنائية الجنس" لبناء تنوع ذاتية المؤلف الرجل. ومع ذلك ، فإن السؤال هو ، إلى أي مدى يخترق السرد الأنثوي للمؤلف الرجل "أنا" منطقة الإبداع النسوي الجزائري؟ أرى أنه في حين يركز الكاتب الرجل اهتمامه على جسد الأنثى، فهناك احتمالان في النص: أحدهما هو مساعدة النساء على تحرير أجسادهن؛ والآخر هو الذهاب إلى المذهب الآخر ليصبح الإبداع الأدبي عقبة تحول المرأة دون التعبير الحقيقي عن نفسها. وقد يكون الأخير غير متوقع من قبل المؤلف الرجل.

الكلمات المفتاحية: رشيد بوجدرة، ثنائية الجنس، الخصائص الأنثوية

"المرأة العربية الجديدة" المتشرّدة في البراري:
روايات سحر خليفة نموذجًا

لين تشا (جامعة الاقتصاد والتجارة الدولية)

الملخص: كانت "المرأة الجديدة" فئة من الفئات النساء اللاتي حطين أكثر أنظار في حركة التحرير النسائي في العصر الحديث، كما أنها تُعتبر أمثل مسؤولات وقيادة لمهام الحركة. بيد أنّ طريقهن

إلى التمكين كان ركيكا، وسط التصارع المستمرّ بين الحلم والواقع. ترسم الروائية الفلسطينية سحر خليفة في أعمالها صور الشخصيات النسائية المتعلمة العديدة، كما تكشف عن حالات الحيرة والصراع النفسيتين المعقّدتين اللّتان قد تعرضت لهما هؤلاء "النساء الجديدات" تحت قمع البطريركية الهائل. توضح الكاتبة في رواياتها أنّ "المرأة الجديدة" قد تخطت خطوة هامة إلى التحرّر من خلال التخلّص التلقائيّ من السيطرة البطريركية، لكنّه لم يمهّد طريقها إلى بناء ذاتيّتهن بصورة فعّالة.

الكلمات المفتاحية: "المرأة الجديدة"، البطريرية، المرأة العربية، سحر خليفة

الصفةالواقعيةالسحريةفيرواية ((فرانكشتاينفيبغذاد))

شويو(مكتبةجامعةبكين)

الملخص: في عام 2014، نالت الرواية ((فرانكشتاين في بغداد)) للمألف العراقي المعاصر أحمد سعداوي الجائزة "بوكر" العربية. وفى هذه الرواية اتخذ الكاتب المجتمع البغدادي كخلفية القصة وعرض لنا عالما بين الجد والهزل، الأمر الذي جعل الرواية واقعية سحرية. ويظهر سعداوي مرونة كبيرة في استخدام استراتيجية السرد للرواية الحديثة، ويمثّل عبر "أسلوبه السحري للسرد" لون الواقعية السحرية. وفي خيوط السرد المتعددة، يستخدم نقطة الرؤية الداخلية لكي يعرض العالم المعقد المبالغ. وفي بعض الفصول يحول المتكلم من الشخص الثالث إلى الشخص الأول لجعل الأمر السخيف يبدو معقولا. أما القفز المتكرر بين الأوقات المختلفة والأمكنة المختلفة فساعد فى زيادة العجائبية في العالم الواقعي.

الكلمات المفتاحية: أحمد سعداوي، ((فرانكشتاين في بغداد))، الواقعية السحرية، الروايات العراقية، علم الحكاية

تطور الأعمال السياسية وفكر حركة الإخوان المسلمين السودانية

تشانغ جين (جامعة بكين)

الملخص: تأثرت حركة الإخوان المسلمين السودانية بمنظمة الإخوان المسلمين المصرية تأثيرا كبيرا في بداية تأسيسها. لكنها حافظت على استقلالها على صعيد التنظيم. ونظرا لاختلاف البيئة السياسية والاجتماعية، اتخذت حركة الإخوان المسلمين السودانية طريقة مختلفة عن الإخوان المسلمين المصريين في العمل السياسي.

ففي المرحلة الأولى، لم تشارك في البرلمان، بل ركزت على الدعوة الدينية وحشدت الرأي العام لدعم الدستور الإسلامي. ومن أجل جذب الناس إلى صفها بطريقة كبيرة، أسس الإخوان المسلمون عام ١٩٦٤ حزبهم بالتحالف مع جماعات سياسية أخرى، وقاموا بتغير الطريقة التنظيمية التي تتصف بالسرية البالغة. منذ ذلك الوقت، زاد التوجه النفعي في الأعمال السياسية لحركة الإخوان المسلمين السودانية. وبتأثير التوجه النفعي، تصالحت حركة الإخوان المسلمين السودانية مع عدوها السابق جعفر النميري، واغتنمت هذه الفرصة لإعادة توسيع قوة تأثيرها. ونجحت في التكيف مع التغيرات الاجتماعية في سنوات حكم الرئيس جعفر النميري، فوسعت قاعدتها الاجتماعية. وبعد عودة النظام الديمقراطي، أصبحت الجبهة الإسلامية الوطنية التي أسسها الإخوان المسلمون ثالث أكبر حزب في البرلمان. لكن، لم تستطع تحقيق هدفها السياسي في ظل هذا الوضع. فقررت الوصول إلى السلطة بالقوة. ساعدت الاستراتيجية السياسية النفعية للإخوان المسلمين في الاستيلاء على السلطة. لكن، بعد الاستيلاء على السلطة، لم يتحقق هدف تأسيس "الدولة الإسلامية" بنفس الاستراتيجية السياسية التي نجحوا بها في الاستيلاء على الحكم.

الكلمات المفتاحية: الإخوان المسلمون، الديمقراطية البرلمانية، السودان، أيديولوجيا

تطور القضية الكردية في العراق

لي رويهنغ (جامعة بكين)

الملخص: مرت القضية الكردية في العراق بخمس فترات من التطور منذ نشأتها الرسمية عام ١٩٢٦. يتمتع الأكراد العراقيون بعديد من الحقوق ومساحة أكبر لحركتهم منذ بداية الأمر مقارنة مع نظرائهم في الدول الثلاث الأخرى، الأمر الذي جعل هذه القضية أكثر استمراريةً وشدةً. وحتى الآن، اكتسب الأكراد العراقيون درجة عالية من الحكم الذاتي، لكن هذا لا يعني أن هذه القضية تم حلّها حلّا شاملا وفعّالا. التوتر بين فشل العراق في بناء الدولة وبين القومية الكردية جعل هذه القضية في حالة ضبابية غير واضحة، خاصة في ظل التطورات العنيفة التي يمرّ بها الوضع الإقليمي.

الكلمات المفتاحية: العراق، الكرد، الحزب الديمقراطي الكردستاني، الاتحاد الوطني الكردستاني، السياسة الطائفية

阿拉伯文目录

الفهرس

الدراسات في التاريخ والحضارة

الدراسات في اللغة والأدب

دراسات الشرق الأوسط

图书在版编目（CIP）数据

北大中东研究. 总第4期 / 林丰民主编. -- 北京：
社会科学文献出版社，2020.12
ISBN 978-7-5201-7393-3

Ⅰ．①北… Ⅱ．①林… Ⅲ．①中东-研究 Ⅳ.
①D737

中国版本图书馆CIP数据核字（2020）第271225号

北大中东研究　（总第4期）

主　　编 / 林丰民
副 主 编 / 廉超群

出 版 人 / 王利民
组稿编辑 / 高明秀
责任编辑 / 王丽影　李明伟

出　　版 / 社会科学文献出版社·国别区域分社（010）59367078
　　　　　　地址：北京市北三环中路甲29号院华龙大厦　邮编：100029
　　　　　　网址：www.ssap.com.cn
发　　行 / 市场营销中心（010）59367081　59367083
印　　装 / 三河市尚艺印装有限公司

规　　格 / 开　本：787mm×1092mm　1/16
　　　　　　印　张：13.25　字　数：212千字
版　　次 / 2020年12月第1版　2020年12月第1次印刷
书　　号 / ISBN 978-7-5201-7393-3
定　　价 / 79.00元